本书受国家社会科学基金项目（编号：18BSH009）和中央高校基本科研业务费专项资金（编号：3072021CF1307）资助

哈尔滨工程大学
社会学丛书

关系何以强弱
——批判格兰诺维特

The Logic of Ties:
Critique of "The Strength of Weak ties"

刘 军／著

社会科学文献出版社
SOCIAL SCIENCES ACADEMIC PRESS (CHINA)

献给我的妻子和儿子，他们激励我不停省思。

目 录
CONTENTS

导论 无关系的关系域 ································ 001
  一　世界断裂与联系 ······························ 002
  二　断裂社会之缘起 ······························ 008
  三　本书的结构逻辑 ······························ 017

第一章　"弱关系优势"争议 ······················ 021
  一　论证及相关争辩 ······························ 021
  二　内在前提之批判 ······························ 046
  三　桥何以可能接连 ······························ 056

第二章　关系传递之前提 ····························· 072
  一　关系何以能传递 ······························ 072
  二　多元时间观并存 ······························ 081
  三　模型之内在矛盾 ······························ 091

第三章　凝聚外在于关系 ····························· 103
  一　影响凝聚的因素 ······························ 105
  二　关系之多重效应 ······························ 131
  三　关系—凝聚外联系 ··························· 143

第四章　事情本身散而聚 ····························· 151
  一　事物本身凝聚力 ······························ 152

二　离散与凝聚相依 …………………………………… 161
　　三　形式指引之凝聚 …………………………………… 167

第五章　关系之超验意义 …………………………………… 185
　　一　关系人自助助人 …………………………………… 185
　　二　关系之关系逻辑 …………………………………… 196
　　三　关系概念及谱系 …………………………………… 212

第六章　迈向概念性推理 …………………………………… 255
　　一　命题的条件集合 …………………………………… 262
　　二　命题有别于判断 …………………………………… 272
　　三　推理即概念实现 …………………………………… 288

参考文献 …………………………………………………… 296

后　记 ……………………………………………………… 317

导论 无关系的关系域

1905年，爱因斯坦提出了光电效应的光量子解释，人们开始意识到光同时具有波和粒子的性质。1924年，德布罗意提出了波粒二象性假说：粒子同时具有波和粒子的性质，既可以部分地用粒子的术语来描述，也可以部分地用波的术语来描述。波粒二象性假说的提出是人类对物质世界认识的飞跃，由此引出的量子跃迁和测不准关系原理所彰显的自然现象的涌现性、非线性、关系性更对认知社会世界有重要启发，尽管线性思维在当代社会科学中依然强劲。科学家将量子力学和相对论结合，发现了"反粒子"，认识到电磁场和实物粒子可以相互转化。这些科学发现清晰地表明世界处于各种关系之中，也体现了肇始于古希腊的科学中超功利、求真理、概念思维的巨大威力。

社会世界处于关系之中，同时也出现了各种断裂，这表现在方方面面。下面简析世界断裂在经济、政治、社会、教育及人自身上的种种表现，探讨其现代性的缘起背景，进而引出本书的任务，即通过辨析格兰诺维特（Mark Granovetter, 1943~ ）名篇中的线性思维或知性思维，批判当下关系研究以及一般学术研究中广泛存在的缺陷，回应现代人如何直面甚至应对世界断裂的局面，如何可能找回温暖的"关系"关怀等问题，最后给出本书的结构安排。

一 世界断裂与联系

世界的断裂体现在方方面面，如人与自然、人与社会、人与制度、能动者和结构、国家与社会、经济与社会、社会与个人的断裂，更重要的是人与自身关系的断裂或者说人的身心分裂。

在经济领域，全球化和逆全球化趋势此消彼长。科学技术加速了全球经济一体化，促使各个国家处于紧密的经济联系之中，帮助资本变成了普遍势力，更改变了资本的统治形态，使得当代资本主义的统治形态由原初的产业资本主义转向垄断资本主义（包括国家垄断资本主义），并随着互联网的到来又转变为垄断金融资本主义（杨帅、温铁军，2010）。资本主导的互联网巨头在实践其逐利本性，带来经济增长、生活便利的同时，也在剥削各国的工人，迫使工人们在温饱线上挣扎。更有甚者，金融资本加深对劳动者的剥削，甚至掠夺产业资本家的剩余价值，使实体经济受到重创，经济发展逻辑颠倒。非但如此，人工智能在促进社会发展的同时又在消灭着大量劳动职位。经济离不开政治，随着地缘政治和国际竞争的加剧，经济逆全球化趋势日益明显。

在政治领域，各类官僚制组织也深受工具理性、计算理性的主导，追求自身利益的精英集团与社会分裂开来，与底层社会断裂开来（孙立平，2006：257~292）。各级各类理性组织为了在竞争中立于不败之地，或者为了掌控权力而分配资源，设立各种可量化的考评指标，使得身处体制内的各类员工深受其限制，普遍感到生活的异化。实际上，日常生活也深深地被殖民化，其中充满了计算和工具理性。日常生活中本来有温情的关系，但在量化制度下越来越物化，人因此变得冷漠无情。计算理性撕裂了各类关系，人与人之间变得相互无关、相互提防、甚至相互敌视。治理者和常人很难认识到，计算理性或主体性的推理只是"理性"概念的很小部分，其功能只是让人们适应和控制世界，而并不是与世界共处。

在社会领域，社会结构也出现断裂。例如，法国的社会结构由金字塔结构变为马拉松赛结构，每跑一段，都有人掉队（孙立平，2003：17）。社会资本也减少甚至分裂开来，这种情况也发生在西方国家（赵钱英，2015）。"社会价值观形成了大分裂……西方社会中使人们团结在一起的那种社会联系和普遍价值观念正在变弱。"（福山，2002：5）技术创新、经济发展也在打乱社会关系。帕特南（2001）运用社会资本、治理和善治等分析框架，对意大利各地区的公民生活进行了长达 20 年的个案考察和实证研究，探究了意大利在法西斯专制破产以后，如何成功地利用其自身深厚的公民传统建立起一套有效的民主机制，这一机制逐渐使意大利社会走向善治。他发现，20 世纪 70 年代以来，拥有丰富社群传统的美国社会的社会联系或社会资本逐渐减少。由于时间与金钱压力、流动性与扩张、科技与大众媒体、代际更替等，美国人越来越不热衷于参与公共事务，在政治参与、公民参与、宗教参与、工作联系、非正式联系及志愿和慈善等各个方面的社会联系都有所减弱。单薄、肤浅、浅尝辄止的交流方式逐渐取代了深厚、凝重、良好的社会联系。在这一趋势下，大部分人更加吝惜自己的金钱和时间，而且不再像过去那样善待和信任陌生人。"资金的焦虑不仅导致更少人去看电影——这也许是囊中羞涩的自然结果——也导致和朋友相处、打牌、家庭娱乐、去教堂、志愿服务以及对政治的兴趣变小。"（帕特南，2011：223）在公共事务方面，人们更喜欢站在外围指手画脚，而不亲自参与到事件中去。社区参与的减少幅度不随阶层而变，即不同阶层之人的社区参与都减少了。即使与朋友同去观看比赛，人们也只是在间隙中观看赛道上方的电视，而不是和周围人交流。同样，家庭关系也变得松散，人们的网络规模缩小，越来越难以交友结伴，只能独自去打保龄球。长此以往，桥接型社会资本将崩塌，社会网络失去小世界性质，难以建立各种团队，难以组织抗议活动。

当然，不能简单地借鉴帕特南的成果来研究中国，因为中国有其自身的特色或特殊性。半个世纪过去了，类似的社会分裂情况不仅在当代中国，更在全世界上演：人们即使在聚会时也独自看手机，真正沟通减少、精神交流荒芜、虚无主义盛行，人们普遍感到生活无意义。然而，中国至今仍然有强大的社会动员能力，在国家的动员下，很多中国人参与社区治理活动，但社团组织比较缺乏社团精神或公共精神。2020年新冠肺炎疫情突袭而至，本应发挥自组织作用的民间团体亟待发展。

在社会领域，尤其是在社会治理领域还存在着权力与社会的断裂，社会治理越来越抽象，经济增长与社会发展脱节，城乡之间存在断裂（孙立平，2003：1~20）。近年来，国际秩序突变，外向型经济受阻，因此中国提出构建以国内大循环为主体、国内国际双循环相互促进的新发展格局。

历史已经证明，将科学问题非科学化会带来巨大灾难，真正的科学首先关注的是理念或观念问题，其次是求真务实，这样的科学有其不能用经验代替的思想力量。

社会领域各类行动者之间的具体关系也出现了分裂，如资本家与劳工、医生与患者、医院与医生、雇主与雇员、教师与学生等，可以用"无关系"、"漠不相关"、"敌视"、"解组"甚至"冲突"等很多词语来刻画。例如，在当代中国，随着现代化、城市化的推进，人们进入陌生人社会，人际关系变得淡漠，看到老人摔倒而不敢搀扶，担心被讹诈。随着代际的变迁和拜金主义的盛行，工作岗位也在减少，人们普遍感到生活压力增大。另外，即便是家人之间、亲人之间都难以真正相互关心、相互体贴。经济固然有所发展，但离婚率上升，生育率下降，老龄化问题严峻，人们感到无家可归。

分裂还体现在教育领域。例如，近年来，在各级各类学校中，学校、教师与学生的关系被理性化的教育制度撕裂开来。学校不再真心关心教师，教师不再真心关心学校，学生也难以真心地关心学校，尽管宣传中充斥着关心话语。然而，真正的师生关系可以是这样的，"为了能够帮助学生的生命里那些最好的可能性，使之成为现实的，教师一定要把他当成是一个具有潜能性和活跃性的特定人格，或者说得更确切些，教师一定不能把他看成是一堆属性的集合，一堆努力以及遇挫的集合，教师一定要意识到他是一个整体，要对他的这份完整表示认可"（布伯，2017：147）。高等学校遵循权力逻辑和资本逻辑来治理，与新教师签订"非升即走"合同，给青年教师造成巨大压力。此类计算理性制度让广大教师普遍感到失去了精神家园。

学术研究更是如此。部分学者发表论文是迫于职业压力和职称晋升需求，而不是为了求真或研究现实问题，因此，学者对其研究成果的意义漠不关心。某些学科的顶级期刊要求"提交的论文须有重大理论贡献"，由此催生了大量晦涩难懂的论文，制造了"理论发展""贡献新知"的假象。很多期刊坚持的同行评审制度也损害论文的写作。"要么发表，要么死亡"（Publish or Perish）的学术生存法则迫使投稿者在审稿人面前唯唯诺诺，论文最终修改得面目全非。研究者声称有贡献，实际是在自欺欺人甚至不自知。研究议题、研究成果通常自说自话，与研究者本人、被研究者、公众、社会治理者、社会实践、世界本身都没有关系，因而没有意义。随着时代的进步，当代中国正见证日盛的学术垃圾生产，虚假的学问太多了，学问变成了疯癫（福柯，1999：21）。受资本控制的当代学术多数脱离生命谈生命，远离世界论世界，变成了不接地气的文字游戏。要想开展有意义的学术研究，学者首先应自我启蒙、自我革命。如果一项研究得到的结论与常识相差无几，通常不是最好的研究。如果有学者说"我用科学数据证明了常识而你没有，得到证明的常识就是有意义的"，那么此学者很可能是在自欺欺人还不自知。大智慧不会人人都有，人人都有的智慧可能不是大智慧。例如，纯粹的"有"就是纯粹的"无"，显然不是常识，常人几乎不能理解，但它却是黑格尔《逻辑学》的开端，也可以说是整个世界的逻辑开端。同样，"道可道，非常道"也不是常人可以理解的。在《大乘起信论》中,如来藏心（心真如、自性清净心）中的"心"更不是常识能够想到的心,而是所有意识的总根源,它本身就是大智慧。极少数人或许经过长期艰苦的学习和思维训练后,才可能突破常识思维的羁绊,领悟一点智慧,由此解脱自己或开悟众生,同时领悟国家治理和社会建设中的智慧。

在当代中国,学术垃圾之所以众多,学术腐败之所以难禁,除了归因于极少数学者本人缺乏学术道德以外,更应归因于当下学术和教育体制不完善（例如明确要求每个博士生毕业前必须发表若干篇文章）,缺乏合理的评价体系、监督和制约机制等。简言之,按照邓晓芒先生的洞见,中国教育的病根或许在于"忠孝立国的教育理念",即"国体与教育不分""官师合一的官本位"及其带来的服从和潜规则。① 自21世纪初以来,中国的学术研究和教育事业开始产业化,教育事业追逐各种"一流水平"量化指标。例如,"双一流"的各种量化指标本身没有被当成高校办学的手段,而被当成了目标,高等学校忘记了大学精神。国家设立了很多奖项和学术称号,学校将获奖与教师能力评价直接挂钩。许多与科研和教学相关的政策只适合于管理者的管理工作,不适合于知识分子的教学和研究。学校的量化学术体制、评价标准和管理手段主要适合于常规的学术活动,却不适合于需要长时间投入的基础研究和原创研究。职称制度要求论著的数量、获奖、科研项目及金额,导致某些知识分子采取投机行为,出卖学术品格。这些都表明了政策与现实的分裂、学术评价与学术本身的分裂、学者与其研究成果的分裂等。当然,不能完全批判知识分子,而更应当批判相关制度;也不能完全批判相关制度,而更应反思制度是如何生产出来的,即讨论制度与民情、政治和文化传统等的关系。

---

① 见 https://www.ximalaya.com/youshengshu/4791299/19891662。笔者认为,不单教育问题的病根在此,很多社会问题的病根也都在这里。

在当代社会，人的个体化程度越来越高，社会凝聚和团结的关系纽带就越来越少，人性与社会性越来越分离，社会越来越难以凝聚起来。小说家也注意到世界的分裂及其带来的人生苦楚。例如，加缪《局外人》揭示了人与社会、人和世界的分离甚至对立，人处在自由人意识与监狱意识之间，也体现了存在主义哲学的"荒谬"观念：世界对于人来说毫无意义，人对荒诞的世界无能为力。陌生人社会中普遍存在撒谎、不信任、为了金钱不择手段等现象。诗歌领域也早就关注世界的断裂，特别是人与神的断裂。例如，荷尔德林在后期诗歌中寻求建立一种人的宗教，希腊神话和圣经被融为一体，用理性神话取代了暴力革命，实现平等、自由与博爱的理想（黄凤祝，2013：17）。

人与自身也断裂开来。人是有限的存在者，其认知能力、反思能力、言说能力本来就很有限，对自己、他人、世界的认知也很有限。在互联网时代，信息在爆炸式增长，但各种信息真假难辨，信息孤岛得以形成：某些网民陷入特定信息领域，对世界的认知不是更加深刻，而是更加肤浅。在理性化制度、资本压力、信息茧房、意识形态引领多重挤压下，思维本就有限的现代人相互竞争，生活在巨大压力之中，个人、家庭、社会、国家、制度之间的相互关系紧张、相互分裂，最终造成个人与自身的分裂，越来越处于异化及身心分裂状态，抑郁症、焦虑症、精神分裂症因而频发（莱恩，1994），人很难再关心自己的存在，其生活甚至已经与自身无关系。所有这些都彰显着世界的分裂。

任何表述都有局限。上述世界的分裂、分离、分立似乎是坏现象，然而从另一个角度来讲，现代世界的某些方面是应该分裂或分立的。例如，在中国历史上，每当社会出现权力转移，管理系统总是出现崩溃，导致社会动荡，人民流离失所。英美国家在19世纪就实现了政务和事务分立，行政管理有独立性。当然，行政系统也不能与社会利益集团建立紧密联系，否则就难免产生腐败。从长时段历史看，一个国家如果没有宽松的社会环境和舆论环境，人们的自主性和创造性就会受到压制，无论是超越自身还是超越其他国家都是非常困难的。由此引出一个问题，应当分裂或应当融合的条件何在？这需要针对具体问题来论述，虽然这不是本书的任务，但为了回答这样的问题，本书还是要追问世界为什么断裂。

二 断裂社会之缘起

社会世界断裂，在很大程度上是现代性带来的后果，同时也有语言或思维方式上的原因。现代性更是文艺复兴、宗教改革和启蒙运动所催生的近代科学带来的结果，其特征表现为个人主义和理性至上。近代科学早已展示出其巨大的威力，包括其对世界的封闭性理解及规律性世界观的提出，更包括其产生的负面后果。卢梭（2007）早就批判过现代性带来的弊端，探究科学艺术的起源及目的，思考科学进步如何配合人类精神进步而非反之（何兆武，2010）。卢梭认为，科学、艺术有多种效应，如促进社会发展，让人们清楚地看到科学本身那种超功利思维的威力，这对于当代中国来说非常重要。然而，科学艺术在促进社会发展的同时，也会引发社会风气败坏、道德沦丧等负面效应，这种观点至今仍有价值。当然，道德堕落往往出现在社会剧变时期，因此不应简单地将它归罪于科学和艺术本身，而应再考虑社会制度、体制、生产关系或落后的社会势力等其他因素（李武林、李光耀，2000）。

现代性为什么会带来世界的分裂？古典哲学家和社会学家对此有深刻解释，包括对理性边界的批判。这里所说的理性指的是近代理性，而不是希腊理性，二者最大的区别之一在于希腊理性没有把精神与自然完全区别开（卿文光，2004）。个人主义体现在启蒙运动所开启的主体主义哲学中，即认为人是宇宙的中心，人可以操作和控制世界，而控制过程离不开人类的理性主义，因而要倡导理性至上。理性的一个表现是数学及其彰显的量化思维。人们发现,现代世界的各项事业都已经臣服于数学,人们甚至认为这种臣服有很大好处,在这种臣服中感到安全和舒服。理性计算、控制自然和社会的思维给现代世界的自然环境和社会环境都带来种种问题。

现代性所带来的个人主义和理性至上体现为现实生活中管理僵化、"一刀切"政策等二元对立思维。然而,撇开资源争夺、权力争夺等现实因素所导致的分裂之外,分裂的世界背后更有哲学中的二元对立思想,包括普遍性与特殊性、一与多或形式与实质之间的张力等问题。黑格尔认为,这些张力作为现代性的思想根源,存在于近代科学开创的"公理化演绎系统"中,这样的系统早已遍布人类世界的各个角落,影响人们的思维方式和言行方式等。换言之,现代生活中的公理化演绎系统是几乎所有人都无法挣脱的,人们在言行中必然要设定一些先验的"公理"或前提,却不反思这些公理或前提本身是否成立以及如何成立,更不反思公理或前提本身是否有问题。就此而言,也可以说现代性的核心就是近代科学,现代所有的学问都追求近代科学意义上的公理、定理、命题、推导、证明等。也就是说,现代性总体上也就是现代科学架构方式,它是自我封闭、自我欺骗的,因而它必然带来自然与人的自由的张力和矛盾(吉莱斯皮,2019),也必然造成各种分裂。公理化演绎系统对人的影响在于使人固执地设定各种规律、本质或真理,然后用它来指导或保障人们的生活,而没有意识到所谓本质、规律、真理等只是理性自身为自身设定的。这种设定是人所需要的,并不是事情本身所需要的,但是设定者往往忘记了规律等的设定性,却把设定的东西当真,并使之服务于人的种种欲望、执念、卑微的想法。设定性及其带来的封闭性就是现代性的要害,也可以说是近代理性的要害,它扩大了理性的疆域,"实际上它总是在设定一些经过它审核的归纳性规律来衡定事物,更重要的是,由于它始终坚持个体性态度,事物真正的存

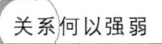

在反而被它过滤了,它得到的不是真理,而只是它自己的审核权。从哲学上看,与其说这是进步,毋宁说近代理性堵塞了它通往事情本身(内在性世界)这一真正根据的路,是一种停滞"(庄振华,2019:366)。

有学者指出,现代性有中世纪的神学起源。阿奎那的经院哲学认为,存在着独立于事物的共相,即事物的理念有普遍性。经院哲学以共相构建了精神实体,这个精神实体指向天主。唯名论者则否认事物存在共相,而认为唯有个别事物才是客观存在的,共相不过是一种虚构,受造物是独一无二的个体存在,人无法用理性去了解天主。唯名论强调个体、特殊性,瓦解了本质,推翻了经院哲学,最终引发文艺复兴运动、宗教改革运动和启蒙运动,而这三大思想运动恰恰孵化了现代性,最终促成理性时代的来临。广义的现代性就是对由唯名论引发的一系列问题的回答,包括人文主义、宗教改革、启蒙运动都受到唯名论的影响。培根、笛卡尔、霍布斯优先考虑自然并尝试理解其中的机械运动规律,从而大大地提升了人类理性,由此诞生了现代科学。随着现代科学的扩张,天主退隐,其属性、本质或能力被转移到人或自然等领域之中。然而,由于没有坚守辩证发展,祛魅过程同时也是返魅的过程:科学把人或自然变成神,提供了一套一致或融贯的解释。由于近代科学的思维已经占领了人类世界的每一个角落,甚至本来自由自在的人生也都被科学思维方式所主导,科学取代了中世纪及以前上帝或神的位置,毋宁说科学恰恰变成了当代最大的巫术或神话。无论在生活世界,还是在社会治理、科学研究中,出现的各种涂抹、装扮客观、科学的做法就是现代性的体现。

在德国哲学家当中,黑格尔是最早洞见到现代性带来世界分裂的哲学家。他在青年时期就深入地反思了宗教的实证性、劳动的机械性、启蒙的功利性和意志的绝对性等问题,为当代现代性研究提供了重要思想资源(俞吾金,2012)。黑格尔认识到,现代性背后是公理化演绎系统，它恰恰给世界带来种种分裂和人生困境。启蒙运动所主张的理性是倡导自由个人的理性，成熟时期的黑格尔则主张通过科学理性的自我发展来解决分裂问题，即倡导无法用演绎系统代替的天道秩序。他批判康德的知识观，批判理性的观念、知识的性质、基础主义等，而这些也是现代性观念的重要源泉。

然而，黑格尔死后，思想界、学术界普遍避讳谈科学，避讳天道、概念论、绝对理念、绝对精神等。虽然韦伯、哈贝马斯、吉登斯、贝克等都分析过现代性，但他们都没有认识到现代性不简单是理性主义、主体主义、工程思维、技术主义等，这些理念都有一定道理，但也都不是很准确，他们没有追溯这些理念的起源。现代性让人的生活变得复杂，它代替人们界定什么是好或不好，且将人的任何经历都纳入其制定的轨道，使得人们无法超出这个轨道，如若超出这个轨道，则可能寸步难行。例如，各种名誉、头衔、职业规划、养生指南等将活生生的人一片片地切割开来，人们不断用某些"东西"（权力、地位、名誉、金钱及其带来的虚假幸福）填补自己的空虚生命。人把自己的生活填满，在获得满足感的同时，又感到世界的虚无性。现代世界追求无限的控制和相互竞赛，让人们生活在相互竞争当中，造成各种焦虑，也让劳工生活在资本控制当中无法自拔，使劳动无法自行脱离资本的控制。主管者、控制者自己都没有认识到，控制者必被控制。资本家本身也好不到哪里去，他们在无限制地控制资本和劳工的同时，也将自己变成了"螺丝钉"或工具。资本家如果不追求技术进步，不参与残酷竞争，很快就会被淘汰。在资本逻辑的主导下，中国各行各业的"内卷"日益严峻。竞争和内卷现象的根由在于，评价者过于重视竞争者的可以数字化的品质，忽视这些特性的质性规定，从而导致"量"与"质"关系的全面颠倒。揭露这种颠倒关系的理论工具就是黑格尔在《逻辑学》中对"量"的本质的讨论及马克思对商品拜物教的批判。他们在思想上有联系：

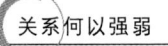

黑格尔对于"量"与"质"关系的讨论构成了马克思政治经济学阐述的哲学基础，因为马克思理论面对的资本主义社会现实的一个核心特征，便是"量"的外延化表达全面地偷换了"质"的内涵性本质（徐英瑾，2021）。因此，必须放弃量的无限进展，才能达到真正的无限事物，缓解现代性在各个层次造成的紧张，然而这谈何容易。

自启蒙运动以来，主体性精神得到张扬，传统社会秩序不断被打破，获得了自由的个人如何被整合起来就成为思想家思考的核心问题。然而，在欧洲政治哲学传统中，市民社会与国家同义，未曾与国家分离，作为经济因素的家庭也从属于国家或者市民社会。然而，随着18世纪末现代社会的形成，出现了与国家分离的新型市民社会，它是家庭与国家之间的差异领域（里德尔，2018）。黑格尔相信现代社会可以依靠理智国家调节市民社会中的私人矛盾，依靠伦理国家调节政治共同体和不同权力部门之间的矛盾，因此，我们应该立足于现实对它进行完善（汪行福，2017）。

对共同体以及共同生活的向往，引出了对原子式个体的批判，而一个国家越不尊重个体，个体越容易走向原子化，社会成为一盘散沙，无法组织起来与国家一道共同抵御社会风险。但不能把个人主义混同于原子式个体基础上的个体主义。个体主义是这样一种社会价值观：它强调个人在社会经济活动中的主体意识，发挥个人的自主性和能动性，相关的制度设计也旨在调动个人的主体性和创造性。"个体"一词是在西欧社会长期的演变过程中被提出的，促成"个体觉醒"或"发明个体"的因素包括教会强调个体自愿皈依、个体相信自己有"照看灵魂"的职责，也包括西欧特殊的社会政治结构（西登托普，2021）。个体主义与集体主义未必互斥，个人主义则与集体主义相左。个人主义侧重道德意义，其特点是认为个人利益至上，为了个人利益可以牺牲其他利益。如今，人的个性看似得到了解放，催生了多元社会，但同时也使社会趋于瓦解，陷入价值的撕裂（王晓升，1999：23）。换个角度讲，整个社会又变成没有个体和个人承担后果的"众人"社会，个体与集体对立起来，个体变成了利益至上的个人。

在社会发展中，科层制度在追求整齐划一的同时也不能消灭行动者本身以及行动者之间的多元性或异质性。现实事物之间的关系通常是多元的，例如就同一个单位的两个人来讲，他们之间可能既有交换关系，又有上下级关系。在现代社会中，异质性、分歧性和冲突性随着同质性一起凸显。如何在现代性造成的分裂、分歧中寻求普遍政治秩序，实现不同人的"共同存在"，既保证个人的自由生存和发展，又实现社会的稳定与长治久安？换言之，想在"分歧"中寻求"共同生活之道"变得异常艰难。这也构成马克思哲学与当代政治哲学的结合点（贺来，2021a，2021b）。当然，由于现实世界中各种权力的相互牵扯和博弈，寻求"共同生活之道"任重道远。例如，20世纪初的中国社会也存在这个问题：国家能力弱，社会成为一盘散沙，个体反抗无出路，群体理想的现实构建又失败了。个体和国家的出路究竟何在？如何治理国家、改造社会？当时一个明显的答案是用激烈方法，采取革命手段从根本上改造社会。于是，从新文化运动着重启蒙开始，以激烈政治改革告终，改造社会的革命性政治成了焦点。然而，救亡压倒了启蒙，救亡的任务完成了，启蒙的任务还没有完成。理想、信念、信仰等力量将新民主主义者凝聚在一起，将旧中国民众组织起来，将原子化的中国社会凝聚在一起并推动了中国革命的完成。"在新自由主义的政治下，剥削不再以异化和自我现实化剥削的面貌出现，而是披上了自由、自我实现和自我完善的外衣。这里并没有强迫我劳动、使我发生异化的剥削者。相反，我心甘情愿地剥削着我自己，还天真地以为是自我实现。这是新自由主义的奸诈逻辑。"（韩炳哲，2019：57）剥削者不是不存在，只是隐形地存在着，隐形地强迫劳动者劳动。在当代，新自由主义的生产模式导致"爱欲"和"他者"的消失，因为任何对象和事件，包括他者

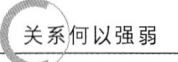

和爱欲都被以"筹划"的方式对待，人们处处彰显自己的权能，时刻准备主宰他者，也在爱中获得"绩效"或"成果"。然而，在列维纳斯看来，"他者和爱却恰恰是在主体最无能为力的时候，最不试图去掌控的时候，才得以现身的。否则，他者和爱只不过是自我之掌控欲的产物"（列维纳斯，2020：xl）。然而，现代性意义下的主体哲学恰恰要掌控世界，自我、他者、爱都成为被掌控之物。

当然，上述对现代性后果的描述是负面的，但不能据此认为现代生活完全面目狰狞，不能仅指出现代社会中的空气污染、数字化、技术化、人的异化等带来的问题，而是要深刻地洞察问题的缘由，否则就是简单地拒斥现代性，变成另外一种二元设定。换言之，即便看到了现代社会的种种问题，也不应简单地否定它，即认为前现代是更值得向往的生存状态，因为这种思维也是二元对立思维。

随着现代性发展和时代进步，同时在权力和资本的双重控制下，不同学科的分化或分裂日益严重，学术越来越陷入二元对立。问题在于，事情本身不是二元断裂的。人虽然处于列维纳斯所说的"无关系的关系"的悖谬世界之中，但作为人的人是整体而不是断裂的，离不开各种关系并必定要找回关系，要在异化世界中找回温暖。世界虽然变成了无"关系"的分裂的世界，但是作为世界的世界本身毕竟是整体而不是分裂的。因此，为了破解学术中的各种二元对立，沟通微观与宏观，西方学界近半个世纪出现了多种社会理论，但其效果多数不理想。同样，近百年来，为了回应世界的分裂这个时代问题，破解二元对立，思想界也从实体论转向了关系论（罗嘉昌，1996；刘军、杨辉，2012），关系研究应运而生。关系研究直面现代性造成的各种关系断裂，研究各种"无关"、"漠不相关"甚至"冲突关系"，探讨世界为什么断裂、关系性质出现怎样的变化等问题。

理想意义上的关系研究会直面现代世界的分裂，它不单关心个人和人类的解放[①]，更关注社会和国家的未来。在笔者看来，关系研究要解释世界的分裂及其原因，深思关系研究成果与作者、读者、被研究对象乃至相关社会行动者有怎样切身的意义关联，描述、解释、回应现代人在"关系"上的"孤独"命运。关系研究者更应探讨"关系"概念本身，批判和反思"社会网分析"、"关系社会学"乃至一般社会科学中线性思维的局限，探讨关系命题的预设、逻辑和意义。这样的关系研究会帮助笔者自己认清生命本该有的无限的可能性和丰富的整全性，认知自我并找到安身立命之所，即活出自身独特而又不独特的存在的意义，同时助益现代人安身立命。关系也是广义的。从国家、市场、社群与个体之间关系的角度讲，如果能够在理念上洞悉现代个人、社会与国家在何种程度上处于共属一体的关系整体格局之中，又在什么意义上各自分立，从而可能在相应制度上有所安排，那么国家建设、社会治理、经济发展就未必以牺牲地方社区和个人自由为代价。因此，如何处理国家、市场、社会与个人的关系，应对分裂的世界，这是关系研究的关切，而其背后离不开整体性关系思想作为支撑。

20世纪70年代以来，国内外学者进行了多种关系研究，如社会网研究（个体网、局部网和整体网）、社会资本研究、复杂网研究、网络交换论研究、社会心理学中的关系研究、文化层次的关系研究、人情面子权力研究、多种关系社会学以及关系范畴研究等，他们关注的"关系"各不相同。例如，有的学者关注人际"关系"在求职、传递信息、拜年等方面的效用，这种研究坚持功

[①] 有学者认为，社会学家的目标是个人的解放。然而，个人解放和自由的实现遭遇四个障碍：心智矛盾（人给自己设立的目标是矛盾的）、个人没有把握到的因果过程、个人在群体中无法实现其目标和无解博弈（埃尔斯特，2015：215）。实际上，社会学更关注社会结构变迁，而不单单是个人的解放。毋宁说社会学同时关注个人解放与社会结构，或者说关注社会结构下的个人解放。当然，现实的个人解放是困难重重的。

利主义，所关注的"效用"也是抽象的。有的学者则关注人情、面子、权力、关系等，这种研究虽然有很大解释力，但是仍然没有脱离抽象的、线性的思维。又如，自计划经济时期以来，多数学者将中国描述为集体主义国家，然而有学者不认同集体主义解释，认为用"关系主义"（relationalism）可以更好地解释中国的历史，包括政治、社会学、心理学和交际等中国文化的主要方面（Zhu，2018）。这样的研究有其解释力，但是对具体个人的关心不够。除了哲学对关系范畴的辨析之外，社会科学的关系研究大都只对具体"关系"的具体维度进行经验研究，这种研究难以脱离线性思维，很少能洞察"关系"概念的存在论和认识论意义。① 总之，关系研究的多种路数虽然各有其优势，但是它们在理论、方法和议题等方面分歧较大，甚至无法沟通。在此意义上，我们认为关系研究是断裂的或无"关系"的经验研究，这种研究没有摆脱线性思维和实体论思维，但很多关系研究者都认识不到这一点。

为了展示关系研究中的线性思维或知性思维及其局限，从逻辑或语言上探讨关系研究的分裂性，探讨如何可能超越关系研究中的表象性或常识性，迈向"关系本身"或"关系概念"，从而在思想上回应甚至弥合世界在各个层次上的分裂，很有必要解剖一项具体的关系研究案例，于是格兰诺维特的名篇便进入我们的视域。

---

① 实际上，尽管有很多关系研究路数，但是并非所有的路数都能提出深刻的问题，有的研究所提出的问题本身的意义不大。一般认为，科学研究始于问题，然而问题从何而来？问题的背后还有哪些问题？什么是真问题？这里还涉及"提问方式"问题。正如康德所说，"知道应该以合理的方式提出什么问题，这已经是明智与洞见的一个重要的和必要的证明。因为，如果问题本身是荒谬的，并且所要求的回答又是不必要的，那么这问题除了使提问者感到羞耻之外，有时还会有这种害处，即诱使不小心的听众做出荒谬的回答，并呈现出这种可笑的景象，即一个人（如古人所说过的）在挤公山羊的奶，另一个人拿筛子去接"（康德，2004：56）。

三 本书的结构逻辑

格兰诺维特（1973）的《弱关系的优势》[1]（The Strength of Weak Ties）是国际上被引用最多的社会学名篇之一，被引用高达 65000 次。该文自发表以后，众多学者进一步分析、扩展其命题或结论，检验或证实其"正确或错误"之处。然而，从笔者所收集到的材料来看，多数学者仍然坚守线性思维，只尝试用不同区域的数据进一步验证或否证该结论的"正当性"，希望推进该"理论"，却很少讨论该文"思维逻辑"中内在的困境或难题。[2] 笔者深究该名

---

[1] 罗家德将该文题目译为《弱连带的优势》，这种译法或可商榷。首先，"连带"一词在汉语中不常用，格兰诺维特用"ties"表示现实的人际联系或人际关系中的一种正向联系，将它译为"纽带""联系"可能更好，译为"关系"也可。当然需要注意的是，中文"关系"一词的含义要比英文 ties、relation、connection 等所有表示"关系"的词意义要丰富得多，至少中国人所说的"关系"是情理兼备的（翟学伟，2005），是不同于"社会资本"的一个概念。如果坚持这种见解，就不太应该出现"关系社会资本"之类的词语，除非明确地说明该词与"关系""资本""社会资本"等的区别与联系等（翟学伟，2011：79～93）。"关系"一词中有相当多含义没有体现在 ties、relation、connection 等众多相近的英文词中，也正因如此，近年来英语世界学者专门用汉语拼音"guanxi"一词表示中国人所说的"关系"。汉语拼音 guanxi 变成了英文专门词语。其次，"优势"（strength）这个名词对应的形容词是 strong（强势、强力），反面是"劣势""不足"，因而有一些价值判断的意味，而格氏未必有此意。格氏在界定关系"强度"时也用 strength 一词，此时就不应译为"优势"。格氏用该词表示"弱关系"（weak ties）和"强关系"（strong ties）的力量、作用、强度等，弱关系将多个群体的成员凝聚起来，强关系将单个群体内部成员凝聚起来。也就是说，"联系""关系""纽带"（ties）无论强（strong）还是弱（weak），都有其"力量"、"优势"或"强度"（strength）。考虑到这些，将此题目译为《弱纽带的优势》《弱联系的优势》《弱关系的强度》《弱关系的优势》均可，本书译为《弱关系的优势》。本书旨在超出常识，批判该文中命题的内在逻辑缺陷。

[2] 如果可以将单个命题称为理论，那么社会科学中就会出现极多理论，显然这是不可能的。在笔者看来，"弱关系就信息传递而言在很多方面有优势"（以下简称"弱关系优势"或"弱关系的优势"）只是一个命题，还算不上什么理论，尽管有一些学者称之为理论。至于"理论"的多种含义以及"理论"一词本身的局限，参见拙作（刘军、赵岩、李艳春，2014）。

篇后惊奇地发现，格氏并没有真正论证其核心观点，对很多概念的使用也比较随意，更缺乏反思和批判。本书即围绕此名篇的核心思想展开批判。

本书的章节安排如下。导论描述世界在各个领域的各种分裂及其表现，简要解析分裂的现代性缘起，引出本书的主题，即基于格兰诺维特名篇探讨常识乃至多数学术研究中的线性思维及其逻辑局限，在思想上回应时代问题。第一章介绍格氏名篇的学术背景、核心内容及论证过程，格兰诺维特与甘斯有关弱关系效应的争议及二者在论证逻辑上的差异，给出笔者对二人争论的批判性分析，特别强调前提性批判的重要性，探讨在逻辑上应当怎样论证格氏的一个核心命题即"弱关系成为最有效的桥"，而这恰恰是格氏所缺乏的论证。首先，他认为"弱关系"是最有效的"桥梁"。然而，要想论证"最"，就需要先考察有哪些"桥梁"（如其他理论、现实力量等）可以沟通微观与宏观，然后比较它们之间的异同，进而论证"关系"在这些"桥梁"中如何是最有效的。然而，他并未这样来论证。其次，他也没有论证"关系"是有效的桥梁，即"关系"如何有效。他实际上要证明的是"关系人"可以充当"桥梁"。无论"关系"还是"关系人"作为桥梁，格氏都预设了关系可以脱离关系人而存在，这种"二分法"并不成立。再次，严格地说，他也没有真正论证"关系"是沟通的"桥梁"。他将关系视为工具性的实在物，而没有洞察到关系的关系性、涌现性和超越性。最后，他也未深究"最"的含义。

本书更关注思维逻辑问题，因而重点考察该文的"思维逻辑"及其核心命题中被遮蔽的问题。为此，第二章继续批判弱关系的优势命题的一个预设，即"关系具有传递性"。本书探讨了关系传递性的前提条件、"关系传递性"何以可能，论证了传递中坚持的是线性时间观而不是生活世界中的多元时间观，从自我意识等方面论证了关系传递模型本身存在着内在的矛盾。这清楚地表明，格氏命题的前提不成立，因此格氏命题也不成立，或者说在相当严格的条件下才成立。

即便承认格氏的命题是成立的,然而命题的本质是什么却未被追问。弱关系的优势命题的一个核心子命题是"关系促进社会凝聚",辩证地分析会发现,这个命题无非只是在关系与社会凝聚之间建立一种外在的联系罢了,这意味着该命题并不是什么真理。为了论证这一点,第三章探讨还有哪些因素影响社会凝聚,主要从"社会学理论"、"社会理论"以及"现实力量"(包括弱关系)三方面探讨影响社会凝聚的力量。接下来探讨关系本身又可能产生哪些影响,即关系有哪些可能的效应。最后,将二者合在一起,就清楚地认知到,"关系促进社会凝聚"无非是在"关系"的众多可能的效应中间,选出一个(促进社会凝聚),同时从影响"社会凝聚"的诸多因素之中选出一个(关系),然后将它们结合在一起,就形成了"关系促进社会凝聚"这个看似颇有道理的命题。殊不知,这个命题无非只是在"关系"和"社会凝聚"之间建立一种外在的联系罢了,这种联系并不是本质的必然联系,且其中蕴含的很多预设都可以质疑。

仅仅澄清"弱关系促进社会凝聚"这一命题的"外在关联性"的实质还不够,还没有进入格氏命题内在的逻辑问题:该命题只是论及"关系"与"社会凝聚"之间的外在关系,却未论及"关系本身"和"社会凝聚本身",没有涉及"弱关系"本身是"什么"以及如何"是","社会凝聚"本身是"什么"以及如何"是"等更基础的议题。因此,第四章探讨凝聚概念,从离散与凝聚的辩证关系入手,探讨凝聚、社会凝聚的概念,凝聚与离散的相即不离关系,并从事情本身内在的形式入手分析凝聚的真正本质,即真正的凝聚离不开事情本身的形式指引。第五章继续探讨"关系"概念,首先指出关系研究无视"自助助人"中的内在目的论,关注的因果性只是外在因果,无法把握事情本身。其次,借鉴皮尔士、德·摩根的思想论述关系的关系逻辑,旨在表明格兰诺维特在使用各种关系时忽视它们之间的异质性,因而是无思想地论证弱关系的优势。最后，分析关系概念的关系性、涌现性、超越性等，旨在说明关系与关系者的异同、相即不离和相互超越，从而在理念上实现关系的整全。这样的辨析更深入事物的本质，助益作者甚至读者自助再助人。

第六章在简要总结本书结论之后，具体探讨命题得以成立需要怎样的条件集合，包括 INUS 条件和 SUIN 条件。随后超出具体的关系问题，转而批驳当今学术界误将判断视为命题，从作为概念的概念角度，进一步探讨基于概念的判断和推理中不被重视的问题。这些最基础且极端重要的逻辑问题几乎被当代社会科学所遗忘。总体上，本书的章节结构如图 0-1 所示。

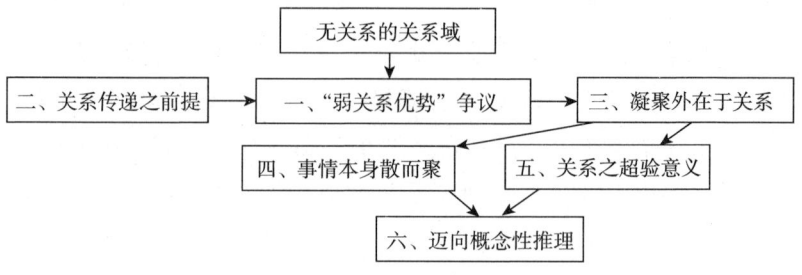

图 0-1　本书内容架构

第一章 "弱关系优势"争议

1973 年，美国社会学名家马克·格兰诺维特教授发表了《弱关系的优势》(*The Strength of Weak Ties*)（Granovetter，1973）一文，提出了著名的"弱关系的优势"（the strength of weak ties）命题，即弱关系就信息传递而言在很多方面有优势。该观点具有重要启发意义，在社会学、政治学、经济学、信息情报学等领域产生了重要影响。鉴于他对群体和个人行为的开创性分析，瑞典皇家科学院甚至提名他为 1985 年诺贝尔经济学奖候选人，有学者也称之为"名满社会学界和管理学界的一代宗师"。也由于其此名篇的贡献，格氏获得西班牙对外银行（BBVA）基金会 2022 年第 14 届社会科学"知识前沿奖"。然而，笔者认为该名篇存在很多问题，并且学术界没有深入思考其中的逻辑问题。为了更好地理解此名篇的缘起、论证及其局限，本章首先介绍格氏撰写此文时的学术背景及格氏本人所接受的学术训练，其次梳理该文的核心思想及其论证过程，然后探讨该文的学术反响，包括很多学者对该文的批判以及格氏的回应。最后，笔者指出诸多文献共有的思维逻辑问题，并给出笔者自己的批判。

一 论证及相关争辩

格氏深受其师的影响，深受当时的学术背景及他所接受的学术训练的影响，也受格氏本人自我设定的学术旨趣的影响。

首先,在格氏所生活的20世纪60年代,经济学的成本效益分析依然占主导,它预设了纯粹理性人、成本最小、效用最大化等原则。经济学的劳动力市场研究预设了劳动力信息是完备的,普遍采用方法论个体主义,忽视个体所在的社会关系网以及劳动力信息在关系网中的传递,更不关注劳动力市场的动态性及文化和政治等因素。因此,为了批判古典经济学乃至社会学中的方法论个体主义,并尝试与新制度经济学命名者奥利弗·伊顿·威廉姆森(Oliver Eaton Williamson,1932~2020)展开对话,[1] 格氏最终在1984年提出了"嵌入性"(embeddedness)观点(格兰诺维特,2007/1984:1~37),即承认经济行动嵌入社会关系之中,是在社会网互动中生成的。这种观点上承宏观理论,下接因果模型,将人际关系与信任结合起来讨论交易成本如何被决定,因而可以与古典经济学进行对话。在格氏看来,人们之间的信任通过社会网络而得到重视,因此他在官僚制和市场之外补充了第三种治理方式:网络。《弱关系的优势》一文指出,社会网分析能弥补经济学和传统社会学的不足,因而该文被视为新经济社会学的纲领性文件。在笔者看来,如果不追问理性人假设本身是否成立,不从思辨、语言、逻辑等方面反思研究的前提,那么社会网分析就不会很好地弥补经济学和社会学的不足。

其次,他于1965~1970年在哈佛大学社会关系学系(Department of Social Relations)接受研究生教育。他自认为该系有三个因素影响着他。其一,该系同时包含了人类学、心理学和社会学学科,不是纯粹的社会学系,因而他可以学到多学科知识;其二,社会理论家帕森斯(Talcott Parsons,1902~1979)虽然仍在系内供职,但其影响力已经减弱;其三,社会网领域领军学者怀特

---

[1] 威廉姆森就交易成本、不确定性、机会主义、欺诈、企业中的激励和控制、资产专用性、市场失效等进行了创造性分析(孙涛,2013)。

(Harrison White, 1930~)刚刚入职该系,并成为他的博士导师。正是在怀特的带领下,格氏等开始批判帕森斯,认为他所倡导的符号、价值、规范、社会系统、共同价值等概念都大而无当。他们着手推翻帕森斯的社会系统概念,而将个人行动理论及连接他人行动的方式置于新理论的核心位置(格兰诺维特,2007,中文序:1)。① 不过,他们同时也反对本系社会学名家、行为主义者霍曼斯(George Homans,1910~1989)的心理还原论,因为霍曼斯坚持方法论个体主义。与霍曼斯相反,他们倡导关系分析或社会网分析。不过,即便倡导社会网分析,格氏也批判了其中存在的两种路数。一种路数是纯技术派,即建构抽象的关系模型,对理论毫无兴趣;另外一种路数则缺乏对文化、政治和制度架构的兴趣。相比之下,格氏旨在探究个体行动如何连接成为总体社会形态。②

在上述学术背景和知识积累下,为了批判经济学和社会学,倡导社会网分析,格氏撰写了名篇《弱关系的优势》,其核心观点首先体现在摘要中:

---

① 埃利亚斯(N. Elias)也认为,帕森斯选择的很多基本概念都比较随意,这使得"在思想上系统地把社会过程简化为社会状况,把错综复杂的现象简化为简单的、似乎彼此互不相关的各个部分的方法反而使社会学理论变得更加复杂"(埃利亚斯,1998:8)。的确,帕森斯选择这些基本概念,却未清醒地认识到它们具有的重要理念意义,也未在理念意义上探讨社会问题。当然,笔者认为不能因噎废食,不能完全拒斥"大而无当"的概念,而是应看到,任何研究都离不开概念,而概念既可以是纯粹抽象的,也可以是具体经验的,并且拒绝使用作为概念或理念的共同价值、规范、系统等词语,也会使社会网研究、关系研究乃至一般实证研究陷入理论匮乏和思想贫瘠。这是因为,学者通常抽象地理解"共同价值、规范、系统"等词语,没有认识到这些概念既是抽象的,同时也是具体的,因而并不是大而无当的概念(参见本章最后一部分)。

② 笔者将在后文指出,格氏的关注点固然有其意义,然而他自己也隐约地承认采用了经验主义路数,即从"看得见、摸得着"或可以测量的维度来分析社会关系,无视关系本身蕴含着看不见的更重要维度。

社会网分析通常被视为联结微观和宏观层次社会学理论的工具。本文通过解析小规模互动的一个方面——二方关系强度——的宏观意涵,展示这种联结过程。我们认为,两个人各自的朋友网重叠程度随二者之间关系强度而变。接下来探讨该原理对影响力和信息的传递、工作流动机会和社区组织的影响,从而强调弱关系的凝聚力。多数网络模型都潜在地探讨强关系,将其应用仅限于小规模、边界清晰的群体。本文对弱关系的强调则会促使对群体之间关系的讨论,并分析那些不易用初级群体来界定的社会结构的诸成分。(参见格兰诺维特,2007:67;译文有改动)

格氏随后指出,目前社会学理论有一个根本缺陷,即没有以令人信服的方式将微观层次互动与宏观层次模式关联起来。具体而言,大规模的统计和量化研究可以很好地洞察宏观现象,如社会流动、社区组织、政治结构等;在微观层次,众多数据和理论助益我们了解小群体内部发生的情形。[①] 然而,在多数情况下,我们并不知道小群体间的互动如何形成大尺度的模式。相比之下,"本文将论证,对人际网络中过程的分析提供了一个最有效的微观—宏观桥梁(the most fruitful micro-macro bridge)。一方面,小规模互动正是透过这些网络才转变成大尺度的模式;另一方面,这些模式反过来又反馈到小群体中"(格兰诺维特,2007:68;

---

① 不过,在笔者看来,诸如社会流动、社区组织、政治结构等宏观现象有怎样的本质、性质和表现等,这些问题不可能仅通过大规模统计和量化研究来洞察,因为统计和调查无非只是研究工具,而并不是认识事物本质的工具。要想认识宏观现象,首先需要研究者具有高度和深度的思辨,而不是计算和测量工具。同理,众多数据和理论也未必有益于了解微观小群体内部发生的情形,因为这涉及什么是"理论"、数据的边界等基础问题。笔者只是指出这一点而不详加论证。

Granovetter，1973：1160。着重号为笔者所加）。①

格兰诺维特接下来展开具体论证。他基于人际互动的一个维度即"人际关系强度"，探讨它如何联结微观和宏观，如何关联到传播、社会流动、政治组织、社会凝聚力等方面，进而展开"网络分析"。

（一）关系强度的定义

格氏首先用四个指标来定义关系强度，"关于人际关系'强度'的大多数直觉观念都应该符合如下定义：一个关系的强度是由刻画关系特征的时间投入量、情感紧密度、（相互倾诉的）亲密程度、互惠服务构成的（可能线性）组合"[the strength of a tie is a (probably linear) combination of the amount of time, the emotional intensity, the intimacy (mutual confiding), and the reciprocal services

---

① 笔者将"the analysis of processes in interpersonal networks"译为"对人际网络中过程的分析"。罗家德将此句翻译为"对社会网中互动过程的分析"（格兰诺维特，2015：57）不完全准确，因为原文中用的是"人际网络"而不是"社会网"，这里的原文中也没有"互动"一词。实际上，格氏在文中也谈到了"互动"，例如，正是考虑到"小群体中的互动（interaction in small groups）如何聚合（aggregates）成大尺度模式，大多数案例都未探究这一点"（Granovetter，1973：1360），才决定通过人际网络、弱关系探讨这一点。他认为，小规模互动（small-scale interaction）正是通过这些网络才变成大尺度模式，而大尺度模式反过来又反馈到小群体中。然而，格氏本人在文中并未真正分析弱关系或人际网络中的"互动"（interaction），或者说他只在抽象形式意义上分析"互动"，完全忽视包含着具体而丰富内容的互动及其过程。要想分析互动，就要分析至少两个人之间相互来往言行，而不是仅分析一个人的单方面关联。然而，格氏并未分析这些，他分析的只是"禁现三方关系"中的单方面朋友关系，其中并不包含互动。另外，小规模、大尺度等语言表述本身就可能成问题，它们意味着存在着现实的小型和大型结构，二者之间又有一定关联。实际上，小群体中可能蕴含了大结构因素；反之，大（宏观）结构中可能包含小（微观）结构的种子。更重要的是，无论是大结构、小结构，还是微观、宏观或其他术语，实质上也都是共相性概念，在现实中并不存在。它们看似直接对应于现实的群体、组织或国家等实体，实际上并不对应。在现实世界中，并不能明确地区分出大、小结构，它们都是概念。现实的关系网络还居于"科层"与"市场"之间，三者之间又有复杂关联，绝非简单的朋友"网络"可以论及（参见 Turner，2006：415）。

which characterize the tie.]① (Granovetter, 1973: 1361)。依据这种定义方式,格兰诺维特将关系区分为强关系、弱关系和无关系三类。

为了推出并论证"弱关系优势"命题,格兰诺维特先给出以下前提预设。如果考虑交往投入的时间、精力、成本等,那么对于任意两个人 A、B 来说,可以设想存在着多个第三人,其中每一个人与 A、B 之一或与二者都有关联,这些第三人构成一个集合 S =(C,D,E,……)。② "以下假设可以帮助我们将二方关系扩展到较大结构:如果 A 与 B 之间的关系越强,那么 S 中的个人同时与 A 和 B 产生关系——不管是弱关系还是强关系——的概率就越大。换言之,A 与 B 各自朋友圈重叠的程度,在 A 与 B 没有联系时重叠最少,有强关系时最多,有弱关系时居中。"(格兰诺维特,2015:58;译文有改动)这是格氏的核心假设。《弱关系的优势》一文摘要中有另外一种表达,即 A 和 B 各自朋友圈的重叠程度与 A—B 关系

---

① 罗家德教授将此句译为:"关于人与人之间连带的强度,大多数直觉式的观点不出以下定义范围:连带的强度(可能是线性函数),是'认识时间的长短'、'互动的频率'、'亲密度'(相互倾诉的内容)及'互惠性服务的内容'的组合,这些都是连带的特色"(格兰诺维特,2007:69)。笔者认为,至少对前两个指标的翻译可以商榷。第一个指标"amount of time"不应译为"认识时间的长短",而应译为"投入的时间"或"投入时间量",下文隔一段提及"较强的关系强度往往需要较长时间去培养",这表明"amount of time"指二人在维持关系中投入的时间,并非简单的"认识时间的长短"。换言之,译为"认识时间的长短"易引起误解:假设两个人是小学同学,长大后联络却很少,难有机缘投入时间培养关系,关系强度自然不会大,尽管二人"认识时间长"。另外,第二个指标不应译为"互动的频率",而应译作"情感紧密度"(the emotional intensity)。格氏没有给出具体测量指标,但应不会超出常规的情感量表。这样的量表不会考虑到一些特殊情况,如崇拜者在现实生活中与他崇拜的偶像没有交集,却自认为对其有强烈情感,甚至省吃俭用购票去看其偶像的演唱会。在常规的量表中,诸如此类另类情感很少被考虑到。这意味着,情感量表注定是不完备的,研究者也应明白其是不完备的。第三个指标即(相互倾诉的)亲密程度。该指标当然可以从人际层次上测量。但是,正如吉登斯等很多学者所说,要清醒地认识到,随着现代性的推进,总体上或宏观意义上的亲密关系也出现了变化,这种变化注定会体现在具体的人际关系之中。因此,测量研究者应有更广阔视野,因为针对具体人际关系亲密度的测量无法完全测量出亲密关系的总体转变(参见吉登斯,2001)。

② 罗家德将此句的核心意思译为"集合中的人与 A 或 B 或任一人有连带"似有不妥,因为没有完全表达出"可以与 A、B 都有关系"之意。

强度成正向关系，该文的全部命题和推论都是从这个核心假设中推出来的。随后，格氏用行为主义者霍曼斯、认知平衡理论家海德（F. Heider，1896~1988）以及社会学家劳曼（E. Laumann）的理论和发现作为证据证明该假设。笔者将在后文表明，提供证据并不是证明，这些证据也不足以证明该假设，该假设本身要想成立是需要很多前提条件的，更重要的是该假设蕴含着内在的矛盾，而这种矛盾与霍曼斯等人的证据是无关的。甘斯的个案研究，可否作为弱关系的优势命题的证据？能证明弱关系的优势命题吗？变量之间的关系能得到真正证明吗？换言之，格氏所提供的众多证据并不能证明该假设，因此，笔者毋宁称此假设为预设，即未经证明的前提假设。

在接下来探讨传播过程中弱关系的效应时，格氏进一步基于此假设推出这样的命题，即它们实际上也是预设：如果 A 与 B、A 与 C 的关系都强，那么 B 与 C 无关系的可能性很小，二者之间至少应有弱关系，这种结构被他称为"禁现三方关系"（forbidden triad）（如图 1-1 所示）。① 当然，如果 A 与 B、A 与 C 的关系都弱，那么 B 与 C 之间很可能无联系。认知平衡理论等对此已提供证据（实际上，这些证据都有问题，后文将进行批判）。

这里蕴含着"桥"概念，其含义如下：在一个网络中，在两点之间如果只有唯一路径联系二者，该路径就叫作"桥"；换言之，如果没有它，两个点就断裂开来。桥有重要的联系功能。一般情况下，桥对于信息传播、资源流通等至关重要。然而，在大型网络中，上述严格意义上的桥很少存在，非严格意义的桥即局

---

① 笔者将该图中的线加粗，旨在突显 A 与 B 之间、A 与 C 之间的强关系，这样的三人组或三方组（triad）（A 与 B 之间、A 与 C 之间有强关系，B 与 C 之间却无关系）不容易或禁止出现，原文用"forbidden triad"来表达。格氏既用"不大可能发生"（unlikely to occur），也用"永远不会发生"（never occurs）这样的词来描述"forbidden triad"。实际上，这种三方关系结构是格氏的一种预设，即预设它在理论上不会出现，实际上当然可能出现，故可译为"禁现三人组"。如果 A、B、C 等不是个人，而是组织、群体等，则可将"forbidden triad"译为"禁现三方组"。

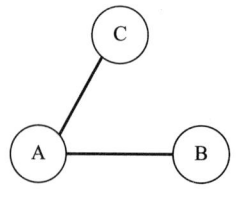

图1-1 禁现三方关系

部桥(local bridge)才更可能出现。局部桥通常是弱关系(格兰诺维特,2007:73),其重要性在于可以创造更多更短的路径,使信息传递至更多人。

在图1-2的中,弱关系A—B(虚线A—B)并不是桥,因为二者还可以通过A—E—I—B这条路径联系起来,当然,A—B是A与B之间的最短路径。在现实生活中,两点之间仅有一条路径的情况并不多,多数情况下两点可以通过多条路径联系起来,因此就出现"局部桥"(local bridge)这个概念。例如,在图1-3中,C、D、E等点要想联系上B,几乎必须经过A—B这个局部桥,否则绕道太远,成本太高。① 由此引出两点之间"步数为n的局部桥"这个概念:除了二者之间已有的一条直接关系之外,假设另有一条长度为n(n>2)的最短路径将二者联结起来,该路径就叫作这两点之间步数为n的局部桥(Granovetter,1973:1365)。如此看来,在图1-2中,A—B就是一条步数为3的局部桥;在图1-3中,A—B就是一条步数为13的局部桥。②

---

① 这是就一般情形或抽象情况来说的,不考虑具体的关系内容、信息性质、资源的质和量等。如果考虑这些内容,那么现实中可能出现不管"代价"多高也要"舍近求远"建立联络的情形。

② 显然,这种情况也只是针对该图来说的,即这纯粹是依据形式的说明,完全不考虑现实的条件或内容,一概不考虑具体的行动者是谁,他们各自有哪些性质、脾气秉性、关系性质怎样等细节。然而,如果考虑现实细节,那么它看似是步数为13的局部桥,实际几乎不可能出现,因为每个信息传递者都各不相同,都有各自不同传递信息的理由、成本、收益、动机、人情、目的和意义等。这意味着,局部桥所经过的环节或中间人越多,成功地传递信息的可能性越低,或者说局部桥的中间环节越可能断开。

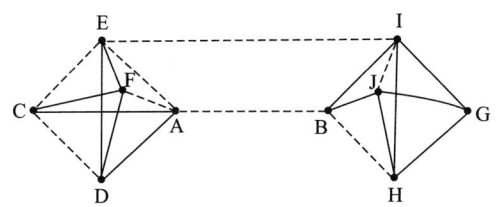

图1-2 A—B是步数为3的局部桥

说明：实线表示强关系，虚线表示弱关系。

资料来源：格兰诺维特，2007：74。

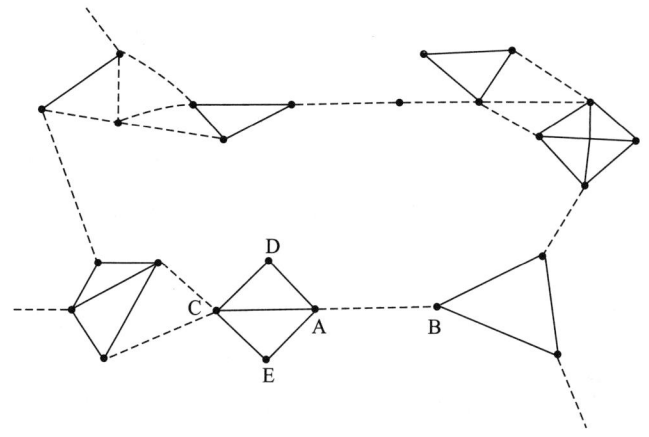

图1-3 A—B是步数为13的局部桥

说明：实线表示强关系，虚线表示弱关系。

资料来源：格兰诺维特，2007：74。

经过上述分析，可以想象弱关系的重要性在于：当它们成为局部桥时，可以创造更多且更短的路径，从而使得信息能传递给更多人。反之，弱关系的消失对于信息传递的可能性造成的损失，要比一般强关系的消失带来的损失更大（格兰诺维特，2007：75）。格兰诺维特接下来讨论了这些发现分别在（微观）个体网和（宏观）社区层次上的意义。

（二）个体网中的弱关系

很多学者研究了社会网络与其中个体之间的相互关系，有学者的研究表明社会网结构会影响其中个人的行为，有的学者则研究个体如何操纵其所在的网络，以便实现自身的目的。这里值得商榷的是，社会网结构（如密度）与其中个人的行为能否完全分开来研究？如果一个人所在的社会网结构与此人的行为本身存在着内在的关联，那么就不能分开来研究。这就意味着上述研究可能存在方法论问题。当然，格氏本人并没有讨论这一点。笔者在此只是指出这一点而不深究，因为后文在讨论其他问题时会追问并探究此类问题。

格氏用工人求职现象来说明个体网中作为"桥"的弱关系。他发现，就个人的求职来说，美国蓝领工人在找工作时，多半要通过关系。① 具体而言，他关注的是波士顿市郊的专业性、技术性及管理岗位的求职者如何在求职中动用关系。研究发现，对于那些通过人际关系找工作的人来说，有 16.7% 的人指出他们在那段时间内经常见到信息提供者，55.6% 的人说偶尔见到，27.8% 的人说很少见到信息提供者（样本量为 54）（格兰诺维特，2007：83）。可见，那些不接触见面的人即处于"弱关系"中的人恰恰很重要，他们作为重要资源可以创造流动机会，帮助人们找到工作。换言之，从微观个体角度讲，弱关系作为重要资源，可以为个人创造流动机会。

---

① 至于有多少人可以通过关系找到工作，相关研究发现各不相同。在格氏（格兰诺维特，2008/1974：7）的数据中，56% 的人求职会通过关系，其余的人不通过关系找工作。就这个数据来说，既可以说"关系在求职中重要"，也未尝不可以认为"关系在求职中无用"，因为不用关系找工作的人占 44%，这并不是较小的比例，这一部分人理应被看见。虽然 44% 的比例相对较少，但也有其理论和现实意义：少数派或奇异值（outlier）为什么没有被表达出来的机会？当利益受损者是少数时，因其量少而可以被无视吗？为什么一定要表述所谓主流的或占优势的情形？少数情形不应因其是少数而被遗忘或遮蔽。没有任何人或任何研究方式有绝对的权力可以无视少数，否则其研究将是残缺的。"白日不到处，青春恰自来。苔花如米小，也学牡丹开。"躲在角落里的小生命也是生命，不可被冷落甚至埋没。因此，不能认为"弱关系的优势"命题完全成立。广义地讲，这也类似于谢宇（2006：15）所言，社会科学关注变异性或异质性，但他所说的异质性仍然是数据之间的外在异质性，还并不是生活世界中事情本身内部存在的异质性。当然，在世俗之人普遍关注流量、热点、流行物的背景下，苔花要修炼到一定境界，才可能内心成熟到学牡丹开。但是，学牡丹开仍然是为了自身的自我保存和自我绽放，并非为了他物、讨好他者。

从比较宏观的范围来看,"弱关系在造就社会凝聚力上扮演了一个重要的角色"①(格兰诺维特,2007:84~85;Granovetter,1973:1373)。当一个人换工作后,他就在不同的网络之间建立了桥梁。特别是在专业性、技术性专家团体中,人员流动会在不同团体之间建立一个具有桥功能的弱连接复杂结构,专业人士通过积极参与会议和集会,就容易产生某些社群意识。"弱连带的维系或许是这些会议最重要的功能。"(格兰诺维特,2007:85)格氏的这种判断非常符合常识,也的确如此,常人因而很难提出反驳意见。然而,各级各类会议本身有诸多功能,一个首要的功能是探讨会议本身要研究的议题。例如,对于学术会议来讲,其首要功能应当是"学术",包括学者发表其学术观点、学者之间相互批判、发布信息传播学术、主办方通过自身的学术发表扩大自己的影响力等等。至于在学术会议上学者通过交流而维系弱关系,这不是学术会议首要的功能。

(三) 弱关系对社区凝聚的作用

格氏进一步讨论弱关系对于社区凝聚的优势作用。他认为,某些社区、组织之间恰恰因为有弱关系,才能有效地动员资源。也就是说,利用弱关系可以解释为什么某些社区为了共同目标可以有效地动员资源,而有些组织却不行。"举例说来,波士顿西翼(West End)的意大利社区,就无法形成一个组织去对抗最终瓦解他们社区的'都市更新计划'。这一点就与甘斯(Gans,1962)的观点特别不一致,他认为西翼的社会结构恰恰是有凝聚力的。"(格兰诺维特,2007:85。译文有改动)

格氏接下来批判了甘斯的观点。甘斯认为,中产阶级信任其领导者,且为共同目标而努力实践,从而形成有效的组织。而西

---

① 实际上,格兰诺维特只是表明弱关系可以"联络"不同群体的成员,即起到沟通作用,还未证明"联系"(connectivity)或"沟通"(communication)就是"凝聚"(cohesion)。我们认为它们是不同的,"凝聚"是更紧密的、积极的联系,而不仅仅是"联系"或"沟通"。

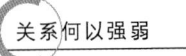

区的工人阶级则无法形成组织对抗都市更新（翻新）计划。格兰诺维特指出，某些有记载的个案研究显示，部分工人阶级社区曾经成功地联合起来反对规模较小的威胁。他认为，弱关系可以检验结构内有哪些因素促成或阻碍组织的发展。一个人是否信任领导者，"完全看是否存在有居间者的中介接触"（格兰诺维特，2007：86）。有些人没有直接和间接关系可联系到领导者，对于这些人来说，他们会觉得领导者也没有动机对他们负责或领导者不值得被信任。领导者与其潜在的跟随者之间缺乏社会联系，可能导致网络破碎，也抑制了跟随者对领导者的信任。

一个人通常局限在小团体内，其弱关系有两个常见的来源：正式的组织和工作环境。然而，西区居民组织的成员极少，并且其成员很少在这个地区工作，所以，在工作场合形成的弱关系与这个社区无关。如果一个社区的成员的地理流动性差，且成员之间有长久的友谊关系，那么相互信任的范围将收缩。因此可以推测，西区的每一个人不会认识西区内大量的其他人，即他们之间只存在一点点弱关系，并且这种弱关系还不是桥，因为西区的社会结构是破碎的。相比之下，波士顿查尔斯顿社区则有丰富的组织生活，并且该社区的大多数男性居民就在此工作，他们就成功地组织起来对抗波士顿的都市更新计划（格兰诺维特，2007：89）。当然，格氏也指出这些解释都是推测，因为缺乏直接的证据，也没有可以比较的个案。但是格氏给出了一个比较原则：社区中的局部桥越多，并且桥可以沟通的范围越大，那么社区凝聚力越大，采取一致行动的概率也越高。"这也是为什么这里要重视弱连带而非强连带的原因。弱连带，比起那些倾向集中于特定团体内的强连带而言，多半更能够去连接不同小群体的成员。"（格兰诺维特，2007：90）

可见，相对来讲，格氏更看重弱关系对于社区凝聚、社会凝聚而非个人求职、流动的重要性，这也是其篇名的旨向。然而，格氏并未止步于此，而是推而广之，继续探讨弱关系如何促进微观与宏观的联结。

（四） 弱关系促进微观与宏观联结

格氏所关注的微观—宏观联结不是一般意义或其他意义上的联结。而只是基于弱关系的联结，正如他所说，弱关系将不同小群体中的成员联系在一起。然而，格氏本人在文章中似乎没有进一步展开论证这个命题，只是比较了其他模型与他自己提出的关系传递模型之间的差异，因为多数社会计量学模型并不能展示格氏所关注的关系强度。格氏用林哈特（Leinhardt, 1972）的研究作为其关系传递模型的佐证，林哈特的研究表明，在控制了群体规模、学生被选择和做出的选择之后，学龄儿童仍然随着年龄增长（从三年级到六年级）而发展出较强的传递关系。当然，在笔者看来，一个班级的成员之间会随着交往加深而发展出传递关系，这里存在着更深层次的问题需要考虑，比如关系为什么会传递？学龄儿童的学习状况、性格特征、动机动力等会影响他们之间关系的传递。另外，同学之间还会发展出其他关系，而不仅仅是朋友关系。如果同时考察其他关系，应该能够更完整地展现同学关系的全貌。

格氏最后指出，"因此，微观与宏观的联结对于社会学理论的发展来说不是奢侈的，而是具有核心重要性。这样的联结会产生悖论：弱关系通常被指责会产生异化（Wirth, 1938）[①]，本文

---

① 沃斯（Wirth, 1938）借鉴齐美尔、韦伯等理论家的思想，探讨了城市化及其对社会生活诸方面的影响。通常情况下，在一座城市中，人口规模大、密度高，会导致其中的异质性个体缺乏亲密的人际关系或人际关系区隔化、表面化和短暂化——密度高带来复杂的隔离和高度的社会控制。例如，在传统社会中有牢固的情感纽带，而在城市中亲密的人际关系趋于消散、减弱，变成工具性的关系，导致社会中出现竞争和相互利用现象，进而出现正式控制机制，否则容易出现失范等现象（Wirth, 1938: 11, 15）。异质性会打破僵化的社会结构，使人员的社会流动性、不稳定性、不安全感增强，以及使个人依附于各类社会群体。金钱关系代替人际关系，制度设计趋于迎合大众而非个人的需求。个体只有通过组织化的行动才能生存和产生影响。沃斯从思想上阐释了"关系"的弱化趋势，这种阐释至今仍有启发意义，可以为微观的关系研究所借鉴。然而，笔者阅读后发现，该文通篇并未使用"异化"（alienation）一词，该词应当是格兰诺维特自己对该文的新解，但这种新解未必得当。（转下页注）

却认为它对于个人机会及其整合到社区中来说不可或缺；强关系促进地方凝聚，却导致整体的碎片化［lead overall fragmentation］"（Granovetter，1973：1378）。当然，这种表达有不严谨之处。① 格兰诺维特最后也清醒地指出，他给出的模型只是一个理论片段，仅用于处理关系强度，忽略了关系内容等重要问题（格兰诺维特，2007：93）。例如，关系强度与专业程度之间，或关系强度与等级结构之间有什么关系，如何处理"消极"关系等，该模型均未涉及。

总之，该名篇的核心观点是，弱关系中蕴含着非冗余信息，其优势体现在四个方面：传递异质性信息，帮助个人求职；作为沟通的桥梁；将不同团体的成员联系起来促进社区凝聚和社会凝聚；联结微观和宏观等。格氏更强调弱关系的优势在于促进"社会凝聚"，或将微观与宏观联结起来，正因如此，本书重点关注弱

（接上页注①）"异化"并非新词，本义指远离、疏离，扩展的含义指人的物质与精神生产及其产品变成异己的力量反过来统治人的一种社会现象。例如，虽然费希特还没有使用异化概念，但他经常从哲学高度通过"外化"这个概念揭示异化的重要含义。例如，费希特所说的"异化"指自我外化为非我，使原来与自我同一的东西变成异己的东西。马克思讲的异化劳动包括人与劳动活动、类本质、劳动产品及人相疏离，该词可概括资本主义条件下劳动者与劳动本身的关系。需要注意的是，不要把异化理解为不好的东西。"异化是自由意志和自我意识过程的必然的一种倾向，要想达到自我认识，就必须通过异化，否则将一事无成。"（邓晓芒，2019：144）相比之下，格氏所说的弱关系本身还谈不上会带来这种异化。就此而言，不应因弱关系会产生异化而对它加以批判。

① 强关系的优势在于它将一个团体内部的成员联系起来，反过来也可成立：一个团体内部成员之所以有凝聚力，关键在于它有较多强关系。就此而言，在声称强关系"促进地方凝聚"的同时，也可以声称"组织本身"提供了强关系运行的场域。同理，组织之间之所以有差异或片段化，就在于组织本身各有其边界，相互离散，不可能完全是强关系导致碎片化。如果说整体有碎片化，更可能是利益分配不公导致的。另外，笔者检索发现，沃斯（Wirth，1938）的文章通篇未使用"悖论"（paradoxes）一词，它也应是格兰诺维特基于自己对该文的理解而自行加入的词，但加入该词未必得当。因为，所谓悖论（paradoxes），指从同一命题中可以推出或者隐含两个对立的或矛盾的结论，而这两个结论都得到支撑。从辩证逻辑角度来讲，悖论里所展示的矛盾是任何命题里都必然包含的，或者说任何命题都包含悖论和矛盾，后文将有比较具体的说明。当然，沃斯的文中未论及悖论，当然也不可能讨论它。格兰诺维特没有意识到他自身论断的不当，未深究概念的意义，有误解沃斯之嫌。

关系对于社会凝聚的作用和微观与宏观的联结。当然，强关系也有其优势。强关系亲友圈里的信息是冗余的，它将同一个团体内部成员联系起来。格氏强调弱关系对于经济生活的重要性，将经济关系嵌入更大的社会网络之中，对经济社会学和社会网络研究作出了开创性贡献。波兰尼曾认为，"自我调节的市场"只是一种幻觉，市场的无节制扩张是灾难性的，会危及社会凝聚。格氏则强调弱关系对社会凝聚的作用，他拓展了波兰尼的研究，也补充了帕森斯对规范的研究。

（五）甘格之辩争

《弱关系的优势》一文发表后，被格氏批判的甘斯最先予以回应，格氏对甘斯的回应予以回应，甘斯再次回应，二者就关系的作用进行了大动"干戈"的争论，笔者称之为甘格之争。下面在介绍二者争辩的内容之后，辨析二者分别坚持的要素——集合论思维和概率—统计学思维的局限。

1. 甘格之争的内容

甘斯（Gans, 1974a）认为，格氏对"弱关系"的功能和重要性的探讨很有意义，至于学者为什么较少研究弱关系，这本身就是一个有趣的问题。然而，甘斯认为格兰诺维特高估了弱关系及网络的重要性，至少格氏在分析甘斯（Gans, 1962）有关波士顿西区（Boston's West End）数据时是如此。格兰诺维特在重新分析该数据时指出，西区人之所以不能对抗贫民窟清除（城市翻新）计划，是因为他们的工人阶级社会体系关注的是派系或旨趣团体，而这些团体之间缺乏弱关系，邻里之间关系碎片化，各个派系之间无法联络或组织起来以便对抗恐吓者。[①]

[①] 格氏用个案来证明自己的普适性命题，这种证明有其道理，但也的确有方法论问题。同理，我们也可以用中国某城市某社区动员的典型案例，来说明或证明信息在关系传递过程中涉及的权力、人情、面子、连坐、利益等机制，探究其中涉及的关键人物，进而分析所谓的"社区凝聚"可能离不开社区内部各种行动者之间的力量博弈、利益交换、分配机制、强制冲突等关系，或可表明不存在纯粹的社区凝聚，或者说社区凝聚并不简单是"弱关系"造就的。

甘斯认为自己在撰写《城中村民》(The Urban Villagers)时没有太关注弱关系，格兰诺维特也正确地指出了甘斯的参与观察法较少注意弱关系。格兰诺维特的正确之处在于指出了弱关系的确存在，不正确之处在于他认为桥接关系是缺乏的。甘斯在该书中讨论了桥接、旨趣团体间的关系以及店主和酒保所扮演的"桥接者"角色。即便如此，西区人仍然是相互隔离的，但其原因并非如格兰诺维特所论述的与弱关系有关，而是因为既有的网络"位于"单条街道或少数街区上，因而其网络绝大多数是邻里子网（sub-neighborhood networks）。此外，西区也不是一个社区或邻里空间，尽管局外人常常如此界定它，例如波士顿的规划者就是利用这种界定来划分重建计划区域的。居民本人也主要依据收入和住房条件，将该区域划分成一些子区域（Gans, 1974a: 524）。

为什么这些邻里子网没有形成一个更大的邻里网以便抵制更新计划？甘斯认为这固然与弱关系的缺乏有关，但也只是部分有关。甘斯认为，弱关系网对于邻里组织来说是必要的，但未必是充分的。要想解释西区人为什么不能组织起来对抗更新计划，还需要从其他因素入手，包括历史因素、时间或信息因素、不信任政客、当地人不愿参加政治活动、天主教支持城市翻新，以及网络局限在邻里子网之中，没有涵盖整个西区等。

一是历史因素。西区是1958年拆迁的。在那段时间，当地很少有针对市政厅的有效抵抗，至少在波士顿低收入人群中很少有抵抗行为。换言之，成功地组织起来的先例少，十多年后即1969年才报道了一项成功组织的案例。至于格兰诺维特所援引的反对翻新计划的成功案例，则是来自戴维斯（Davies, 1966），该案例描述了人们无法阻止早期在林肯中心区（the Lincoln Center area）的拆迁。二是时间或信息因素。西区人直到1957年才感到威胁，时间上太晚了，来不及做任何事情。在20世纪50年代初，他们本来可以做一些反抗性的工作，但并没有。城市翻新是新生事物，特别是由于在当时当地报纸的覆盖率低，西区人缺乏信息，更想象不出什么是城市翻新以及具体如何抵抗。甚至当时当地的政治家也缺乏相应的信息。三是不信任政客。格兰诺维特所指的是政客不被信任，当地网络并不接受政治家或政客，他们的活动游离于西区之外而不被关注。政客一旦当选，就进入中、高收入者的政治世界，远离低收入者，不会再为低收入者代言，当然不会被低收入者所信任。当然，不同的城市也有不同表现。四是不愿参与政治活动。西区人不愿意参与政治活动，部分原因在于他们发现抵抗市政厅是徒劳的，部分原因则在于文化：他们如果卷入抗议或游行等反常行为，会被亲人或同行认为是愚笨的。当然，如果有足够的当地政治家领导他们抵抗市政厅，这种感觉就会减弱。另外，他们不能与外人建立弱纽带关系。五是天主教支持城市翻新计划，这使得该计划很难被反抗。六是网络局限在邻里子网之中，没有涵盖整个西区。

总之，甘斯认为，与"弱关系"和"网络"因素相比，从历史的、文化的和政治的因素入手才能更好地解释西区人为什么不能抵抗城市更新计划。然而，格兰诺维特（1973：1375~1376）却认为这些因素可不予考虑，即可无视缺乏信息和无权无势对贫困者行为的影响。甘斯认为，"这倒不是说格兰诺维特错了；我怀疑如果存在一个恰当的网络，那么政治组织就会得到大力鼓励，但是我仍然认为这种网络的存在只是组织得以出现的一个必要而非充分的条件。进而言之，如果西区今天仍然存在且实施其拆迁计划，那么西区人会立即克服与其网络相关的重重障碍，逐步组织起来以便对抗威胁"（Gans，1974a：526）。

格兰诺维特回应甘斯时指出，甘斯用亚文化差异来解释行为，但也需要用具体的网络因素来补充。对于旨在达到某种政治目标的组织来说，网络当然是必要非充分的要素。但也未必如此简单，因为对于诸如西区这样缺乏组织生活的社区来说，网络结构既是该组织生活缺乏的原因，也是其结果。格兰诺维特赞同甘斯的第四点和第六点：西区人不愿参与政治活动，以及网络局限在邻里

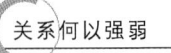

子网中。但是格氏认为这并不是对弱关系优势命题的反证,而恰恰与弱关系优势命题一致。

格氏认为,甘斯提出的第二个因素即时间或信息因素很重要,然而仍然可以怀疑时间因素是否出现。一个理由在于,既然在西区已经存在网络的片区性,那么其中少数能理解该情境重要性的人就不会有效地表达其利益。西区在政治上的联系少,这可能与其人口少有关。但是,格兰诺维特并不认为缺乏外部联系就不能形成组织。相反,西区因不信任政客而阻碍了组织的发展。甘斯提出的第一个和第五个因素的确重要,但是,格兰诺维特依然不相信仅仅事后诸葛亮式的方式就能让西区人团结起来,以便"立刻克服与其网络有关的障碍……组织起来对抗威胁"。甘斯关注组织形成的现实性的充分条件,而格兰诺维特对网络分区的论证则关注意向的但未必是现实的因素。

格氏赞同甘斯对历史因素和政治因素的强调,且它们与网络因素不无关系。由于网络结构无法依据历史的或政治的因素来预测,因此,考虑结构就尤其重要。有充分的证据表明,网络结构很受邻里生态、居住时间、经济结构或者机会的影响。但在历史和政治研究中,这些因素往往不被关注。当然,社区中也有少数人联络广泛,他们在多大程度上担任中间人的问题是值得研究的。

总之,格氏的核心观点是,这些网络结构和特征就是影响政治和其他过程的重要变量,它们不易观察,也不能从对文化的、政治的或经济的变量分析中演绎出来。因此,对诸如西区之类问题的任何研究都应该部分地直接考察网络(Granovetter,1974:527-529)。

甘斯(Gans,1974b:529-530)随后回应道,"网络"固然是具体的概念,依据它的解释常常优于亚文化解释,但从西区人这样的贫困者在信任他人方面讲,"宏观社会学"的和经济的力量会让他们分外小心和理性行事,即主要相信亲友和同道,贬低格氏所声称的"弱关系"。从经验上讲,关注网络的结果要比关注亚文化及宏观力量的结果更有用。然而，甘斯认为，格氏仍然高估了网络力量相对于政治要素的解释力，除非时间允许，否则西区人无法认真考虑城市翻新问题，这是因为他们并没有得到足够的信息。他们之间的联系少，这固然是一个事实，但是该事实与人口少无关，倒是与政治结构及人口异质性有关，但是西区只是更大选区的一部分，该选区在政治上被种族同质的北区控制着，因此没有任何政治家有任何动机去支持该区。至于信息的重要性，可用一例展示。即便西区人被告知了重新安置将很快进行，但有关该地区被突然撤销的一厢情愿的各种谣言仍会蔓延，这些谣言迅速传播，甚至曾经供职于华盛顿城市重建局、了解其他城市重建决策过程的甘斯本人都相信了这些谣言。原因很简单，即在于他自己也并不比其他人更了解波士顿重建局到底是如何规划的。格兰诺维特正当地指出，西区的网络结构阻碍了组织成立，但是甘斯本人仍然相信，如果人们已经了解到足够的信息，西区人就会为邻里而战，尽管他们很可能会因缺乏政治代表和权力而失败。甘斯怀疑是否有舵手（hop-skippers）可将各子邻里区联系起来。组织本身未必需要其舵手多么有名或杰出，但是成功的组织应该的确需要舵手。在甘斯看来，简·雅克布斯（Jane Jacobs）之所以成功地阻止西格林威治村街区的城市重建，那是因为她和与她相似的一些中上层人士能够接触到重要的纽约决策者和媒体。该群体中的某些成员也是"舵手"，他们能接触到该地区的贫困人口并帮忙建立组织，然而相对于该地区的网络结构，他们的阶层地位对于最终结果的影响明显更大。

甘斯本人不太关心"破坏社区独立发展的行为是否减少"，而关注如何有效地反对某些大城市贫民窟的进一步重建。甘斯的首篇关于城市重建对贫困者的影响的论文发表于1959年，但直到多年后贫民窟开始抗议"清除黑人"计划，其洞见才被同仁接受，大城市的暴力拆迁局势才被扭转，尽管破坏街区的城市重建项目依然存在。

格氏回应指出，网络结构和特征是影响政治和其他过程的重要变量，不可忽视（Granovetter，1974：527-529）。因此，二人的争论并没有定论。①

2. 甘格之争的逻辑

甘格之争并没有定论，各不相让。然而，在笔者看来，此争论中涉及二人甚至没有明确地认识到的一些基础议题。辨析这些议题，有助于澄清争论的实质。

首先，集合论与还原论。甘斯坚持逻辑学—集合论思维，而格氏坚持还原论思维。在分析西区人为什么不能组织起来对抗贫民窟清除计划时，格兰诺维特主要将其归因于工人阶级团体之间

---

① 实际上，前文已经指出，格氏用甘斯探讨的一个案例作为"弱关系的优势"命题的一个证据，这种做法是否合理还是一个值得探究的方法论问题。单个个案是否有资格以及如何有资格作为支持或反对某个普遍性命题的证据？这是需要深究的。然而，可以理解的是，作为经验研究者的格氏不会深究这个哲学性问题。科学哲学家奎因（W. V. N. Quine, 1908~2000）在其名篇《经验论的两个教条》（*Two Dogmas of Empiricism*）中批判了经验论，这两个教条是，"相信在分析的，或以意义为根据而不是依赖于事实的真理与综合的、以事实为根据的真理之间有根本的区别。另一个教条是还原论：相信每一个有意义的陈述都等值于某种以指称直接经验的名词为基础的逻辑构造"（转引自张汝伦，2006：256）。这两个教条恰恰也是当代经验研究和实证研究所坚持的教条，但是研究者通常不了解奎因的思想，且未必知这一点。为了破除这两个教条，奎因提出了一个彻底约定论的命题（a radical conventionalist thesis），即认为只有作为一种整体的科学（包括逻辑规律）在经验上才是可以检验的，利用单个证据不足以完全支持或否证某个命题（Giannoni, 1967）。换言之，迪昂—奎因论题指出，就经验证据与理论的关系而言，经验证据具有不确定性，理论不能由经验证据充分论证。经验证据的不确定性问题使得科学理论评价变得复杂。有学者指出，采取弱经验论和局部整体论的立场及比较的观点，可以避开经验证据的不确定性问题，从而对科学理论作出评价（管开明，2020）。对于这一观点，笔者不完全赞同，因为对理论的证明并不完全是经验论的事情，证明理论甚至可以不需要经验。尽管后期奎因提出温和的整体论，认识到许多科学语句可以得到单独检验，即拥有独立的经验内容（Massey, 2011：256），然而经验证据如何有资格反驳或确证一个理论，仍然悬而未决。笔者认为，从"理论""经验"等概念入手，可以在很大程度上破解这个难题，认清理论如何可能以"整体"接受作为概念的经验检验。还需要注意的是，在经验科学中，确证理论和反驳理论之间存在着不对称：反驳被认为是决定性的或定论性的，而确证则被认为注定是无定论的（Grünbaum, 1962：17）。

缺乏弱关系，从而无法形成组织。这种还原性的归因实际上只是找到了一个"原因"，忽视其他"原因"，并且未注意或遮蔽了该原因得以成立还需要有诸多前提条件。相比之下，甘斯则关注邻里组织得以成立所需要的各种必要条件。他认为，"弱关系"只是组织得以形成的必要条件，但非充分条件，组织成立还涉及其他条件：历史因素、时间或信息因素、不信任政客、当地人不愿意参与政治活动、天主教支持城市翻新，以及网络没有涵盖整个西区等。应当说，甘斯给出的这些因素更加丰富，也的确应该被考虑。

深究会发现，二人坚持不同的思维方式或提问方式，因而不可简单比较高低。甘斯的提问方式关乎事项或现象得以出现所需要的条件。在集合论中，某个现象或事项要想出现，需要有诸多条件，如必要条件、充分条件或充分必要条件等。哪些是必要条件？哪些是充分条件？它们之间有怎样的关系？甘斯基于单位行动（而非统计检验）视角分析了影响城市更新计划的多重因素，该视角的基础是逻辑学—集合论，它探讨事件得以发生的诸多条件集合。

其次，组织的涌现。组织的出现是一个不可还原的过程，即涌现的过程。一个组织得以建立，是诸多同质性和异质性因素非线性的综合作用的结果，即不同层次要素之间交互作用造就不可还原的结果。这里涉及的不再简单是必要条件或充分条件等形式逻辑问题。在此意义上，可以分析的问题是，要想建立一个组织，需要哪些不同层次的要素，各个要素之间如何非线性地交互作用，而非线性作用中又有哪些复杂性思维。在自然界、社会界都存在着各种复杂的自适应系统，其特征在于拥有诸多涌现的性质，这些性质不能还原为系统的各个部分及其简单加总。也就是说，这些性质在系统层次上看是明显的，但是在构成系统的各个要素层面上看就不明显，或者说通过这些要素的简单加总及各个要素之间的关系也看不出这些性质。

格氏的追问方式坚持线性集合论思维，甘斯则坚守非线性复杂性思维。这是两种不同的但有关联的思维方式，各有其解释力。作为一个复杂的现象，"组织"的出现、运行、活动等都需要诸多不可缺少的条件，一旦缺乏某个条件，组织就建立不起来。多个条件可以组成一个"集合"，该集合成为组织得以形成的"充分非必要条件"。在该集合中的每个条件都是该集合的必要非充分条件的部分，即都是不可缺少的条件。

最后，问题的性质。笔者认为，格氏和甘斯都没有清醒地认识到，这里更需要解释的是"组织为什么没有建立起来"，而不是"组织的建立需要哪些条件"，这两个问题是不同的，尽管有关联。要想建立组织，往往需要同时并存多个条件，而要想破坏一个组织，则只要破坏其中的一个条件就够了。换言之，建成一个组织与破坏一个组织遵循不同的逻辑，二者是不对称的。格氏认为，正是由于缺乏弱关系，才没能阻止城市翻新计划。然而，即便建立了社区组织，也未必能阻碍波士顿西区的城市翻新计划。还要继续讨论的问题是，建立的"反抗组织"与"城市翻新计划"之间有怎样的关联。即便揭示了西区缺乏组织，也未必能解释为什么不能阻止城市翻新计划。理由之一在于，组织的目标在嵌入社会的过程中往往被置换乃至背离内在机制，组织的行动有非预期的影响，因为制度化结构力量潜在地约束组织的行动，组织内部和组织之间也存在着微观和微妙的政治（塞尔兹尼克，2014）。理由之二在于，城市翻新计划本身有其存在的理由，例如城市翻新可能有益于市容建设，能够帮助拆迁户乔迁，这当然可能给城中市民带来影响。无论是甘斯还是格氏，都没有关注此类更广的议题。总之，甘格之争的实质是集合论思维与还原论思维的争执。

自《弱关系的优势》发表以来，有几万篇文献直接或间接探讨了"弱关系"，然而就笔者所收集的文献来看，绝大多数学者都坚持还原论和统计学思维，很少有学者坚持集合论思维（甘斯是少数者之一），即很少有学者具体分析求职之类事件得以出现的充分条件和必要条件等。很少有学者从"涌现性"方面探讨问题，从弱关系的优势命题据以论证的逻辑及被命题遮蔽的维度来探讨，而追问研究成果到底有何"意义"的学者则更少。因"语言"的局限性，说出某物的同时就必然遮蔽了他物。下面简要介绍这些研究成果，旨在揭示后续研究如何局限于线性思维，探讨其中被遮蔽的逻辑问题。

弱关系的优势命题推进了后来的众多研究。例如，有学者利用关系强度和同质性的关系性质，考察微观和宏观层次的口碑推荐行为。研究发现，强、弱关系扮演不同的角色。从宏观层次上讲，弱关系有重要的桥梁功能，使信息从一个推荐者子群体传播到更广社会系统中的另一个子群体。从微观层次上看，强关系和同质关系更容易被开发用于传播口碑推荐信息。不过，人们感觉强关系比弱关系更有影响，更能作为相关商品的信息源（Brown and Reingen，1987）。当然，格氏本人发现美国人找工作更多通过"弱关系"，进而认为"弱关系"更有用，该文因而激励很多学者进一步检验劳动力市场中的"弱关系的优势"命题，学者们发现社会网络在劳动力市场中得到了广泛应用。例如，有学者检验1998年俄罗斯某市雇佣关系数据，其结果支持了该命题：工人更容易通过弱关系找到工作，弱关系能直接提供非冗余信息并直接影响雇主，相比之下，强关系则通过联络多的中间人间接地影响雇主（Yakubovich，2005）。

又如，有学者研究发现，中国人求职主要通过强关系找到工作，因为强关系不但提供信息，更对帮助者施加影响。求职者与最终帮助者有间接关联，二者与中间人都有强关系，运用间接关系（indirect ties）的求职者比使用直接关系的求职者更容易获得较好的工作（Bian，1997）。近30年来的求职调查数据表明，在体制不确定性与市场竞争性交叉影响下，信息与人情这两类关系资源的作用在改革开放时代都保持增强趋势，"关系"作为变量，根据性质可将关系纽带分为联系纽带、情感纽带、情义纽带、互惠纽带、交易纽带（边燕杰、缪晓雷，2020）。相关研究发现，求职者在多大程度上依赖于信息源，在利用关系方面以及通过关系找到工作后的酬薪等方面，在不同国家是不一致的。例如，有研究发现，在奥地利、比利时等国家中，工资与通过关系受雇呈现正相关，而在希腊、意大利等国家中，二者却呈负相关（戈亚尔，2018：96）。"弱关系实际上可能妨碍而不是促进社会运动中复杂的信息传播。……既然关系在群体与个人之间传播，网络命题就在很大程度上是同义反复的，即便发现了存在网络效应，这些发现也是模糊的。"（戴安尼，2018：314）虽然弱关系能较好地将社会联系起来，但它的桥接功能通常限定在信息交换方面或特定的联盟内（戴安尼，2018：316）。这意味着，弱关系的联结作用是相当有限的，即仅在特定方面才有联结作用，如果换一个角度看，弱关系很可能没有任何联结作用，甚至反而可能有解组或破坏作用。如此看来，说"弱关系有联结作用"无非只是一种有前提条件的意见罢了（当然，任何命题几乎都有前提条件），并不是什么真理。

实际上，格氏清醒地指出了《弱关系的优势》一文的不足，即只关注关系的形式，却忽略了相当多的内容。应当说，这的确是很大的缺陷。不过，既然格氏本人指出了这种不足，后人似乎不应再从格氏所不关注的关系"内容"方面进行批判了。实际上，很多研究恰恰基于关系的内容提出批判，这虽然不是很恰当，但是也可以理解，因为关系的内容的确不可忽视，忽视内容的研究是抽象的研究。不过，这样的批判严格说来至少不是对格氏名篇的真正批判，因为格氏本人已经指出了这个问题。另外，尽管格氏《找工作》（*Getting a Job*）一书出版至今已过去了几乎半个世纪，他本人也于1983年评述过有关弱关系的众多经验研究，然而，迄今为止"多数研究的焦点是狭隘的；和过去一样，经济学和社会学的研究是独立进行的"（格兰诺维特，2008：111）。各种研究的结论相差很大，它们关注的工作搜索模型本身就存在缺陷。有的研究关注劳动力市场中的偶然性，有的则关注社会网类别的差异、个人生涯的偶然性，有的关注雇主的目标和行为、失业和经济不景气、差异性的制度和文化根源，更有学者探讨通过正式手段找到工作的正式匹配过程及系统性的群体不平等问题（格兰诺维特，2008：

111~149）。实际上，我们认为，"求职问题"本身作为整全，可以从多个角度进行探究，由于角度不是事情本身，因此其中任何角度都在一定程度上是偶然的，"这样加进到单纯的内在发展过程里的东西，本身就是偶然的，……处于问题实质以外，要想对付这样的一切，是徒然的，至少在这件事上，要求系统的满足，是无法圆满办到的。但是，我们的近代意识所特有的浮躁和涣散，使其也只有或多或少地同样考虑到近在眼前的反思和偶发的思想"（黑格尔，2015：18~19）。

    总之，从不同角度进行观察，我们会看到不同的结果或碎片化的发现，各异甚至互斥的结果让读者无所适从。不过，即便考虑到所有可能的视角，也仍然可能不是真正全面、系统、整体的研究，而可能只是经验性的研究。真正全面或系统的研究应该是概念层次上的思辨研究。因此，很多针对格氏的批判未必有成效，因为它们都是经验性的批判，即便格氏本人的回应也坚持经验性的知性思维或线性思维。由此引出一个问题：针对格氏该文的批判的科学性何在？我们认为，种种批判都在一定程度上缺乏科学性，一个关键原因在于研究者们大都采取线性思维或经验方式针对该名篇的外围进行外在的批判，未能深入其深层思维逻辑，未真正探究该名篇基础预设中的问题，[①] 即没有辨析"弱关系的优

[①] 格氏于1969年将此文初稿投给名刊《美国社会学评论》（*American Sociological Review*），惨遭拒稿。一位评审者的评审意见为"……该文不该发表。我可以恭敬地立刻提出一系列理由如下……"；另外一位评审专家更认为"……我发现他的学术有些小儿科……他将自身局限在少数过时的和显白的项目上"。显然，评审专家从特定角度给出的这些专业性评审意见很打击作者。当然，该名篇最终于1973年发表在名刊《美国社会学杂志》（*American Journal of Sociology*）上，并成为整个社会科学领域被引用最多的论文之一。借助这些研究发现，格氏最终在哈佛大学社会关系学系完成了其博士学位论文，题目是《换工作：某郊区人口的流动信息渠道》（*Changing Jobs: Channels of Mobility Information in a Suburban Population*）。该论文最终以《找工作》（1974）为书名正式出版。笔者未看到评审人的更多具体意见，只是大胆猜测评审人并没有从思辨逻辑方面评审该文，而这恰好是本书辨析的切入点。

势"命题本身及其涉及的关键概念。换言之,后续很多研究都是经验性研究,提出及回答的多数问题都是抽象的问题,针对弱关系作用的理论性、思辨性研究十分稀缺,这恰好是本书要探讨的。本书并不关注具体观点,而关注该文存在的逻辑问题:无论格氏本人还是其批判者,都未真正认识到该文所坚持的知性逻辑及其不足。下面简要介绍一些基于线性逻辑的批判,然后给出笔者基于辩证逻辑的批判。

除了围绕两个预设提出上述问题之外,还可以围绕"弱关系的优势"命题本身追问很多更重要的问题。例如,哪些力量可以起到凝聚事情或事物的功效?基于利益的理性计算的凝聚能维持多久,在哪些方面无法凝聚?该命题的意义或价值何在?是否要探讨所研究的问题的质?即便证明了该命题,又有何意义?沟通微观与宏观的目的何在?这类研究成果"应当"有益于"谁"?什么是应当?(高桦,2019)显然,这些基础问题更值得追问。限于本书的主旨,这里只点到为止而不再追问。

二 内在前提之批判

这里所说的批判并不是人格或道德意义上的批判,而只是学术意义上的批判,即"澄清前提,划定边界"。下面针对格氏名篇进行批判和辨析。

(一)命题确证与否证

自《弱关系的优势》一文发表以来,有几万篇文献利用新的数据或采用新的方法,进一步检验、验证或评析其观点。甚至有学者认为,结合不同国家或地区的求职关系数据、信息传播数据可以推翻格氏的结论。笔者认为这是误识,理由之一在于弱关系在求职中的作用只是该文核心观点中的一个方面,并不是该命题的全部。换言之,无论弱关系在"求职"中有怎样的效应,都不是"弱关系的优势"命题本身所要表达的全部内容。无论在各个国家、地区、各个行业、各个领域的求职研究中新发现怎样的"关系"效应，都不会推翻"弱关系的优势"命题。

很多学者以为"弱关系的优势"命题是针对"求职"来谈的，这实际上是一种误解，"弱关系的优势"命题本身并不限于"找工作"。换言之，"弱关系的优势"命题本身并不是专门针对"求职"等中的关系而言的。虽然格兰诺维特在"求职研究"中发现美国企业中的人找工作更多通过"弱关系"，即"弱关系"更有用，信息搜索与劳动力市场之间有关系，但这并不是该文的全部观点。后世很多学者仅拘泥于"找工作"等验证强关系、弱关系的重要性，但是这毕竟不是"弱关系的优势"命题所要表达的全部内容，毋宁说偏离了格兰诺维特的"宏旨"。因此，"推而广之"去验证"弱关系的优势"命题，比如研究中国人、俄罗斯人等求职是否主要通过强关系，这种做法本身与"弱关系的优势"命题本身并不是一回事。这种做法是将"弱关系的优势"这个命题实在化了。这种"实在化"路数应该不是格兰诺维特的本意（尽管格氏本人也在研究找工作时将此命题实在化了），其研究结论严格地说与"弱关系的优势"命题本身的关系不大。"弱关系的优势"命题只是一种抽象的形式化命题，是一个多少有些"普遍性"的命题，甚至无需再用其他国家、社会或地区的数据去验证它是否成立，这种验证并不具有太大的批判意义。

同样，除了求职研究的关系效应之外，即便像格氏本人那样强调弱关系在信息传播、社区组织与凝聚、沟通微观与宏观等方面的效应，也仍然不会进一步证实、反驳甚至推翻"弱关系的优势"命题，因为"弱关系的优势"命题本身并不体现在任何单个方面，格氏本人在《弱关系的优势》一文中就其中的四个方面论述弱关系的优势，并没有论述关系在其他方面的效应，而这些方面可能是最重要的。

这意味着，要想真正批判该命题，不应局限在特定的单个方面甚至多个方面，而应首先从其预设的观念入手，即探究其预设的观念本身存在哪些问题。实际上，要想开展一项研究，必须有诸多前提性的观念。观念不是命题，它包含的内容要比命题多一些，观念包括命题、前提、预设、默认的前提等。命题中包含着概念，概念是最小的单元。一项研究预设的观念通常非常多，在此基础上所得到的理论、推论步骤却很少。换言之，真正多的是一项研究所预设的前提，它们是默认、不言说或心照不宣的观念。这意味着，研究者在说出一个命题的时候，往往偷偷默认了一大堆甚至连自己都不知道的观念，只有在此基础上才能说出一个很短的推理。如果厘清了前提默认的东西，接下来的推理就很简单。换言之，实际推论前默认的东西或预设的东西才是最重要的，至少占整个思维的90%。因此，在批判一项研究时，首先要厘清其默认了哪些观念。反过来讲，要想构造一个理论，也首先要知道自己需要什么，厘清自身默认了哪些观念，找出其中可以支持自己论点的观念。这样的话，所建构的理论才可能解决问题。如果一个问题的覆盖面大，它就具有普遍性，就是重要的问题。形而上学、存在论、知识论的问题都是这一类问题。

除此之外，还更应辨析《弱关系的优势》一文基于预设所给出的诸多命题，特别是核心命题背后隐而不彰的思维逻辑及其内涵的局限。这样的批判才有力，才是真正的批判，后文也将从这个基础方面进行批判。

事后诸葛亮式地看，就"弱关系的优势"命题来说，格氏发现的"弱关系的优势"无非也只是一个"常识"。当然，由于此前无人发现这个"常识"，因此该发现还是具有重要意义的。例如，刘世定教授认为此文对经济学有重大贡献，但痛惜其提出的供求双方信息搜索议题没有在社会学中得到继续探究（转引自王水雄、杨颖琳，2006：61）。然而，笔者认为，格氏在1974年基于《弱关系的优势》一文中的核心思想出版的《找工作》一书，才更集中关注信息搜索与劳动力市场的关系，即基于关系视角探讨如何克服劳动力市场中的信息障碍，这一视角的确是对新古典经济学的反叛和推进。相比之下，该名篇关注的主要是弱关系的优势的各种表现，发现"弱关系"可以传递异质性信息，有凝聚社会之功，从而批判了经济学等对"关系""社会网络"的忽视，这是此文的重要贡献。

然而，常识毕竟是常识，而不是真理。常识可以"正确"，但通常不"真"，理由有很多。例如，理由之一在于如上所说：除了"关系"之外，还有很多"力量"可以整合"社会"，起"社会凝聚"作用，并且"关系"在这些力量中未必最重要。理由之二在于，常识通常是无思想的意见或观念，不深究话语背后的真正含义和意义。理由之三在于，这个发现建立在上述两个预设的基础上，这意味着该发现本身是有前提条件的，或者说其"普适性"是特定条件下的"普适性"，因而"弱关系的优势"命题并不是什么真理。这两个预设本身又有其前提条件，可以围绕这两个预设再提出一些深层次问题，后文将分别用一章篇幅进行思辨。后文还将基于"弱关系的优势"及与之相关的诸多重要命题或"发现"，讨论其背后甚至被格氏本人忽视的思维方式的"局限"。由于在格氏的名篇中，"弱关系的优势"表现在多个方面，因而有必要分别就这些重要方面进行批判。

除了上述辨析之外，在批判前提之前，还有必要先洞悉该命题的实质或内在逻辑。命题的内在逻辑关乎命题本身包含的概念、言说方式，因此应对命题本身的性质以及命题所涉及的主词和谓词各自的性质进行分析。我们发现，格氏此文在很大程度上存在概念不清、命题模糊、判断不明等问题。参照命题及判断的本质，我们更惊奇地发现，格氏没有真正论证其核心观点，然而几乎无人发现该名篇的论证逻辑及其知性思维问题。限于篇幅，下文仅围绕该名篇的核心命题进行解析。

（二）外在与内在批判

批判至少可分为外在批判和内在批判，或表面批判和前提批判。黑格尔说，根本的批判要关注一项研究的思维或逻辑基础，而不是关心测量技术、模型使用、结论适用性等方面，更不能根据批判者、听者或读者自己的主观经验来批判，不关心思维或逻辑基础的批判是不合格的批判。在黑格尔看来，知识只有作为体系才是现实的，才可以被陈述出来；一个命题或原理即使是真的，只要它被陈述出来，就仅仅是个命题或原则，就已经是假的了，也就很容易被反驳或批判，即揭示其缺陷在于它仅只是共相或开端。但这还不是革命性的批判。一个彻底的批判或反驳一定是从原则自身里发展出来的，而不是根据外来的反面主张或意见编造出来的（黑格尔，1979：14）。因此，真正的批判不能依据批判者个人自身的意见或经验，[①] 因为任何个人的经验都有局限，甚至也不能简单地依据另外一套数据、理论、机制、视角来批判，因为那样也仍然是外在的批判，而应针对命题的前提进行批判，或辨析前提中内在地存在的问题、矛盾或悖论。虑及此，借鉴黑格尔的思想，对该名篇的批判和反驳就更应辨析"弱关系的优势"命题的前提本身如何成立，前提本身存在哪些问题或矛盾。

（三）格氏的两个预设

斯蒂芬·博加蒂（Steve Borgatti）等人认为，可以将"弱关系的优势"命题看成是一种理论，它由一系列前提和结论构成。第一个前提即上述的关系传递性（transitivity）：两个人之间的关系越强，他们的社会世界越可能交叉，即越可能与相同的第三方都有关系。（如图1-4所示）

第二个前提是桥接（bridging）关系可以传递新信息。桥接关系就是上述的间接关系，一个人可以通过桥接关系打听到新信息，桥接者因而是新思想或新信息的可能来源。

[①] 需要注意的是，同样是经验，现代人在日常生活中体验的"经验"已经与古代人所体验的经验大不相同。总体上讲，古代人的经验或体验更加丰富一些，更少功利一些，与其生活更切实相关（参见休恩，2018：145~162）。

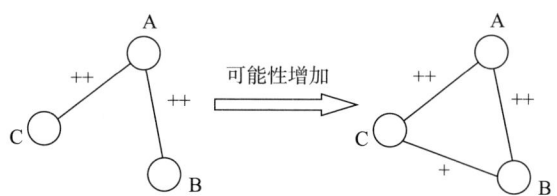

图 1-4　"弱关系的优势"的前提之一：关系传递性
资料来源：引自博加蒂、洛佩斯-基德韦尔，2018：57。

格兰诺维特认为，由这两个前提可以推出新信息不可能来源于强关系，而只能来自弱关系，进而可以推出"弱关系的优势"命题，具体推理过程如图 1-5 所示。

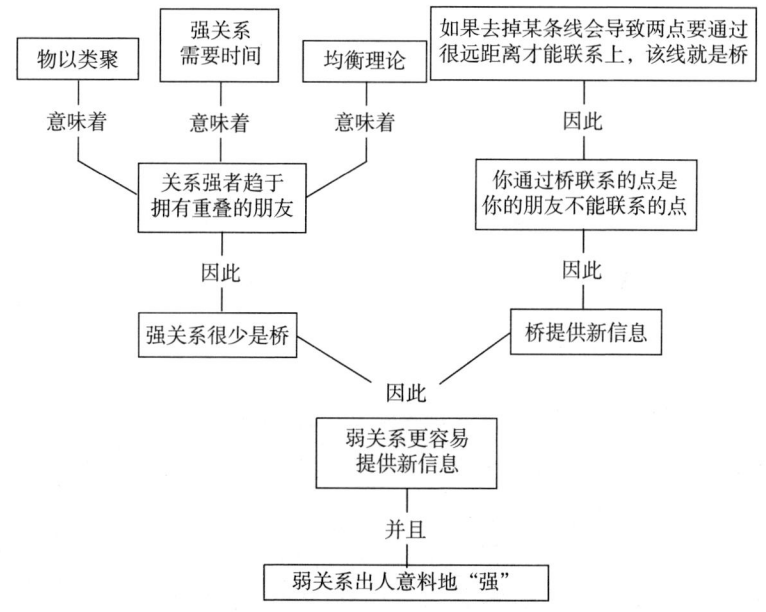

图 1-5　"弱关系的优势"命题的推理过程
资料来源：引自博加蒂、洛佩斯-基德韦尔，2018：57。

需要再次强调的是，即便就关系对求职的效用而言，"弱关系的优势"命题本身也并不关注具体个人在具体求职过程中的酸甜苦辣和悲欢离合，不关心具体求职者对职业和事业的综合考虑和情感体验过程，而仅关注"弱关系"在"信息传递"这一点上对

求职的作用，其他方面一律被遮蔽起来。当然，这种说法仍然不是对格氏的批判，因为他的研究的关注点根本不是这些情感性和体验性的切身内容。为了求得"普遍"命题，任何研究都必须舍弃细节，这本身无可厚非。当然也需要警醒的是，舍弃了细节而得到的普遍命题同时就可能变成抽象的命题。一项研究成果如果完全脱离具体人，或与具体人的生命体验的关联或"关系"不大，那么其意义也未必大。就此而言，抽象的求职研究变成了无具体求职者的求职研究，或可称为无具体人而只有类人的求职研究。这也是绝大多数社会科学研究的实质。对此类研究的前提的辨析和批判也是本书的旨向之一：探究"弱关系的优势"命题有怎样的预设，该命题本身在辩证逻辑上有怎样的不足，其在何种程度上并不是真理。因此，鉴于已经有众多研究尝试验证或补充"弱关系的优势"命题，检验它是否"正确"或"适用"，笔者无意于进一步开展此类工作，理由之一在于，在笔者看来该命题在一定条件下是成立的（同时也就意味着在某些条件下恰恰不成立），甚至无需验证；理由之二在于"验证性"研究毕竟属于次要性的工作，它不具有更大的创造性。相比之下，从逻辑上进行批判或辨析的工作才更重要。换言之，要想批判格氏的观点，更需要深入其论证逻辑或思维内部进行批判才更有力度。

然而，无论是格氏本人，还是博加蒂等学者，都未深究上述两个预设是否成立以及如何成立，未探讨更深层次的问题。本书后文将辨析预设中的问题，不过，鉴于格氏主要是在"社会网分析"的基础或意义上讨论"关系"的，因此，在正式批判"弱关系的优势"命题及其预设之前，首先应辨析格氏关于"社会网分析"的观念有什么问题。

（四）社会网分析之"术"

格氏开篇即指出："社会网分析通常被视为联结微观层次和宏观层次社会学理论的工具。"（Analysis of social networks is suggested as a tool for linking micro and macro levels of sociological theory.）尽管此种说法几乎是"共识",但是笔者并不完全认同,或者说至少应该明晰这种观点的局限或不足何在。

首先,笔者认为社会网分析"本身"并不简单是工具,而更是一种关系论的方法论或思维范式。尽管大多数社会网研究者的研究局限于技术或模型,将社会网分析看成是方法或技术,但也有少数学者将社会网分析看成是一种新的关系方法论或范式,如韦尔曼（Wellman and Berkowitz,1988）。[①] 当然,格氏开篇这句话还可以理解成"社会网分析作为一种范式,可被当作一种联结微观和宏观层次社会学理论的工具"。这么理解看似合理,但也可以深究:微观理论与宏观理论分别意味着什么?微观与宏观又分别意味着什么?二者有怎样的质的差异?这些问题都需要讨论。也如吉登斯（Giddens,1993:3)所说,"社会系统拥有很多结构性质,不能依据处于情境中的个体的行动来理解"。当然,从个人行动方面能达到某些层面的理解。社会网分析无论是作为一种"工具"还是"范式",如何可能将不同"质"的理论联结起来?按照格兰诺维特的说法,"大规模量化研究可以很好地观察宏观现象","微观理论则助力我们了解小群体情形"。这意味着宏观理论对应于大规模量化研究,即观察宏观现象,微观理论则关注小群体和个体。这种对微观与宏观、微观理论与宏观理论的解读也是学界通常的解读。[②] 那么,"对社会网络的分析"如何可能将这两种理论"联结起来"?要知道,"微观层次与宏观层次的社会学理论"都有很多,每一种理论都不同于其他理论。那么,面对众多微观与宏观的社会学理论,社会网分析如何可能将它们"联结"起来?这并不是语言上"说联就联"的问题,因为"它

[①] 不过,韦尔曼的观点也有不足,例如他认为从关系角度进行的解释优越于从个体属性角度进行的解释。而这严格地说并不符合"方法论的关系论"。

[②] 应该从概念上,对微观与宏观、微观社会学理论与宏观社会学理论进行比较细致的辨析,从而更深刻地认知二者的差异。这里只指出这一点而不再辨析。

们"指代哪些微观与宏观社会学理论是不清楚的。

大体上说,行为主义理论、理性选择理论、常人方法学、现象学社会学等可隶属于"微观社会学";社会交换论、社会冲突论、符号互动论等可隶属于"中观社会学";社会运动理论、宏观社会交换论、世界体系理论、各种社会结构理论、社会变迁理论等大致属于"宏观社会学"。这些理论本身有其形式和内容。然而,如果将社会网分析视为"工具",就会特别注重其"形式""技术"或"方法",必然忽视其"理论"内容或内涵。既然如此,社会网分析就更难可能将兼具形式和内容的微观和宏观社会学理论"联结"起来。换言之,仅通过"工具""技术"实现的沟通注定是缺乏内涵和内容的,因此无法真正沟通微观与宏观。"构成网络分析法的一套概念、方法、思想及理论,只有与相邻学科的智力要素相融合,并从中受益,才可能保持其生命力。与其在各种新思潮面前死守住现有的结构主义假设不放,不如在吸收诸如变动性、多元论、主观性和社会情境等概念的基础上激活并丰富我们的研究。"(奇达夫、蔡文彬,2007:150)

其次,针对"社会网分析通常被视为联结微观和宏观层次社会学理论的工具"还可能有一种理解,即无论是微观的还是宏观社会学理论,都包含着"关系"或"社会网"因素。换言之,微观与宏观的社会学理论都处理各种"关系""社会网"现象,因而可以用"社会网分析"将它们联结起来。然而,这种理解还并不完全成立,因为并不是所有的微观的和宏观的社会学理论都在研究"关系现象"。例如,社会运动理论固然涉及一些"关系动员""网络传播",但是,社会运动理论本身还有其特有的非关系性的要素。即便微观与宏观的社会学理论研究"关系现象",研究的也不是"社会网分析"意义上的"关系现象"。因此,上述理解并不成立。

实际上,从该名篇上下文看,格兰诺维特开篇只是指出"联结"问题,并不真正关心此问题,并不真正深究,而是将此问题转化为"通过解析小规模互动的一个方面——二方关系强度——的宏观意涵，展示这种联结过程"。换言之，将此理论性问题转化为"关系或社会网如何将微观与宏观现象联络在一起"这个经验性问题了。然而，这两个问题不完全相同。前者关乎微观和宏观的社会学理论，后者关乎微观和宏观的社会现象。社会学理论不等于社会现象。社会理论及社会学理论关乎命题，并不直接关乎"现象"，社会现象则关乎现实的力量。理论是对现象的抽象解释，由此引出第三点。

再次，"社会网分析"即便作为一种"范式"，它本身也只是学者使用的一种理论性的研究路数，还并不是"现实的力量"，因而不同于真正将"微观与宏观"沟通起来的现实要素（如权力、观念、信念、信仰）。权力、观念、信念、信仰等是"现实"的凝聚性或破坏性力量或因素，关于这些力量或因素的描述和解说等则是一些"理论"，"因素"不同于这些"理论"。社会网分析是联结微观社会学理论和宏观社会学理论的"工具"，这也只是在"理论"上的说法，还并不是"现实力量"，也并不是对现实的联结因素的理论表述，这不单是因为联结性的因素很多，不单单包括关系因素，还因为"社会网分析"通常重视形式，忽视"内容"。

最后，格兰诺维特对"关系或社会网如何将微观与宏观现象联结在一起"这个经验性问题的回答构成他的核心观点之一，即"本文将论证，对人际网络中过程的分析提供了一个最有效的微观—宏观桥梁"（the analysis of processes in interpersonal networks provides the most fruitful micro-macro bridge）（着重号为笔者所加），体现在不同群体之间，即"弱关系在不同群体的成员之间建立桥梁"。这个核心观点是什么意思？其主语是"分析"，但是"分析"本身并不能作为"桥梁"，"弱关系"才可能作为"桥梁"。因此，对本句可有两种类似的理解。一是"对人际网络中过程进行分析，发现'弱关系'提供了一个最有效的微观—宏观桥梁"。这个核心观点也就是他接下来将论证的"弱关系"的另外一种功

用:"弱关系的优势在于它最有效地将微观和宏观联系起来,可以使社区整合起来。"二是"人际网络及其过程提供了一个最有效的微观—宏观桥梁"。第一种理解针对现实的"弱关系",第二种理解关注"人际网络及其过程"。"小规模互动正是透过这些网络才转变成大尺度的模式。"这句话大致印证了格氏旨在说明"人际网络"的桥梁作用,即重在第二种解读。那么,将微观与宏观沟通或联结起来的力量是"弱关系",还是"人际网络"?格氏在很大程度上误用了概念。考虑到其名篇后文又主要基于作为桥的"弱关系"进行论证,我们可以认为他将证明的核心观点是"弱关系的优势在于它可以传递异质性信息,联结微观和宏观,在不同团体之间建立联系,促进社会凝聚等"。这里不再追究这句话的两种解读方法之间的小差异,而视之为大致相同。然而,反观该名篇的具体论证过程,笔者惊讶地发现,格兰诺维特并没有真正论证"对人际网络中过程的分析提供了一个最有效的微观—宏观桥梁"这个命题。这里涉及此命题中各个概念的含义,同时更关乎研究者在说出"桥"时背后的思维逻辑。

三 桥何以可能接连

需要指出的是,格氏在文章中强调其所说的关系是"朋友关系",然而其对"关系强度"的定义针对的并不是朋友关系,而只是"人际纽带"或"人际关系"。那么,按照其定义,所得到的比较强的纽带关系就是朋友关系吗?实际上纽带关系和朋友关系还是不同的。朋友网络是否包括家人、亲人?格氏研究发现,家人当然也会传递信息,但他对关系强度的定义中只强调四个因素,并没有对关系进行分类。那么,他给出的"关系"及其定义针对的都是一般意义上的人际关系,而不仅是朋友纽带,更不涉及家人关系。然而,他在行文中和调查中也都涉及家人关系。这在某种程度上意味着他的分析并不严谨。另外,这只是就朋友网络来论述的,不适用于其他类网络。例如，对于完全不认识的两个人来说，如果二者志同道合，有共同的精神信仰，那么他们各自的网络成员注定有很大重叠，当然这是精神上的重叠。在绝对者眼里，所有人都是兄弟姐妹，同样，只有精神上的爱欲才会让人们求得正道。

即便考虑纽带关系的强度，笔者仍然发现格氏并没有真正论证"弱关系提供了一个最有效的微观—宏观桥梁"这个核心观点。从论证逻辑或思辨逻辑上讲，要想论证此观点，至少需经历如下几项环环相扣的辩证环节或论证步骤。

（一）桥何以为桥

弱关系何以为桥？桥连接的可能性何在？通过桥连接微观与宏观需要哪些前提条件？什么是微观、宏观？弱关系在什么意义上联结"微观"和"宏观"？"桥梁"类似"连线"，弱关系如果成为"桥"，需联结两侧：一侧是"微观"现象，另外一侧是"宏观"现象。如果没有其连接的两端（两岸），桥还存在吗？"桥"本身与其所连接的两岸之间是什么关系？桥是独立存在的吗？

格氏用"桥"这个实存物只是作一个比喻，然而这个比喻恰恰可能引起对"弱关系"概念的误解：桥依赖于其所连接的两端而存在，即桥本身不能独立存在，然而作为桥的"弱关系"在何种意义上是"桥"？没有了"两端"，作为桥的弱关系就不能独立存在吗？在某种程度上，"关系（relation）以及'弱关系'自身的实在性是不依赖于关系对象（relata）自身的实在性的"（陈奎德，1988：24）。另外，隐喻意义上的作为"桥"的"关系"及"弱关系"本身是概念，它可以连接诸多事物。例如，"共同价值观"作为桥，将两个人联结在一起，这种联结要比弱关系联结更有凝聚力。

桥在什么情况下会断开而不再是桥？"桥"这个概念是一个现实的经验性的概念，它对应于现实中的真实建筑物，并且是真实存在物还具有同质性，其中间要跨越河流、山谷或其他交通线路；

"关系"或"弱关系"则是一个抽象概念,它在现实中找不到对应物。另外,关系所联结的两方(如个体与集体、微观与宏观等)还未必有同质性,那么两个性质不同的物如何可能联结在一起,这里存在着巨大的思想困难,正如认识能力隶属于人,认识对象却外在于人,与人有质的差异,二者如何可能联结起来?能起到联结作用的"联结者"或"桥"是什么?如此看来,可以用"桥"来比喻起连接作用,但有超越和超验意义的"弱关系"吗?或者用它比喻时,遮蔽了哪些深刻的内容,而这些内容恰恰可能是"关系""弱关系"的核心思想。

单个人也可以作为桥节点。例如,两个或多个经济组织如果共享一个董事会成员,那么该成员就在组织之间建立桥接关系,该成员就是一个桥节点。如此看来,桥本身是一种关系,桥所连接的点就是桥节点,点和关系是不同的。

"科尔曼船"(见图1-6)中也有桥,但是其含义有诸多变化。"科尔曼船"揭示出:社会学的基本任务之一是解释宏观因素Y。在传统的宏观社会学中,它由宏观因素(如社会)来解释。然而,科尔曼认为这种解释并不完整,完整解释应该先通过宏观(如社会)到微观(如个人),再通过微观到宏观的转变来完成,即应回答如下三个问题:宏观因素X如何对行动者产生约束(类型2),行动者如何在约束条件下选择行动(类型1),行动又如何累积到宏观层面(类型3)。科尔曼认为,第三个问题最难回答,因为它涉及制度和社会结构等因素(参见科尔曼,1999:11~14)。

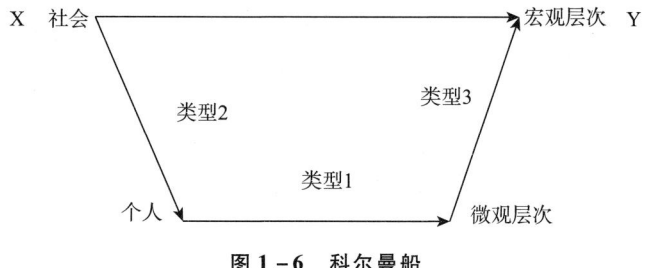

图1-6 科尔曼船

"科尔曼船"揭示了"宏观—微观"和"微观—宏观"联结,为经验研究处理不同层次事实、实体、性质或结构之间的因果联结提供了全面的说明图式。有学者认为,它有几种变形,如结构个人主义的、机制的和社会层次的变形,并由它们引出结构个人主义、本体论个人主义、方法论局部主义、因果力、因果关系类型、社会机制、社会层次等新论题。有学者据此提出"科尔曼船"的复合变形,并认为它作为一个基本的分析框架,可以为经验社会科学提供多层次、多路径、多过程的因果说明(吴畏、石敬琳,2022)。

"科尔曼船"的复合变形(见图1-7)考虑到了社会现象的多个层次,然而这种复合变形本身及其中各个箭头的成立都需要很多前提预设。首先,微观、中观和宏观层次之间的界限要泾渭分明,这样才可以分辨各方,并研究它们之间的关系,然而这一点在存在论层次上讲未必完全成立。其次,无论是微观、中观,还是宏观,它们本身的成立也都需要很多前提,或者说它们各自本身的成立是依靠其他要素的。例如,所谓个人的存在,恰恰通过他参与社会的各项事业来体现,所谓社会,指的就是各种关系。最后,各个箭头的成立都需要其所关联的事项的存在以及它们之间的相互成全,也就是说,箭头所关联的事项以及本身也可能是实在存在。总之,这个复合模型很有范式性意义,然而其中涉及众多要素都需要进行概念辨析。

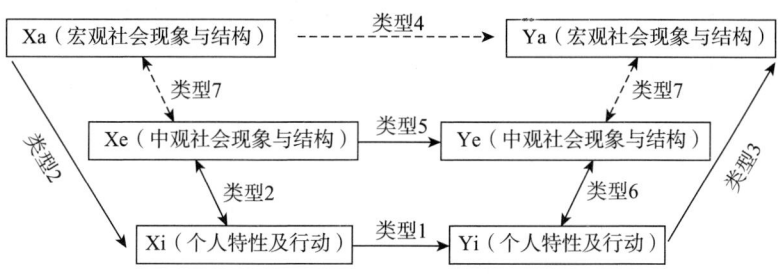

图1-7　科尔曼船的复合变形

资料来源:吴畏、石敬琳,2022:29。

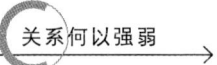

（二）桥何以有效

"弱关系"的沟通何以富有成效或有效（fruitful）？这就需要进一步辨析何为有效，弱关系起效的条件、可能性、现实性，判断它在哪些情景下是最重要的、次重要的，或者并不重要的。问题在于，格氏开篇即声称"社会网分析通常被视为联结微观和宏观层次社会学理论的工具"，现在声称"对人际网络中过程的分析提供了一个最有效的微观—宏观桥梁"。前者关乎微观—宏观的社会学理论，后来又声称微观—宏观的社会现象并非"社会学理论"。"微观—宏观"的社会现象还不同于"微观—宏观社会学理论"。那么，"弱关系"是一种理论意义上的"桥"，还是现实意义上真实"桥"？格兰诺维特在文章中基于抽象的、形式的"禁现三方关系"来论证，其中的"弱关系"用"关系"的强度（投入的时间、情感紧密度、亲密程度、互惠服务等四方面构成的组合）来定义，其中并不含有丰富的关系内容（如交换、冲突、面子、人情、回报等）。换言之，他所说的"弱关系"既不是"理论"意义上的弱关系，也不是现实实践中的弱关系，而只是他根据自己的标准测量得到的一类特殊的"关系"，而不是普遍意义上的关系。既然如此，这意味着"弱关系的优势""强关系的优势"乃至与之类似的其他命题无非只是一类特殊的命题罢了，而并不具有普遍性，或者说只具有抽象的普遍性。另外，关系以及关系的紧密度又可能有多类表现。例如，两个人之间的关系越紧密，冲突可能越多，也越在乎对方的言行。哪些因素会影响一个人与其网络成员之间的关系强度？可以考虑的因素包括物质因素、环境因素、观念因素等。可想而知，如果两个陌生人的精神境界都很高，那么他们即便互不认识，我们甚至也可以认为二人精神境界的重叠程度高。因此，在分析两个人的关系紧密度时，也离不开关系的类型，例如交换关系、强制关系、夫妻关系、同事关系、上下级关系等，当然还要再考虑每一种关系的细节。至于社会学研究乃至一般社会科学研究为了追求"普遍规律"（包括统计规律）而忽视"特殊细节"的做法无非只是研究者为了描述和解释的方便，为了求得安稳、放心和舒适而进行的主观设定罢了，这种令自己舒适的设定本身不再追问事情本身内在的逻辑和真相，并不具有合理性，因为现实事物不可能完全遵循规律。

还可以考虑的问题是，"桥梁"一词究竟意味着什么？它指的是弱关系联结的"过程"？而这个过程又是什么？指的是关系中蕴含的信息？而信息又如何可能成为桥？抑或指的是弱关系本身？而弱关系本身又怎么可能是桥？它的含义与现实中钢筋水泥铸成的实体桥的含义有何不同？"桥"一词还预设了先有独立的两个端点，然后在两端之间建立桥并沟通两端，这样的"桥"是实际存在的。问题是，"弱关系"或"强关系"作为"桥"，是如何独立于其联结的两端而存在的？这样的桥与两个端点有怎样的内在关联？如果认为社会本身就是关系，那么说弱关系或强关系是桥就不完全成立了。如此看来，格氏关于桥的比喻及其命题可能有些同义反复。

格氏指出，两个人各自的朋友网（成员之间熟悉或认识）重叠程度与二者间关系的强度呈正相关。然而笔者认为这还不是禁现三方关系。按照格氏的表述，禁现三方关系无非只是朋友关系中的一种，它并不适合用来描述人际交换关系，也不能用来描述求职中涉及的各种关系。换言之，关系性质不同，禁现三方关系的表现也不同，有的甚至不能表现出禁现三方关系。即便就朋友关系而言，由于这里没有涉及细节，因此，所谓的重叠也只是抽象的重叠，是无内容或缺乏内容的重叠，毋宁说不是丰富的或真正的重叠。同样，格氏所说的关系强度也是不确定的或抽象之量的强度。"关系"所关联的人是共相之人，不是这个人，不是那个人，不是此时的人，不是彼时的人。格兰诺维特将关系的形式与内容割裂开来，仅基于关系的形式探讨微观与宏观的联结。这种以分裂的方式来研究微观与宏观的沟通注定难以真正实现沟通。

相比之下，20世纪初齐美尔的关系思想却相当丰富，他的关系研究超越了"微观与宏观之争"（郑作彧，2015），并且关注人的生存状态和在现代性条件下人的命运，因而齐美尔的思想比格兰诺维特的更有悲天悯人之关怀。

还应考虑什么叫作"有效"和"无效"。在哪些情形下或在什么意义上，对谁来说"有效"或对谁来说恰恰"无效"？"有效"往往是以"无效"为前提的，那么无效在什么情形下会变得有效？"有效"或"效应"的标准由"谁"依据什么"原则"来制定？这些标准本身的背后还有没有标准？它们是否遵循或尊重事情自身的发展逻辑？起效的同时遮蔽了哪些未被观察者洞察的有效维度？这些基础问题如果不深究，我们就不知道何为有效，也很可能误将无效视为有效，从而给人带来苦闷甚至灾难。

（三）何以最有效

什么"最"有效，只有通过比较才可能得出结论。即便证明了"弱关系"是一种"有效"的桥梁，仍然没有证明它如何成为"最有效"的桥梁。无需深思即可知，能够影响社会凝聚的因素，或者说将微观—宏观联结起来的方式、理论、范式或现实力量很多，绝不仅限于"弱关系"。这些"桥梁""方式"等具体有哪些？每一种联结或沟通方式（包括关系沟通）的适用范围或边界何在？在哪些时空或前提条件下，各种沟通方式是无效的或是有效的？这些都首先需要辨析和比较。经历了审慎的辨析之后，很可能认识到"弱关系"无非只是一种可能不太重要的沟通方式，并且其起效是有很多前提条件的，因而未必是最有效的联结方式。另外，当论及"沟通方式"或"联结方式"时，还应辨析它是一种将两个事物外在地、表面地联结的方式，还是内在地、深层地联结的方式，正如两个人的世界观如果有很高的视域融合程度，他们就有很多共同的语言，这种"共同语言"或"志同道合"作为联结方式，会使二者的联结程度更高。随着现代性的推进，人们之间更多处于工具性的联结之中，古代世界的那种通过精神、上帝或天道等将人与人之间、个体与共同体之间紧密联结的局面一去不返（黄钰洲，2019）。

因此，为了论证"最"有效，必须首先考察还有哪些理论、方式或因素（如权力、观念、意识形态、经济等）可以将"微观—宏观""不同群体"联结或凝聚起来，它们各自起效的前提条件及边界何在。在此基础上，才可以比较各种联结方式的优劣，判断"关系"在各种沟通方式中所处的地位，即判断"弱关系"是不是最有效的，而不单单说它是"有效"的"桥梁"。只有经过这样的"比较"，才可能证明"关系"是最有效的"桥梁"。

当然，经过审慎地辨析和反思之后，可能发现一个问题：不同联结方式之间是否有可比性，如何可比？由于每一种联结或沟通方式都各有其成立的特定条件，如果这些联结方式有一定的同质性，它们就有一定的可比性。如果在一定程度上可比较，其结论很可能为"弱关系"并不是"最"有效的联结方式。问题是，不同路数有可比性吗？如果某些联结或沟通方式的性质不同，各自的前提条件也不同质，这意味着它们之间不可比较，同时也意味着"最"有效的说法本身就是成问题的。就此而言，研究者应当分析每一种联结方式的构成要素、性质、程度、作用条件、作用方式等，这样就能比较清晰地知道不同联结方式的优点和不足。尽管可能无法得出谁"最"有效的结论，但是这种分析性的工作也有很大意义。

（四）关系多效应

即便证明了"弱关系是一种最有效的沟通桥梁"，还需要进一步反思，即这只是从"沟通微观与宏观"这个特定角度来论述的，还没有对"弱关系本身"的其他"功能"或"效应"进行更深入的论证。换言之，我们不能单单考虑有哪些"因素""桥梁"（包括"弱关系"）可以沟通"微观与宏观"，还要考察"弱关系"本

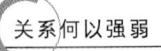

身可能有哪些其他"作用",其"沟通微观与宏观"的这种"作用"在众多"作用"中又居于什么位置或重要性程度如何。可想而知,"弱关系"或"弱关系人"必然拥有众多"功能"或"作用",比如传递信息、提供物质帮助、提供精神支持,精神伴侣、生活中的榜样、参照者、陪伴者等的"功能"都不是"沟通微观与宏观",但他们对于个人来讲却可能很重要,而"沟通微观与宏观"这个功能对于个人来讲却可能一点都不重要。这意味着,"弱关系提供了一个最有效的微观—宏观桥梁"这个发现未必有重大意义。同时,还应当分析有哪些因素影响"关系"。本书第三章第二部分将继续探讨这个问题。

经过上述分析会惊奇地发现,格兰诺维特的命题无非只是在"弱关系人"的众多"功能"中找出一个来(沟通微观与宏观),即无视其他功能,同时在影响"社会凝聚"的众多因素中找出一个来(弱关系),即无视其他因素(如观念、宗教、权力、外敌),于是在"弱关系的诸多功能"与"沟通微观与宏观的诸多因素"之间建立"一个"联系("弱关系"可以"沟通微观与宏观")。因此,该命题中的"主词和谓词似乎彼此间只在一点上接触,它们彼此并不相吻合"(黑格尔,2009:318;着重号为原文所有)。严格地讲,这样的直接判断并不真,因为其形式与内容彼此不相符合。换言之,这种联系未必是本质的关联,甚至可能是可有可无的联系或桥梁。这种论点会大大出乎学者的预料,但它有合理之处。本书第三章第三部分将继续探讨这个问题。

(五) 关系的涌现

"弱关系"本身具有"关系性""涌现性",这是被格兰诺维特无视的。格氏指出,"从个体角度讲,弱关系作为重要资源,可以为个人创造流动机会"。不过,这种说法未必不能再深究,因为它涉及"弱关系"本身的性质或者关系本身的涌现性、关系性。也就是说,"关系本身""弱关系本身"固然与其关联的两方有关,但是并不等于任何一方。"关系本身""弱关系本身"存在于其关联的两方"之间",具有关系本身的性质即"关系性",具有不可还原的性质即"涌现性"。认识到弱关系的关系性、涌现性,就会惊奇地发现"弱关系"并不是"关系人",而是两个"关系人"之间的"关系"。然而,"弱关系的优势"命题中所说的"弱关系"恰好指"关系人",并不指居于中间的"弱关系本身"。这就与下面将探讨的概念有关。本书第五章第三部分将继续探讨这个问题。

(六)"关系"的谱系

社会学者在提及"关系"时,通常预设了它是人际层次的关系,而没有在哲学上辨析"关系"概念。换言之,社会学者乃至社会科学研究者只研究某类特定的"关系",很少从概念上辨析"关系"。如果进行概念辨析,会得出息息相关的一组"关系"概念,如关系本身、关系、关系者、关系者本身、关系项的实存、关系的表象、关系显象、关系现象、关系实质、无关系等,它们构成一个"关系概念谱系"或简称为"关系谱系",从毫无关系到同一关系,或者从"生死斗争"到"生死相依"关系等。笔者认为,只有辨析"关系"概念,才可能更深刻地认知它。本书第五章第三部分将具体探讨这个问题。

(七) 何以为最

上述反思已经很深入,还可以再深入思考:格兰诺维特在论及"最有效的微观—宏观桥梁"时,已经预设了存在着"桥梁""有效""最有效的桥梁",更预设了"最"。问题是,它们都存在吗?特别是有没有"最"?如果存在"最",那么它如何存在?如何可能存在?如何证明"最"是存在的?能不能证明?如果不存在,为什么不存在?经过这样的不断追问,最终会触及这个问题:什么是"最"?"最"如何可能?这便与现代性带来的基础主义、本质主义等有关联了。在探究"最"的哲学含义以后,在经过比较和论证后,很可能发现"最"重要的判断并不存在。果真如此的话,"最有效的微观—宏观桥梁"之说就不能成立。

所谓"最",就是追求绝对、终极,也有会聚、聚合、摘要、合计、居首要地位的人或事等的意思。"最"也假借为"绝",表示程度,相当于"极""尤"。绝对的"最"就是无限者、绝对、上帝、终极等,其余都是相对的"最",都是在绝对的"最"之下的环节。实际上,相对的"最"严格地说并不是"最"。即便承认有相对的"最",其本身也拥有"绝对"的成分,这种成分是潜在的,是有限者自身未必能够深刻地认知清楚的自身潜力。换言之,在"绝对的最"与"相对的最"之间并没有绝对的界限。维特根斯坦的语言游戏说表明,语言或语词的含义存在于语境之中,因而并不存在语言本身的含义。当然,尽管他的观点失之偏颇,因为语词本身的确有其内在的含义,然而语言的具体含义的确也离不开语境。

"最"的某些含义在概念上须依赖于"非最",因此,其存在依赖于"非最"。没有"非最",也就没有"最"。在特定的情况下,"最"是相对的。我们说此人是学校里"最"聪明的学生,这个最聪明就限于此学校,超出此学校,此学生未必最聪明。即便声称某人是人类历史上智商最高的人,也无非只是在"智商"这个特定方面上表现突出罢了,他在"情商""身高""道德"等其他方面不可能都最好,否则此人就是绝对者或上帝了。另外,按照不同标准,某些人可能达到"最好"或"最坏",按照其他标准,同样的这些人恰恰可能居中。现代性带来的一个困境在于,人们普遍依据少数抽象的标准要求自己和他人,由此造成的后果是将本来丰富的人压缩成为某种量化标准下的产物,每个人很难自由自在地存在。例如,制度、量化指标的压力,使人们追求表面上的最佳(最佳三好学生、长江学者等),无视人的其他方面的培养,从而使整全之人变得矮化和扁化。

在"某种属性"上出类拔萃,就意味着这种"最"是特定的或有条件的"最",因而不是"最"。换言之,这种"绝对""最"只是相对的,还不是精神上的作为大全的绝对,而只是抽象的"绝对"。例如,"非赢不可的心态"就是一种"最"思维或必然性思维。常人大都坚持"非赢不可"的心态,这也是常人之所以为常人的理由。在超越性的组织、社会、国家层面,坚持"非赢不可"的管理思路或治理理念可能给人带来焦虑和苦闷。另外,深究"最重要的要素",又必然涉及关乎重要因素和必要因素等的"解释机制"问题,它同时也可能是释义学问题。可见,这里的问题相当复杂,的确需要审慎地辨析。另外,"最"思维预设了有"非最",而这有二元论意味,恰恰不符合关系论。例如,世界的本原问题就是"最"问题,即追问世界的最原初的"要素",面对这一问题,不同哲学家给出不同的答案,如自然哲学家给出的答案是各种自然要素,爱利亚学派的哲学家给出的答案是比较抽象的元素。"最"的基础或根基是"实体",由于实体自身具有自我发展的潜力,因此实体就是"主体"(黑格尔,2017a:10)。当然,现代的基础主义还是要批判的,需要再讨论"基础主义""本质主义""辩护主义"等哲学概念的深意,当然这里不必深究它们。

总之,不分析上述议题,不辨析这些概念而在言语或行事中简单地使用"最",那就是思想肤浅的表现。比如,很多大学都开展过"我最喜爱的老师"评比活动。问题是,这种活动如何可能评比出学生心中"最"喜爱的老师?能不能真正评比出应该被评出来的优秀教师?如果深究的话则未必。首先,"最"喜爱是什么意思?什么专业、哪些年级的多少个学生在哪些方面喜欢?怎样喜欢?这些议题都未被思考。在评比活动中必须有一些具体做法,包括评选标准的确定、学生或学院的提名、拉选票、舆论宣传等,评选的结果在何种意义上是"最"被学生喜欢的?对于这些问题,很少有人深思。简单地说,"我最喜爱的老师"本身是有意义的议题，但是这种评比活动本身以及评比中的具体做法基本上是没有思想的。例如，选票越多的老师越可以当选，这明显是用"量"来衡量教师，这种量化做法虽然盛行，但它既是相关管理者的自我矮化，也是对学生思想的蔑视，更是对教师本质的贬低，广义地讲是对大学"精神"的无视。

在黑格尔哲学中，最高层次的"最"是精神意义上作为大全的绝对，而不是抽象知性的缺乏内容的"绝对"。但是，又考虑到"最"并不能用来形容"绝对者"，因为"最"的基础是比较，而绝对者是不可比较的。无限世界中的"最"也就是事情本身辩证的自否定过程，而不再是结果。因此，无限世界本身就是"最"，是不可描述的大全，既是纯粹的有，也是纯粹的无，同时正在经历无止境的自否定，在此过程中成就自身，也就成了内含丰富的而不是纯粹抽象的"最"了。就此而言，在过程中的任何作为定在的"最"就只是有限世界中的相对之"最"，只能用来描述有限世界。有限世界中的"最"恰恰是相对的"最"，因而恰恰不是"最"。例如，有人在生活、工作中追求最强、非赢不可，然而，这种心态或许表明此人的精神层次低，因为这是一种线性思维。深究"最重要的要素"，又必然涉及关乎重要因素和必要因素等的"解释机制"问题，它同时也可能是释义学问题。由此引出最后一个问题。

（八）概念辨析

在上述论证和讲解中，我们直接使用了一些概念，而没有对概念进行深入辨析，对这些概念的意义并不清楚。因此，严格地说，上述步骤并不完全正当，因为概念辨析这个最重要的工作还没有进行，前文的"关系谱系"部分涉及概念的辨析，即同样一个概念，可以细分为多个环环相扣的环节，每个环节都体现了人类认知所可能达到的境界，其中经验意义上的概念是常人能够理解的，而事情本身、纯粹意义上的概念（比如关系本身）属于超越了经验的概念，是概念的更高境界，这个境界是学者通常难以达到或认知的。

前文已经指出，格兰诺维特不喜欢"大而无当"的概念，如规范、价值等。实际上，这是因为格氏对概念存在误解或偏见。笔者认为，作为纯粹概念或范畴的规范、价值、系统，乃至"是""运动"等语词恰恰因其看似"大而无当"而反映出它们的思想性或理念性，因为正如德国观念论哲学家（康德、费希特、谢林、黑格尔等）所论，因对事物的描述必须借助语言，而语言本身固有其抽象性或共相性。因此，与常识相反，看似看得见、摸得着的实在东西未必实在，看似不实在的概念很可能如柏拉图的理念、亚里士多德的形式等一样是很实在的。例如，"规范"一词即便在社会学中也不是没有意义的，比如找工作的整个过程都不可能不涉及各种规范（包括求职者面试时的言行规范、招聘人员招聘时坚持的规范、作为组织的招聘方在日常管理中的各种规范，等等）。规范限定或规约着人们的言行，不可无视规范。因此，在社会心理学领域，近些年甚至有学者倡导建立"规范学"（normology）（Michael et al., 2015）。同样，"价值"问题也很重要。例如，马克思的剩余价值理论揭示了剥削的秘密，还说明政治经济学的讨论都建立在把伦理问题转变为专业技术问题的基础上。资本家购买劳动力，获得其创造的价值。工人的劳动是活生生的人的劳动，且能够再生产其他商品，而资本家却拥有这些商品的所有权。资本家在劳动工具上的垄断很难被觉察（休恩编，2018：99）。又如，在民族国家的全部价值体系中，有一种价值体系倾向于把社会和民族视为最高价值，还有一种价值体系倾向于把独立的个人、"封闭的个人"或自由的个人视为最高价值，要使这两个"最高价值"协调一致并不容易（埃利亚斯，1998：28）。然而，这样的价值及其体系对于身居其中之个人影响至深，因而非常重要。可见，"价值"问题如果不被考察和深究，那么所谓客观的研究又有什么"价值"？总之，这些看似抽象、大而无当的概念都很重要，它们与个人、社会、国家等息息相关，因此不可不察。反过来讲，很多看似很具体的概念或语词，如眼睁睁看到了一个求

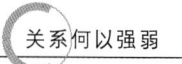

职者面试表现好便脱口而出"口齿伶俐"这个词,这个词看似具体,实际上是抽象的,它固然很重要,但与个人、社会、国家等恰恰未必息息相关。当然,作为社会网研究者的格兰诺维特等只能关注某种社会学理论,而不关心社会理论,更不关心思辨问题,从而未能认识到"概念"的重要性,也错失了很多真问题。

就格氏的名篇来讲,格兰诺维特想要论证其核心观点,最重要的工作就是对"社会网""互动""微观""宏观""桥梁""有效""关系本身""关系项"等核心概念进行概念辨析,而这毋宁说是方法论性质的工作,此类概念辨析工作更是思辨哲学家的长项。作为社会学家的格兰诺维特当然没有这样做,也的确不"应该"这样做,而是基于对"关系强度"的测量,利用"禁现三方关系"来论证。但是,严格地说,概念辨析是任何学术研究的前提,是理性思考的工具,同时也是一般认识的媒介。就此而言,一项研究应当至少要对其核心概念进行辨析。当然,在一项学术研究中不可能对它所涉及的每一个概念都进行辨析,否则将是相当麻烦甚至不可能完成的工作,因此,一般的研究不会对用到的每一个概念进行概念辨析。

需要强调的是,不辨析概念,很多问题就得不到良好的解答。从批判理性角度讲,个人的言行、组织的规划、社会的建设乃至国家的治理都涉及众多观念和概念,都应该就其涉及的各种观念、概念、理念进行辨析,否则很可能导致个人生活出问题、组织发展遇阻力、社会治理遭困境、国家治理失良机。

严格地讲,概念辨析是任何学术研究的首要工作。概念辨析并不是对概念的定义,更不是对概念的测量。不能用对概念的测量代替对概念的定义,概念的定义不能代替概念本身及对概念的辨析。换言之,概念≠概念辨析≠概念具体化≠概念操作化≠概念的定义。正如前文所引用的,"大多数关于人际纽带'强度'的直觉观念都应该通过如下定义得到满足:一个关系的强度是由刻画关系特征的时间投入量、情感紧密度、(相互倾诉的)亲密程度、互惠服务构成的（可能线性）组合"。这清楚地表明，格兰诺维特用对"关系"这个概念的"测量"代替了关系概念及对"关系"的定义。换言之，在他眼里，这种测量就是"关系"，也是对"关系"的定义。然而，测量一个概念本身并不能代替对此概念的定义，更不可能代替对此概念的概念辨析。另外，如阿多诺所说，概念是由于对适应——对掌控内在自然和外在自然——的需要而产生的，概念—概念关系与概念—世界关系是有关联的（休恩编，2018：55，43）。也如有学者所言，"在关于量化及其承载的标准逻辑规则的这场混辩中，我们简直忘记了：概念的构建先于量化"（转引自格尔茨、马奥尼，2016：163）。

格兰诺维特的"弱关系的优势"命题涉及众多概念，其含义并不总是清晰的。从社会学"常识"来讲，格氏关于"社会学理论"无法沟通"微观与宏观"的判断或许是恰当的，且在半个世纪后的今天依然算"正确"。然而，仍如前文所说，"熟知非真知"，这种"常识"仍需批判。具体而言，需要对相关理论、命题、关键词进行概念辨析，包括辨析"理论""沟通""微观与宏观"等概念，探究"关系研究"如何可能沟通二者，分析格氏观点背后隐含的思维遮蔽了哪些问题，如此即可判断该命题的实质，认清其本身的"正当与不当"以及是否准确。本书通篇都进行着前提性、概念性的辨析工作。

总之，本章在梳理格氏名篇的基础上，对相关争论进行了分析，尤其指出了甘格之争是因为存在逻辑上的差异，因而二者不可简单比较。要想辨析格氏命题，需要进行内在批判而不是外在批判，内在批判就是对一项研究的前提进行批判。基于内在批判，笔者论证了格氏所说的"弱关系提供了最有效的桥梁"这个命题恰恰不能成立，因为该命题涉及环环相扣的多个环节，而格氏并没有分析。另外，格氏命题还预设了"关系传递性"，该预设恰恰存在着内在困境。对此内在困境的辨析则是下一章的工作。

第二章　关系传递之前提

"弱关系的优势"命题有一个前提或预设，即关系具有传递性，实质上格兰诺维特论述的只是"朋友关系"的传递性，可简称为"关系传递性"。然而，如果该预设的成立还需要有更基础的预设，甚至需要有很强的预设，那么基于该预设得到的研究结论就不会太牢靠。就"关系传递性"预设来讲，还可以追问很多问题。比如，一个人的朋友的朋友为什么、凭什么、如何有可能以及具体怎样变成此人的朋友？格兰诺维特关注的朋友关系传递机制无非只是在信息这个特定维度上来讲的，而并不是对朋友关系传递性的本真分析。按照充足理由律，在经验世界通常没有无缘无故的爱，也没有无缘无故的恨，朋友关系中蕴含着内容，纯粹抽象无内容的朋友关系在现实中并不存在。如果换一个内容维度来看，我们完全可能说关系不具有传递性。例如，就"借钱关系"这个维度讲，我们不能说关系具有传递性：如果 A 将钱借给朋友 B，B 将钱借给朋友 C，通常据此推不出 A 也将钱借给朋友 C。当然，这些说明都预设了世界具有可理解性或者有逻辑性。

一　关系何以能传递

"关系传递性"本身只是一个抽象的预设，不考虑具体情况，其含义具体是什么也不清晰。第一，关系传递性意味着什么？在朋友关系中传递的是什么内容？传递的是"关系"，还是关系中蕴含的内容（如信息、资源、情感等）？凭什么可以传递？哪些内容可以传递，哪些内容根本不可传递？传递了内容后又将怎样？不考虑上述细节，"关系传递性"就只是抽象的说法。

第二，该预设本身预设了行动者是同质的。"关系传递性"预设本身还预设了"信息传递者"是完全同质的一类人，比如每个人的性别、年龄、性格、需要、受教育程度、各种观念等都一样。另外，该预设也预设了行动者都是无思想、无情感的人，都不考虑传递信息的成本、传递信息对自己的好处、传递信息可能给他人带来怎样的影响等。实际上，这样的行动者在现实中并不存在，他们只是研究者为了方便研究而设想出来的行动者，大致属于许茨所说的"二级建构"，即对社会行动者的构造的构造（李猛，1999b：29）。格氏本人采用戴维斯的主张，认为"在任何类型的人际关系交流中，不管怎样的资源流通，从某人 i 交流到某人 j 的几率是：①直接和连接 i 与 j 中所有明确的路径（友谊关系）的数量成正比；②这些路径的长度成反比"（格兰诺维特，2007：75。着重号为笔者所加），由此推出他所说的弱关系的重要性，在于它能创造更多、更短的路径。格氏还指出，"从直觉上来说，当信息传递是通过弱关系而非强关系时，这意味着不管什么样的传播都能触及更多的人，以及穿过更大的距离"（格兰诺维特，2007：75）。问题是，"不管什么样的传播"或"任何传播"都能通过"弱关系"传递更远吗？这显然不可能，读者很容易找到一个反例来推翻这个全称判断。

该预设所预设的行动者同质性也体现在交友考量上，例如预设每个人对"友谊关系"有相同的认知，而这在现实中是不可能的。人们在交友时会考虑诸多方面。例如，交友一定有各种目的或动机，它们作为交友机制恰恰有别于"信息"，是信息背后的交友基础。信息最多只能当作交友的"条件"，而非交友的"机制"，尽管动机或目的等可能随着信息而变。人们在交友时还会考虑是否需要交友、对方是否值得结交等。双方各自还有交友的原则甚至底线，如平等相处、相互尊重、相互信任、相互理解、相互支持、相互警醒、为我所用、相互利用、借权升势、相互倾心、同甘共苦、情投意合、志同道合等。人们交友还会考虑交易成本，比如是否有时间、精力、金钱等去交友，会考虑交友会给自身及他人带来怎样的收益。所有这些现实交友细节都没有被该预设纳入考量之中。

第三，交友是双方之事。交友不是单方面的事情，而至少涉及两方，并且一方的交友原则未必等同于另一方的交友原则，这里还可能存在双方相互了解的程度、某方隐瞒信息或欺诈、表面朋友实质敌人等现象。这意味着交友的结果并不取决于单个个人，毋宁说就是双方共同努力而涌现的结果。

第四，信息的性质。如果传递的是信息，该预设也预设了每个人都无条件地传递信息，且信息传递不失真，那么信息与友谊是什么关系？"关系是信息传递、发挥影响的通道"之类的说法，如"那些我们仅有弱连带接触的人，由于多半来自与我们自身不同的生活圈，因此较有可能提供不同于我们惯于收到的信息"（格兰诺维特，2007：82~83）等虽然几乎成为规律，但是仍然不恰当，理由有以下几点。首先，它预设了关系是通道。该说法预设了"关系"是信息传递、发挥影响的"通道"，且该通道外在于其内部流通的"内容"（如信息）而存在，类似于石油管道，里面流动的是石油。常识可以这样说，但是学术研究不可以这样，而应当追问思想。这种预设是有问题的，它割裂了"通道"与"内容"。关系本身与信息是什么关系，二者在多大程度上可分开或不可分开，未得到深究。例如，特定的信息传递需要通过特定的通道，反之，特定形式的通道对应于其传递的特定内容，这是不能分开的。其次，还可再细分。即便明确探讨一类特定的经验关系即人际关系（而不是其他关系，更不是关系这个"概念"），那么它具体是哪一类人际关系，这也需要深究，因为人际关系还可以分为几百种。另外，该说法还暗含着关系发挥了"积极影响"。可想而知，关系性质不同，是否传递信息以及怎样传递信息都有非常多的变数。例如对于"嫉妒""竞争""羡慕""交易""讨厌""同事""憎恨"等众多类关系来说，有的关系人可以传递真信息；有的关系人可能制造谣言，传递虚假信息，发挥"负面"影响；有的则可能告密、打击报复；有的关系人更可能什么信息都不传递。再次，割裂"关系"与"信息"。实际上，当人们谈及积极"人际关系"时，已经预设了"联系"的存在，同时预设了双方"互通有无""相互扶持""信息传递"等。可想而知，不传递任何信息的人际关系是不可想象的。换言之，"人际关系"概念本身已经包含了信息传递。经过上述辨析，我们会更清晰地认知到，"关系是传递信息的渠道"这一命题成立有很多前提，在某些情况下我们完全可以说"关系不是传递信息的渠道"。因此，该说法只是常识性、无思想的说法，不是什么深刻思想，当然也不是什么真理性论断。最后，判断本身的外在性。正如前文所说，这个判断无非是在"人际关系"和"传递信息"之间建立一个表面的、外在接触式的关联罢了，并没有说出很多内容，因为我们既可以继续说"人际关系是传递爱的渠道""人际关系是焦虑的来源""人际关系给了我很多面子""人际关系让我心力交瘁"等，也可以认为"微信是传递信息的渠道""经典名著是传递信息的渠道""符号是传递信息的渠道""组织是传递信息的通道"等。本书最后一章将讨论判断的实质。

另外，信息的本质是什么至今没有公认答案。还应当追问：信息如何可能保障与朋友的朋友仍然是朋友？信息不是中立的，具体信息与具体行动者注定有一定的价值关联：有的信息有利于行动者，有的则无关于甚至有害于行动者。

第五，传递信息并不随机。行动者不可能随机传递职业信息，而必然经历内心的综合盘算。这里涉及双方关系的性质以及具体处于怎样的现实情境之中：某些信息不能向外传递，否则不利于自己。求职者不可能随机地向关系人寻求帮助，施助者也不会随机地施予帮助。信息搜索过程不是随机的，而必然考虑很多因素，如事件的性质、双方各自是谁、各方拥有的资本、每个人的安全感、双方的关系紧密程度等。在诸多因素中，双方各自的品德、德性、责任、义务、良心、良知等人之为人的规定往往被遗忘。另外，人们在搜索求职信息之前，已经拥有其生存和生活阅历，已经拥有诸多关系人（包括强关系人、弱关系人），信息搜索是在已经存在的关系人中搜索信息，这都不是随机的。推而广之，被调查的事件本身通常不是随机发生的，社会生活中的多数重要事件（包括个人层次的求职、升学，组织层次的制度变迁等）也不是随机的。既然如此，严格地说就不应该采用随机抽样方式来研究这些事件，或者说依据随机抽样的调查数据得到的结论也不是科学结论。

学者为什么采取随机抽样法研究非随机事件？学者之所以这样做，并不是出于对"事情本身"逻辑的尊重，而只是学者自己预设了被研究对象是无思想、无自我意识、无感情、无反思、无特殊性之物。这在一定程度上是成立的，因为人首先也是一种"物"。在"物"当中，的确可以通过抽样找到其规律。但这远远不够，针对社会行动者不可能完全如此来研究。通过外在于对象的属性来研究，或者给对象贴上标签，以为如此即可掌握对象，殊不知，"这种行为真正说来只能算是对对象的破坏与摧毁"（庄振华，2019：308），实际上没有尊重事情本身。有这种想法的人，其整个生活也处于物化状态，其生命也是一种物化的生命且他未必自知。而如果考虑到行动者的知、情、意，那么所谓科学的抽样调查实质上根本不是科学，而只是学者为了理解世界而自行设置的自我安慰的方法罢了，研究的结论只对研究者自己有利，却与被研究者几乎无关。或者说，研究结论只是研究者自己加到被研究对象上的，并不是被研究对象自身的呈现。当然，这里并不是说非随机抽样研究是科学的。一项研究是否科学，与其是否随机可以无关，而与研究是否观照到对象本身有关。一项研究从"理念"上讲，应该关注作为整体的大全，进行整全性研究。

第二章　关系传递之前提

第六，关系传递≠朋友关系传递。还有一个不被关注的基础问题，即格氏所说的关系传递性本身只是"朋友关系"的传递性，并非一般意义上"关系"的传递性。换言之，用朋友关系的传递性不足以论证"关系传递性"。

可见，一旦考虑现实情形，关系传递就有诸多变化。由此也可以反思诸多问题。例如，友谊关系（朋友关系）的传递会依据什么，是依靠物质力量还是精神思想？是否每一方都超越了各方的共同理念？之所以追问这个问题，是因为在传统或古代社会，友谊关系的建立和传递更多依靠当事人共享的超越各方的理想。相比之下，现代人更多依据理性计算来传递关系或信息。既然如此，随着时间的推移，友谊关系能维持多久或传递多远？如果传递的是信息，那么信息如何损失？当事人在传递信息时如何维持自身或自我保存？个人的自我保存又以共同体为中介，各方如何在关系和关系传递中同时保存自身和共同体？这些议题更基础，也更重要，尽管不被关系研究者所重视。这里只是提出这些问题而不进一步探究。

下面具体辨析格氏在论证关系传递性时存在的问题。前文已经指出，格氏名篇中全部论题和观点都建立在如下预设之上："两个人各自的朋友网重叠程度随二者之间关系强度而变。"该预设随后被格氏推广到较大的结构，"如果 A 与 B 之间的关系越强，那么 S 中的个人同时与 A 和 B 产生关系——不管是弱关系还是强关系——的概率就越大"（格兰诺维特，2015：58），这也相当于禁现三方关系（forbidden triad）假设。这个假设与关系传递性预设的差异在于这个假设关注关系的强度而非关系的选择。如果 P 选择 O，且 O 选择 X，那么"我认为传递性出现——即 P 选择 X——的可能性最大的时候，出现在当这两个关系——P—O 及 O—X——都是强关系的时候，当二者都是弱关系时则几率最小。当二者一强一弱时，关系传递的可能性居中"（参见格兰诺维特，2015：76）。也就是说，格氏基于关系的强度推出关系人择友的传递性，其中不考虑关系的方向性。

格氏引用一些文献作为该预设得以成立的证据。第一个文献来自霍曼斯，他关注投入关系或处于关系中的时间，提出"人们交往互动愈频繁，他们彼此间越易于形成浓烈的友谊情感"。实际上，这个命题或结论无非是常识，它即便成立，实际也没有说出什么深刻内容，并且其成立还需要很多前提。例如，如果不考虑前提，那么我们也完全可以说"人们相互交往愈频繁，他们越容易相互讨厌"，"人们相互交往愈频繁，他们越容易相互发现缺点"，"人们相互交往愈频繁，一方越容易利用对方的缺点"等。即便忽略观念、价值等因素，也可以反过来说"情感越强，互动越频繁"，即情感和互动之间并无严格的因果关系。重要的是，该命题的成立依赖于很多前提：人们（撇开亲情关系不论）基于怎样的理由才日益频繁互动？可能基于共同的价值观、共同利益、共同爱好等。然而，人际互动中如果一方或双方发现利益有争端、价值观有冲突、性格不合等，就很难形成浓烈的友谊和情感。换言之，互动中有相当多要素决定了情感的紧密程度，仅论及互动频繁而不追问为什么互动频繁，这是无思想的表现，当然也不能解释情感强度。这里体现出了行为主义者的思想贫乏，就此而言，格氏不应该用无思想的判断作为其论证的证据。因此，霍曼斯等人的此类命题仍然是百姓之言，不算什么真理，当然不能作为"关系传递模型"的证据。

第二个文献来自一些网络学者的一些经验证据（empirical evidence）[①]。他们研究了相似性，发现"两人间的连带愈强，他们在很多方面将会愈相似"。显然，这个命题也不存在因果性，因为反

---

① 至于什么是"经验"、"证据"和"经验证据"，"经验"在何种意义上有资格作为"证据"，作为"何物"的证据，又在何种意义上证明了"什么"，"何物"本身需要证明，不同人有不同理解。"经验"概念意味着人对世界有某种理解，不同哲学家对经验也有不同的理解。在黑格尔看来，所谓经验可以是关于意识的特殊经验，也可以是一般意义的现象学经验（倪剑青，2011；庄振华，2022a）。对于释义学家来讲，经验都是释义的经验。

过来也成立：两人之间在价值观、世界观、职业观或金钱观等方面越相似，关系越紧密（张志伟，2016）。①另外，如果考虑到关系的类别，那么相似性的效应也是有限度的。例如，经济交换关系恰恰发生在不可能完全相似的人之间。在市场上，人们恰恰为了互通有无才有所交往。在强制关系中，强制者不顾受制者的反对而收取保护费。这种强制关系背后有不对称的权力和暴力在起作用，其关系"紧密度"与二者的"相似性"无关，而与受制者拥有的资源有关。总之，抽象地谈"两人间的连带愈强，他们在很多方面将会愈相似"或"两人愈相似，他们之间的关系愈强"的意义并不大。

格兰诺维特还援引了心理学家海德（Fritz Heider，1896～1988）的认知平衡理论所预测的结果："如果 A 和 B 之间，A 和 C 之间有强关系，假定 B 和 C 彼此知道对方存在但缺乏正向关系，那么上述情境会出现一种心理紧张状态。因为 C 会希望他自己的感觉能和好友 A 一致，同样，B 也希望与好友 A 保持一致。"实际上，该发现是一类心理学发现，并且主要是基于形式推理得到的结论，且其成立还要有很多前提条件，条件如果改变，结论就可能不成立。例如，现实中的人际关系包含极为丰富的心理和社会因素，比如每个行动者的地位、资源、能力、人情、面子、情商、性格特征、观念、交往的具体内容等。如果考虑这些因素，B 就未必与 A 保持一致了。另外，这里还很少考虑二人所在的更大网络

---

① 因果性主宰的是"它"或物的世界，却被预设可以用于分析社会世界。当代社会科学特别重视因果性，离开因果性几乎是无法想象的。然而，在人的社会世界，"你—我"两人自由地面对面站着、相互之间的那种相互作用不涉及任何因果性，也不会为任何因果性所涉及；在这里，保护这个人的，是这个人的生命和笼统的生命的自由。"只有懂联系，清楚地知道你就在眼前，才有能力做决定。谁做了决定，谁就是自由的，因为他是迎着面向前走的。"（布伯，2017：53）而联系的目的就是联系自己的生命，也就是：抚摸"你"（布伯，2017：66）。布伯所说的联系或关系是一种"灵"意义上与自身的紧密关系，这种联系要比与他、它的工具性联系更重要，也更基础。

结构，也不追问为什么人际间会缺乏正向关系，可能恰恰是因为 B 和 C 之间在某些方面并不一致。果真如此的话，二者将不会建立紧密关系，也不会有什么心理紧张。仅有 A—B、A—C 之间的强关系，并不足以促成 B 和 C 之间的紧张状态。

总之，无论是相处时间和相似性研究的结论，还是认知平衡理论的研究结论，都不足以作为"关系传递模型"的坚实证据，因为它们本身的成立还需要前提，需要进一步解释和证明。格氏本人未认识到，他自己找到的证据本身还需要证据。[1]

更重要的是，即便格氏本人找到了这些证据（姑且不论这些证据本身是否真正成立，或这些证据是否得到了真正的证明，也不讨论使用这些证据来支持格氏的模型是否恰当），但这些证据并不是对格氏命题本身的证明。严格地说，格氏本人并没有证明这个假设（hypothesis）。鉴于这些假设的实质一样，大致类似于"朋友的朋友就是朋友"，且未得到证明，因此，毋宁说它就是一个预设（assumption），即前文所说的"关系传递性预设"，它是该名篇中的关键预设，也是多数关系研究者坚持的预设。如果此预设不成立或有逻辑难题，那么基于其上的"弱关系的优势"等命题都将失去坚实基础。然而，该预设本身只是未经证明的预设，其成立需要很多前提条件。更重要的是，该预设本身内在地包含着常人乃至经验研究者难以发现的矛盾。下面从多元时间观、自我意识悖论及同一律三个方面，分析此预设（以及几乎所有社会科学预设）本身蕴含着怎样的矛盾。

---

[1] 这种说法对于格兰诺维特来说或许有些苛刻，因为，他与绝大多数学者一样，不会也不太可能追问命题如何可能成立。然而，考虑到命题本身的成立的确需要很多条件，不给出这些条件，会让读者甚至作者本人误识命题的性质，因而有夸大命题效应的可能，因为他们不知道自己在说出内容的同时必然遮蔽了很多未说出的内容。因此，严肃而科学的学术研究必须首先对概念、判断、推理本身的含义和意义进行说明，否则误解难免。本书最后一章将回到这个基础议题。

二　多元时间观并存

格氏用四个指标来定义关系强度。审慎地分析会发现，格氏在文中并没有给出"关系强度"本身的定义，而只是用四个指标代替了对关系强度的定义罢了。然而，一个概念的定义还不等于概念的指标，更不等于对指标的测量。格氏本人没有意识到这个问题。在四个指标中，第一个指标即投入的时间，它实质上只是线性时间，预设了友人之间按照线性时间进行交往，这显然很不符合事实，因为现实之人不可能不将"未来"纳入"现在"进行考量。如果说在政治场域、组织场域和科层领域中的时间更多是线性时间，那么生活世界中与人紧密关联的时间则有多类，它们与常人的具体生活有更加切身的关联。

格氏还模糊地认为这些指标之间可能有"线性"组合关系，因为他在定义中用了"可能线性"一词，且将它放入括号内。可见，格氏大致坚持线性思维、形式思维或知性思维。既然如此，他也就潜在地坚持形式逻辑的定律，包括其第一定律即同一律 A = A。① 然而，格氏也考虑到了变化，因而设定关系强度第一个指标是在关系中"投入的时间"，时间就是"变"。他接下来的表述再次表明他内心的确坚持线性思维，因为他要线性地计算时间。如他所说，假设"A 和 B 交往的时间占所有时间的 60%，A 和 C 交往的时间占 40%，则 C、A 和 B 在一起的时间应是 24%，因此 B 与 C 变成熟识的可能性将高过二人成为陌路的可能性"（格兰诺维特，2015：58）。这里是需要时间的：要"首先"有 A 和 B 的交往，"然后"有 A 和 C 的交往，"最后"才可能计算出 A 和 B 在一起的时间。这种线性纯粹是抽象的计算，不考虑现实中的任何细

---

① 当然，这只是笔者的分析。格氏无需在文中表述出同一律，他甚至未必想到同一律是其文章的基础。

节。这种线性时间在抽象的形式思维中没有任何问题，它的确很重要，并且已经变成了当代主流的现代时间。然而它并不完全是人们在现实人际关系中体验的时间。

人际交往中的时间不可能完全是线性的，甚至根本不是线性的。如果按照线性时间来思维，则可以预测一对恋人交往时间越长越相互了解，然而这样的预测是无深思的。

首先，人们相互了解的程度与其交往的时间未必成正比。人们在交往之前和过程中会带有某种理念或观念，但行动者自己未必自知。例如，恋人们在恋爱之前很可能已经具备了比较成型的婚姻观、金钱观、养老观、事业观等，然而各方因还未遭遇到关键事项或还没有切身的体验而可能未必清醒地认识到自己和他人的各种观念。特别是，热恋中的青年男女通常理性不足，未必能随着时间推移而清醒地发现自己和对方各自的优缺点，也就未必能弄清双方三观是否不合。随着时间推移和年龄增长，双方思想会发生变化并产生自己的思想。例如，某女士年轻时交了一个男友，刚开始还感觉良好，因为二人都刚大学毕业，他们在很多方面相差不多。然而，后来女方在交往中发现男方工作不太认真，业余时间从来不看书，不喜欢交际，甚至迷上了游戏。反观女方，她喜欢读书、茶道、旅行，甚至主动结交优秀朋友。三年后，两人已经无法相互沟通了，分手在所难免。当然，夫妇如果婚后才发现对方的缺点，那么分手则不是容易的事情，需要考虑孩子及各自家长等诸多因素。反过来讲，一方如果希望发现自己和对方各自的优缺点，除了需要交往，更需要认知者事先就具备相应的"观念"。如果连相关的重要观念都不具备，就谈不上三观不合。而这与线性时间未必有线性关联。然而，某些观念又往往是在具体交往中慢慢形成的。就此而言，我们认为大多数人都是在交往实践中慢慢认识自己、认识他人以及认识自己与他人的关系的。这就是一个不断社会化的过程，如果事先带着某种观念，会更好地了解自己和对方。然而，后文将论证，自我意识本身就是悖论。

第二章 关系传递之前提

其次，时间中的关键事件。随着时间推移，每个人的言行、思维等都会变化，相互了解的动态过程涉及每个人的言行、举止、德性、利益、得失、各种重要观念和事件。如果两个人有共同的精神志趣，那么他们仅见面几次，就可能已经相互了解，甚至相互视为知己。一方是否了解对方，或者双方是否相互了解，这不单是时间问题，也与每一方是否具备了解自己和他人的能力与了解他人眼中的自己的能力有关，更也与每个人自己随时间而发生的改变有关。明天的你如何依然能是今天的你？人们的观念改变与其在时间中经历的重要事件有关。不经历生命的苦楚，人们难以充分认知自我和社会。问题的一个关键在于认知或认识能力，而不简单是时间问题。实际上，这样的说法并不很恰当，因为它还局限于社会学思维，而没有认识到认知自己和认识他人本身都离不开时间，所以这的确也是时间问题。因此，列维纳斯（2020：5）超越社会学思维，认为"时间并不是一个孤立和单一的主体的所作所为，而是主体和他人的关系本身"。既然如此，关系本身就已经是时间了，就不应当再声称在时间中建立和维持关系。

最后，时间的多元性。古希腊神话中有两个描述时间的词，它们对应于两个时间神，也对应于当代的两种时间观念。一个是片段的、历时的、线性的时间超神，即柯罗诺斯时间（chronos），它有始点、中点、终点；另一个是瞬间性、非线性的生命体验时间超神，即卡伊洛斯时间（kairos）（Hassard，1990：21-34）。前者关注时间的线性计算，可称为钟表时间；后者关注生命的情感体验，可称为衷情时间。

前者易于理解，它对应于部分日常语言和自然科学中所表示的秒、分钟、小时等可以"测量"的时间。当人们计算实际用时时，指的就是这种前后相继的"钟表时间"，这也是自然态度下的时间，即认为所谓"过去"就是过去了，不再回来。当然，如果按照现象学，过去还会回来，否则人们就不会以史为鉴了（索科拉夫斯基，2009：第五章，第九章）。当我看着手机并说"现在是上午八点半"时,我们面前似乎有了可以把握的时间,"现在"就意指时间。然而,我们在钟表、手机等技术器械里都不可能找到"时间"概念本身,更没有对时间进行反思。由此可见,"技术性越强,也就是说计时的测量效果越精确,越详细,我们就越没有机会首先对时间的本己因素进行沉思"(海德格尔,1999:13)。"支配着现时代的科学技术的理性化日复一日愈来愈惊人地用它巨大的成效来证明自身的合法性,但这种成效却丝毫没有道说允许理性和非理性以可能性的东西。效果证明着科学的理性化的正确性。但是可证明的东西穷尽了存在者的一切可敞开性吗?"(海德格尔,1999:87)钟表时间并不完全是人们现实中的时间体验和时间概念,社会生活中也充满了衷情时间。

衷情时间也不难说明。例如,情人热恋时,一日不见如隔三秋;夫妻感情出现破裂时,共同生活似度日如年;下级受到上级批评时,觉得时间过得太慢;学生在听枯燥的课程时会感觉岁月难熬。这种"春宵一刻值千金""度日如年"的时间就是卡伊洛斯时间,它要用质的"时刻""良宵"而非"量"的"秒""分钟"等来刻画,因此可称为"衷情时间"。

现实世界各种关系中的时间都兼具钟表时间和衷情时间。总体上讲,时间在不同关系中的体现不同。关系越是具有情感性,其中的时间就越是衷情时间,例如,在恋人关系、亲子关系、朋友关系、师生关系、同学关系中,衷情时间较多。关系越是具有工具性和计算性,其中的时间就越是钟表时间,如在生意伙伴关系、师生关系、考核者与被考核者的关系等中。另外,随着时空的推移,在同一种关系中时间的表现也会变化,正如同一对夫妻婚前和婚后对时间的感觉和认知会变化一样。在同一种关系中,不同行动者的时间感也不同,比如在母子关系中,母亲对子女的时间感和子女对母亲的时间感不同,母亲很可能时刻离不开子女(但她自己未必清楚地知道这一点),而子女在与母亲相处时可能感到备受煎熬,希望尽快脱离母亲的控制,甚至删除母亲的微信,而思维受限、认知不足的母亲甚至可能不知道也不会反思为什么会出现这样的结局。

现代社会中各类系统中的时间是抽象的、缺少人情味的线性时间，这也是格氏名篇中预设的时间。他在定义关系强度时使用的第一指标"投入的时间"只是钟表时间，而不是生活时间或衷情时间，更不是将"未来"纳入当下的整全时间。另外，即便是在两方的友谊关系中，每一方在与对方"相处"时所体验的"时间"也不同。至于在三方关系中，各方在交互（transaction）过程中所体验的时间更有变化：A—B关系中双方各自体验的时间不完全相同，也不同于A—C关系中双方各自体验的时间。撇开格氏未论及衷情时间等更重要的时间不谈，仅就其内在地坚持的钟表时间来讲，其"关系传递模型"也有常人难以发现的内在矛盾。下一节将讨论这个问题。

自启蒙运动以来，特别随着资本主义及近几十年互联网的发展，钟表时间和衷情时间更明显地分离开来：线性钟表时间早已占据上风，非线性衷情时间愈加隐匿。然而，事情本身毕竟以整体的非线性方式存在。无论是在个人生活、社会生活、社会治理还是国家治理中，如果完全遵循线性钟表时间进行思维，就可能带来困境甚至灾难。

对于人来讲，人自身本来可以有多样甚至无限的生活内容。然而，"现代人"深受资本主导下的各类外在于生命的量化指标、制度、僵化的科层组织的挤压，其生活变得僵化而贫乏，虚无主义盛行，焦虑抑郁频发。当然，某些人会认为自己的生活是充实的，因为他每天都有忙不完的计算性的工作，然而看似充实的生活未必充实。现代人的关乎生命的时间受到压制，多数只能按照钟表时间安排自己的生存和生活，其"衷情"的时间越来越少，生活的内容日益干瘪。由于现代人深陷于工具理性之中难以自拔，因此即便认识到时间的重要性，具体个人也要有足够的勇气、足够的真理性精神和生活智慧，才可能在积极参与事功中成全自身，

这是因为生命本身作为概念是整体，是任何表象都无法达到的（庄振华，2019：306）。当然，多数个人只关心自己及其家庭、工作等，不关注社会整合，少数学者会关心国家和社会发展。就此而言，可以按照某种观念将人分为各不相同的多个层次。

例如，如果某人忙于工作，没有在观念上深刻地认识到"衷情时间"的重要性，没有抽出时间陪伴家人度过重要时刻（生日、忌日、结婚纪念日、开学和毕业典礼等）（因特殊原因无法陪伴家人的情况除外），那么他/她很可能造成家庭的不幸。在此意义上可以认为，家庭的不幸在很多情况下都可以归罪于个人的无知或无明。当然，我们固然可以分析个人的无明与哪些因素（如工作忙碌、没有时间思考等）有关，然而，这仍然属于社会科学思路，没有从个人的观念本身的局限性角度考虑。

同样，在社会治理中，治理者如果仅基于线性时间建构社会发展指标，甚至基于此进行制度设计并实施，恰恰可能成为破坏社会结构、社会关系或社会凝聚的制度原因。例如，欧美国家的现代化进程是以工业化带动城市化，中国却不完全具备这样的条件。中国应改革农村社区土地和乡镇企业的产权关系，优先发展中心镇，同时改革地方治理结构，理顺建制镇与村自治的关系（温铁军、温厉，2007）。当然，国家或社会的不幸不能简单归因于个人和制度，还应归因于人类自身的局限性，即现代人失去了对天道和人心的敬畏。社会治理如果完全坚持钟表时间，将严重地破坏人对自身、自然和世界的生命感受。在计算思维的指令下，很多社会治理和社会改革也是功利性的改革，它只注重短期效益，无视长期的甚至永恒性的议题。实际上，无论社会的发展还是文明的进程，都需要有长时段时间观，而这也意味着短时段研究有其局限性（Linklater and Mennell，2010：384）。如果按照钟表时间在殡葬改革方面进行社会治理，其结果之一是"民德归厚矣"时过境迁，慎终追远已烟消云散，无家可归更难再眷恋，而"对不再有家乡的人来说，写作就成为居住了"（阿多诺，2020b：87）。当然，这是很高的要求，因为常人几乎不会写作，但是常人会在生存及存在上遭遇到从未有过的困境或普遍虚无感。即便对于某些写作者来说，其写作也可能只是聊胜于无的自我安慰罢了，安慰的只是自身，因为有心灵深度的写作在互联网时代几乎丧失了读者市场。当然，常人很少会通过写作、修行、修道或少欲而排解自身，人类精神的发展一直都是少数哲人的精神志业带来的结果，有"精神"的写作者和读者在人类历史的任何时期都极少。就此而言，真正的写作者或哲人就不会太迷茫和焦虑，因为他的精神已经做好了孤独的准备。

现代人在处理关乎自身生存和生命的一些重要"关系"上出了问题，至少身心分裂是重要表现。心灵无家可归可谓是现代人最大的精神危机或信仰危机，深陷物质追求和理性系统与制度中的现代人甚至已经忘记了自己本来还有精神。人们普遍感到自己是陌生人，这既是一种社会类型，即已经处于无家可归、四处漂泊的生存样态（成伯清，1999：132），也是具体个人的状态，体现在具体个人身上。理性化制度、契约社会使职场人变成单面人，无视甚至打击人的其他维度。强大的资本力量和理性化制度等系统相结合，将所有现代人都纳入其计算的轨道，人们几乎难以逃离系统力量的控制，必须且只能在被设置好的轨道中打拼才可能生存下去。然而，人毕竟不完全是工具理性之人，人毕竟是有情感、意识、思想、道德、伦理、自由、理念的整全人，因而注定会在工具性的生存中倍感压抑。人性是整体的，不可能也不甘停留在分裂之中。长此以往，有分裂性质的系统注定会制造出大量的抑郁者，使人感到精神迷茫、焦虑抑郁，甚至出现精神障碍、精神分裂等。现代人几乎难以逃脱此类命运。认识到这一点，极少数真正有勇气的个人只能学会自救而不期望被救，至于自渡后渡人则是奢望。当然，认识到这一点，有良知、真知和勇气的社会治理者会群策群力、辨明真理、贡献良策，但这也只是理想或信念。然而，"真理不应该在任何单个的命题中，不应该在有限制

的实证表述中去把握"(阿多诺,2020a:71),这意味着,不应该仅依靠单个命题甚至多个命题的集合来进行改造自我、社会和世界的活动。可见,在社会治理和国家治理中,如果抽象坚持唯物唯心之分、姓资姓社乃至其他各种二分法,就是思想幼稚的表现。正如贝尔所说,"官僚制化的概念不把资本主义和社会主义视为不同,而是视为同一概念的变体;因此,在关于社会发展的问题上,工业社会的概念也把这两种社会制度归入同一标题"(转引自苏国勋,2016:313)。同理,如果以"20年建成世界一流高校"为目标,其结果很可能未必成功,因为"一流本身"不在于各种量化指标,而在于"一种"大学精神或对"人是目的"这一精神的关怀,在追求各种量化指标的过程中这种精神恰恰被遗忘了。所有这些的背后都有钟表时间观念在支撑。

除了神话中的时间之外,西方哲学家早就深究过时间。例如,古希腊人从自然本身方面理解时间,亚里士多德首次系统地论述了时间问题,开创了客观时间的研究方向。奥古斯丁通过审视时间存在、本质和起源,开启了主观时间维度的研究。胡塞尔承继奥古斯丁、康德、柏格森的主观时间学说,接受亚里士多德时间与意识关系的观点,在探究活的当下中阐发了其时间意识现象学。海德格尔挑战了传统的三维"流俗时间",即过去、现在、将来的时间,而追问时间的第四维度,即作为存在的意义的源始时间。对他而言,"过去"不是"不再现成存在","曾在之存在就是过去——这里的实情是:在曾在的存在本身当中我无非就是此在的将来并与此同时也是此在的过去。此在(先行于—自身—存在)由之而能够原本地成为它的那种整体的存在,就是时间"。(海德格尔,2014b:502)因此,包括求职者在内的人类行动者一直都在默默进行着各种前瞻性的准备,他因有自我意识而"先行到未来"(邓晓芒,2019:350)。即便是人们在求职中动用关系,所涉及的时间也不可能是线性时间。例如,求职者在打电话求助时,如何从较多的人选中选出可能予以帮助的人?求助者一定会考虑很多因素，包括二人过去的交往、当前的关系性质、对未来关系的考量、二人之间是否有竞争关系。换言之，他在求助时已经将未来、过去都纳入当下的考虑之中了。如果考虑到对方不能予以帮助，求职者就不会向他求助。这意味着人们不可能随机地向任何一个朋友求助。如果说这是常识，那么很多关系研究恰恰连这个常识都丢弃了，因此其研究结果连常识可能都算不上。

除了这些时间观念之外，在非洲还有一种关于死亡的时间观，它将死亡分为三类。第一类死亡是半死：人身体虽然死了，但不是真死，而只是半死，因为他仍然活在其亲友的心中，还被其亲友纪念着，还有其被纪念的时间。第二种是死灭：当他的亲友好几代人都死掉了，没有人再纪念他，他在时间中不再被记起，就死灭了。第三种死亡是死透，即这个人在历史中对未来已经没有意义了，这是真的彻底死透了。在此意义上讲，为人类进步事业做出丰功伟绩的伟人虽然身体死了，但是其精神永驻，并没有死。这类似于儒家所说的三不朽：立德、立功、立言。"太上有立德，其次有立功，其次有立言，虽久不废，此之谓不朽。"（《左传·襄公二十四年》）有人即便身体灭亡，其精神也垂范百世。就此而言，这样的人并没有逝去。如果再从渔樵的"山水时间尺度"去看历史，那么纷纷之人事沉浮于滔滔之时间中，更有一种沧桑感（赵汀阳，2019）。相反，某些人虽然身体健硕，但是由于其无精神，毋宁说他已经半死不活了。换言之，当下活着的人如果对于历史的未来没有意义，那么他在身体上虽然是活人，但是在精神上可能是一个僵死之人。不过，这样说对于儒家来讲可能有些过头，大多数人无论对于个人自身、家庭维系、组织发展和社会建设都或多或少有其现实和未来的意义。

佛教中有更深刻的并存时间观，它也有别于古希腊以来的西方时间观，因而可以与西方时间观展开对话。宗教学家伊利亚德也区分了神圣时间与世俗时间的概念，揭示出各大宗教及巫术传统中存在的超越世俗生活求神圣永恒的倾向。宗教徒通过宗教节日与仪式"逆出"当下生活的时间序列,去迎接原初神话的再临。在中国佛教的信仰实践中,节日与仪式亦被视为通往神圣时间的道路(王帅,2021)。东方佛教思想中也有一条探究时间现象的线索,它从龙树开始,经由僧肇、玄奘、法藏,下至道元。这条线索阐发心性之体会,最终将时间展示为一个由未来、当下和过去组成的复杂结构,把时间的来源归于"心念"。有学者对龙树、僧肇和法藏的时间观进行了现象学式诠释,辨明佛教时间观嬗变的义理,把握佛教慎思明辨、见道弘远的时间思想,这对当下的自在生命有重要价值(肖德生,2016)。大乘佛教经典《大乘起信论》中也讲,"以四相俱时而有,皆无自立,本来平等,同一觉故"(真谛译,2016:28~29)。也就是说,事物的形状生、住、异、灭在同一时间存在,即"俱时而有",这四相都由一心所成,并无先后之别,没有自己独立的本体,它们本来就是平等无二的,属于同一本觉。尽管佛教哲理不针对具体经验事物,但是可以参照它就具体事项做出类似的诠释。例如,朋友关系也是"俱时而有"的,因每个人自身和双方都互动而"同时"在产生、保持住、变异和灭去。所谓"同时",意味着这四相不随着"线性时间"推移而变化,而在"同一时刻"就如此具备四相,并且这四相中的每一相都不独立存在,即没有自性。当然,佛教哲理中的深刻论述能否用具体经验案例来展示,还是只能用经验背后难以体认的"心"来描述,这是值得讨论的。不过,如果按照西方哲学以及儒家哲学的思想,"朋友关系"本身作为概念和表象就是有自性的,并且朋友中也不是没有"衷情时间","海内存知己,天涯若比邻",能够在精神上相互交流的知己甚至比无法沟通的配偶更重要。

分析上述时间观首先旨在提醒现代人加深对多元时间的认知,提醒自己(包括笔者本人)在计算理性、线性时间的时代勇敢地活出自己生命的意义。这里的时间观要比求职中的时间观更接地气。然而,即便按照线性时间观,格氏名篇中的模型也有内在的矛盾。

三 模型之内在矛盾

"关系传递性"预设实际上不能自圆其说,从三个方面讲,它还有内在的矛盾。

其一,模型的时间矛盾。关系的传递和维持都需要时间。从思辨逻辑上讲,即使不考虑衷情时间,而考虑钟表时间或线性时间,再考虑同一律,那么"关系传递性"预设仍有内在矛盾。首先考虑两个时间点即时刻 1 和时刻 2,假定三个社会行动者 A、B、C 的性质在时刻 1 和时刻 2 之间这个特定时间段内保持不变(尽管这种假定本身不可能成立)。其次考虑格氏潜在地坚持的形式逻辑及其定律,特别是第一定律即同一律 A = A。将二者结合起来可知,坚持抽象同一律就意味着 A = A,即 A 与时间无关,不随着时间而变。这也意味着 A 自身的各个方面(例如其各种属性、性质、认知、情感、观念、网络规模、网络成员、网络活跃度、分别与 B 和 C 的关系及其强度等)都保持不变(且不管这是否可能)。既然如此,如果 A 与 C 先前无关系,坚持 A = A 就意味着 A 未来也不会建立与 C 的关系,因此"朋友的朋友是朋友"便不能成立,即"关系传递模型"及禁现三方关系模型也就不成立。

反之,如果假定 A、B、C 的性质随时间而变,则可以考虑如下问题:既然三方都在变化,那么 A 和 B 所认识的 C 是不是同一个 C?或者说 A 认识的 C 是不是 B 认识的 C?如果是同一个人,则预设了 C 不变,这不符合前面假定的 C 会随时间而变化;如果不是同一个人,那么"关系传递模型"更不能成立,因为这里出现了两个 C,禁现三方关系图中的 C 也一分为二,即先前时间的 C_1 和后来时间的 C_2。

可想而知,A、B、C 每一个都随着时间推移而出现至少两个处在不同时间点的"A""B""C",即 A_1 和 A_2、B_1 和 B_2、C_1 和 C_2。A_1 既不同于 A_2,又与 A_2 有相同之处,二者都属于 A。具有自

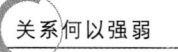

否定精神的 A 在时刻 1 时表现为或自否定为 A_1，在时刻 2 时表现或自否定为 A_2，保持不变的 A 就是 A_1 与 A_2 共同的实体，它保障了 A_1 与 A_2 共属一体且有内在关联。换言之，事情本身是同一与差异的同一，即事情本身在同一时刻，既是同一又有差异，是二者的统一体。同一与差异是事情自身在同一个自否定过程中同时并存的两个不可分割的方面，正如一粒种子发芽的过程"同时"就是否定自身的过程，"同时"就是保持自身又异于自身的过程，也类似于说，揉面团时，面团"凹进去"与手"凸出来"是同一个过程，这不是两个过程，不可能单独研究一个方面，这是"一体之两面"，不应该研究"凹进去"的程度如何影响"凸出来"的程度，前者不是自变量，后者也不是因变量。这里不是什么"二元对立"或"二元论"问题，而是直接破除了"二元论"。"主客体关系"等二元论问题在这里是不存在的。在加入时间的基础上，如果再加入空间，那么禁现三人组会出现更多变形。

这里涉及同一性问题。首先，A 和 B 眼中的 C 是不是同一个 C？要知道，二人分别描述的 C 不可能完全一样，那么他们描述的两个 C 是同一个人 C 吗？如果不是，为什么有差异？如果是，为什么是？是不是 C 本人？其次，任何描述项本身都只是语词或共相，都不再描述语词所对应的物。既然如此，二人分别描述的 C 是 C 本人吗？C 本人何以可能与对他的描述相关联起来？C 本人何以可能存在起来？我们发现，如果说二人对 C 的描述有所重叠，那么重叠的只是这种描述或观念，而并不是 C 这个具体人！

在预设 A、B、C 的性质随时间而变的情形下，还可以考虑人们之间相互认知的变化，至少可以考虑每个人对自身的认知即自我意识的变化、每个人对对方的认知的变化、每个人对"自身与他人间关系"的认知的变化、每个人对另外两方之间关系的认知的变化等。例如，A、B、C 各自有对 C 的认知，这些认知不等于 C 本身，也不等于 C 对其本身的动态的整全认知；每个人又同时是两个人，即意识和自我意识或主我与客我；每个人还应意识到并反思他本人对对方的认知、对方对他本人的认知，他本人对"对方对他本人"的认知的认知等。当然，这里还存在着信息遮蔽的问题，涉及 A 眼中的 B 眼中的 C 及其变化，B 眼中的 A 眼中的 C 及其变化，C 眼中的 A 眼中的 C 及其变化，B 眼中的 C 等非常多交互关系中的认知等。另外，任何行动者对自身、对他人，以及对他人之间关系等的认知还存在着可说与不可说的维度。A、B、C 各自除了台前可说的属性之外，还有幕后难说出来的性质，包括伦理、道德、义务等，更有根本无法言说的自身，或许正如维特根斯坦所说，"一个人对于不能谈的事情就应当沉默"（维特根斯坦，1985：97）。

如果考虑到这些错综复杂的现实关系以及每一方对自身、他人及各类关系的认知，就会发现任何两人所认知的第三方都不可能是同一个人，也不可能完全不是同一个人。A 和 B 所描述的 C 不可能完全一致，二者眼中根本不存在共同的 C。这意味着"关系传递模型"以及由此推出来的"禁现三方关系模型"不可能成立。

由这种思辨可见，如果坚持常识思维（知性思维、线性思维）或固守抽象同一性，再考虑线性时间（更别说衷情时间、存在论时间了），那么格氏名篇的基础预设"两个人各自的朋友网重叠程度随二者之间关系强度而变"就自相矛盾了。既然这个基础预设不成立，那么据此得出的推论和结论就失去了坚实的根基，因而不是什么颠扑不破的科学结论！

其二，自我意识的矛盾。即便不考虑线性时间，而考虑关系的内容，也依然会发现关系传递模型有悖论或内在矛盾。可以考虑的内容非常多，这里分析一个重要的基础内容，即每个行动者本身必然有自我意识，这也必须是关系传递模型（乃至几乎所有包含社会行动者的社会科学模型）的前提预设。格氏没有明确地指出这个预设，当然也无需指出这一点，因为社会科学研究中的

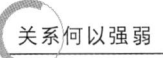

人都必须有自我意识,这无需明说,更不用怀疑。① 无需证明,各个行动者根本不是"无动于衷""无反思能力"的一般动物,而必然是拥有自我意识的社会行动者。② 同样,任何求职者在求职过程中都离不开自我意识和反身性,离不开其自身的内心对话(internal conversation)。然而,如果按照形式逻辑,那么"自我意识本身就是悖论"(邓晓芒,2019:210)。因为自我意识就是我把自己当成对象,意识到自身,类似于"自己拔自己的头发将自己提起来",而这是不可能的。自我意识本身之所以是悖论,原因离不开事物的同一性。然而这只是形式逻辑意义上的抽象同一性,还不是辩证逻辑意义上的有差异的同一。如果按照辩证逻辑,自我意识就不算是一个悖论,因为辩证逻辑坚持事物的变与不变在事物自身的统一。也就是说,虽然自我意识表面上是悖论,但是这种悖论可以通过不断加入越来越丰富的内容而得到缓解。这就需要不断教化、不断修行和认知的过程,这种教化有助于人认识自身及他者。例如一个人在关系运作前后,既是同一个人又不再是同一个人,变与不变并举。格氏只预设了不变,无视变,这也是他理论的缺陷。格氏本人在发表此名篇后"变成"一个更有名的社会学家,但也可以说他"没变",因为他仍然是格兰诺维特!

这种对"自我意识"的分析比心理学"周哈里窗"对意识的分析更深刻。1950 年代,心理学家乔瑟夫(Joseph)和哈里(Harry)从自我概念角度对人际沟通进行了研究,并根据"自己

---

① 不过,每个人是否都有"真正""整全"的自我意识,这一点在哲学上仍然是可以怀疑的。人的自我意识并非先天形成的,而需要经历长期甚至痛苦的教化过程。自我意识本身意味着什么?它有怎样的结构?如何提高自我意识?自我意识如何发展?它与社会意识等有何关联?这些都是重要问题,对这些问题的精彩回答在《精神现象学》(黑格尔,2017a)之中。鉴于社会科学(心理学除外)普遍预设了自我意识的存在而很少追究其含义,这里也不再讨论。

② 行动者网络理论(Acter Network Theory,ANT)也将现实之物(如金钱、地位、制度等)视为社会行动者,但是我们不能认为金钱本身具有自我意识,毋宁说它反映了与金钱有关的社会行动者的自我意识。ANT 有一定道理,但是也引起一定争议。

知道、自己不知"和"他人知道、他人不知"这两个维度,依据双方对传播内容的熟悉程度,将人际沟通信息划分为四个区:开放区(面对公众的自我塑造)、盲目区(被公众获知但自我无意识)、隐藏区(自我有意识在公众面前保留)和未知区(公众及自我两者无意识),这就是周哈里窗(Johari Window)(见图2-1)。

	你了解自己	你不了解自己
他人了解你	公开的自己	盲目的自己
他人不了解你	隐藏的自己	未知的自己

图 2-1 周哈里窗

周哈里窗不单涉及自己对自己的认知,更涉及人们之间在多大程度上有对世界的共同认知。例如,"盲目的自己"也是"盲目领域",代表自己不知道但别人知道的部分,即"当局者迷旁观者清"的部分。不过,"未知的自己"既然未知,也就不应当算可知的自己了。

周哈里窗有一定局限性,据此可以继续思考一些问题:交友中的一方对自己、对对方以及对"对方所认知的自己"的认知分别处于哪一象限?相互了解处于什么层次?追问这些问题,可以对"朋友关系传递性"有更深的认识。比如,前文已经指出,一个人在求助时不可能随机打电话给朋友,而是必然在抄起电话之前就有诸多考量,即对对方是否提供帮助有所预判,这里就涉及二者之间的相互认知,也涉及A方对"B方对A方的认知"的认知。如此看来,周哈里窗可以有很多变化。当然,这种对自我—他人相互了解的认知仍然未触及自我意识内在的矛盾,即没有哲学对自我意识的分析那样深刻。例如,你是否了解"自己不了解自己"?这是更深的反思,至少涉及立体的三个维度,很难用周哈里窗这个二维图表刻画出来了。

哲学对自我意识的分析还不同于社会心理学和怀疑心理学。可想而知,自我意识、生活世界中充满了错觉、猜想、推测、偏差与秩序，人际关系中更是如此。人具体如何认识自己，如何解释世界，取决于人与世界的关系以及如何寻找事物之间的联系。在认知过程中，常人的大脑会不断筛选信息，试图从中寻找规律、联系和意义。当然，常人的思维更会偷懒或投机，经常被假象、虚假信息所迷惑，经常给出错误的、虚假的判断和命题，常人的思维并不完全是计算的理性思维，而充满了各种非理性成分。人类大多数行为并不起源于逻辑推理，而起源于情感（帕累托，2010），其中非理性成分有其现实的视觉错觉作为其基础。比如，1889 年，德国社会学家弗兰兹·卡尔·缪勒－莱尔（Müller-Lyer，1857~1916）提出了缪勒－莱尔错觉（Müller-Lyer illusion），它告诉我们，大脑会对某些实存事实给出错误反馈：两条等长的线条因两端箭头的朝向不同而看起来有别，箭头朝内的线条看起来比箭头朝外的线条要短些。（如图 2－2 所示）

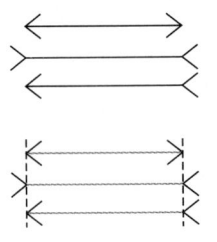

图 2－2　缪勒－莱尔错觉

在观看图 2－3 时，你的大脑会勾勒出三角形的轮廓，但事实上该图根本没有三角形，我们"看到"的三角形是由我们大脑解析出来的；不是我们用眼睛看到，这是楔形物和角度造成的错觉。这种错觉是由意大利心理学家卡尼萨（Gaetano Kanizsa）于 1955 年发现并命名的，这一图形被称为"卡尼萨三角"（Kanizsa triangle）。卡尼萨三角会让我们看到根本不存在的东西，这意味着眼见未必实、耳听未必虚，每个人的认知、观察都有可能存在错误，包括对各种关系的认知也都有可能存在错误。当然，按照康德的知识论，每个人看到的东西是感性杂多和先天知性范畴综合作用的结果，物自体不可知，因而也观察不到。换言之，我们看到的东西是存在的，不存在的东西我们根本看不到。因此，从心理学角度讲，每个人的认知、观察都可能存在错误，而从哲学认识论方面说，每个人的理性认知、理性观察都有其界限，但这并不算误区。可见，按照怀疑心理学，人们很容易受视觉错觉的影响，更容易受思想错觉的影响，从而根本无法认知事情本身。联想到"关系传递性"，我们可以借鉴怀疑心理学的研究，探讨交友时双方如何相信、怀疑、错觉地认知对方等等。然而，人类一思考，上帝就发笑，每个人都有"确认性偏差"倾向：人们一旦形成某种信念，就会有意识地寻找支持该信念的证据，有时甚至会扭曲新证据以便支持其信念。

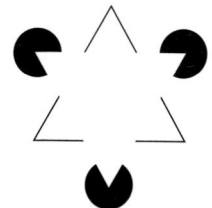

图 2-3　卡尼萨三角

总体上讲，怀疑心理学认为有三种方式会扭曲人们的思维。第一，正面检测。只能发现想要发现的证据，只会寻找与自己的前见相符合的证据，对于不符合的证据则漠然视之。现象学家对此早有认知。第二，偏见同化。当下的证据强化了原来的观点，人们都会根据既有相信的观念去解释模糊不清的事情。第三，逆火效应。正确的事实加强了对原来错误观点的信心。常识思维、知性、抽象理性总能让人们找到理由去做其想做之事，包括交友。人们的言行总是有理由的，但是人们很少反思理由背后的理由何在，背后的理由可能在于现代人的各种公理化演绎系统。

心理学只论及意识以及自我意识可能拥有的局限。然而，从哲学上讲，我只有意识到自身，才能把自己当成对象。这显然是一个循环论证，形式逻辑学家不讨论它并认为它的确是一个悖论，很多社会网研究者、关系社会学家也不关心。一个简单的证据是，在朋友关系数据矩阵中，对角线上的值对应着社会行动者与自身的关系，但是它通常被社会网研究者设定为0或缺失值，即默认它不存在，这相当于说行动者不将自己视为自己的朋友，不存在帮助自己的问题。这的确可以理解，因为常识语言较少说自己帮助自己，而较多声称帮助他人或得到他人帮助。然而，常识不是真知。即便在日常的互帮互助中，有自我意识之人也会扪心自问：这个人是否值得帮助？实际上，常识语言中仍然充满了大量表达人们自助的话语，比如己欲立而立人，己欲达而达人；为仁由己，而由人乎哉；天行健，君子以自强不息[1]；自力更生、艰苦奋斗；走自己的路；有自己的主见，不依赖他人；独立自主；自力谋生；自食其力；自给自足等。反过来讲，很多人遇到问题时却很少从自身找原因，都觉得自己冤屈，殊不知酿成苦果的最重要的因素之一恰恰可能是自己，这就是所谓的"自作自受"。一个人如果不能自立，而是只期望得到他人的帮助，终究不会过安稳或幸福的日子。他人"帮一时但不能帮一世"，这就是生活的常识，然而在关系社会学研究中，恰恰可能忽视这样的重要常识。就此而言，很多社会网、社会资本、关系社会学研究结论甚至连"常识"都算不上。现实生活中自立是基本维度，学者眼中只关注帮助他人或得到他人帮助，看不到自立的维度，所以才没有收集自己帮助自己的数据，即看不到自助的可能性。就此而言，研究者提出了什么假设，调查结果就会出现什么结论。用常人能理解的语言来说就是：要啥有啥，想啥来啥。

---

[1] 《易传》中虽然讲"天行健，君子以自强不息"，但要注意，"天行健"在先，"君子以自强不息"在后。换言之，君子自强不息是有前提的，即要首先坚持天道规范，跟得上宇宙的步伐，然后才自强不息，这里不要有什么创造，不要发挥个人能动性（参见邓晓芒，2019：170）。

如果将事物自己与自己的关系或自助关系用图来表示，即从自己出发画出圆形，箭头最终指向自身，那么这种图实际上也只是表明自己在某个特定方面的自助关系，而不可能是比较全面、全体的自己与自己的关系。换言之，事情自身对自身的自否定关系是无法用图表示出来的，这意味着任何图形、图表、表象等都有内在不可克服的局限，任何图画、图形都是对事情本身的单方面切割，而不再是事情本身。社群图更是如此，画图者通常没有意识到这一点。在画出社会关系图时，图中交叉重叠处是具体的现实人还是其专名，还是现实人的某种具体属性，或是具体属性的某种代码？同样，图中的线代表真实的具体关系，还是对关系的符号表示，还是对符号的数字表达？需要注意的是，针对对象所表达出来的任何符号都不可能是被表达的对象本身。

其三，同一律自相矛盾。即便不考虑内容，抽象的同一律本身也蕴含着矛盾。同一律的意思是说，一切东西都是自相同一的，即 A = A，其否定的说法是：A 不能同时既是 A 又不是 A。但是，由于一个命题必须说出主词与谓词之间的差别，即必须说出 A = B，而不能说主词就是主词，这意味着不能说 A 就是 A，因此，同一律本身的形式就已经自相矛盾了（黑格尔，2002：221）。换言之，只要说话，或只要不说同义反复的话，就已经违背了同一律。如果不想违背"同一律"，就应该说"同一律就是同一律"，但是人们在表达同一律的含义时，不可能这样表达，而是要说诸如"同一律是形式逻辑第一定律""同一律指的是概念或判断与自身保持同一或一致"，而这种表述违背了同一律。因为我们可以将"同一律"设定为 A，将"形式逻辑第一定律"设定为 B，那么"同一律是形式逻辑第一定律"表达的就是"A = B"，这就直接违背了"A = A"，一旦表达同一律，就陷入自相矛盾。

同一性为什么出现矛盾或悖论？原因在于常人理解的同一性只是抽象的同一，并不是哲学家所论及的具体同一性。抽象同一背后是线性思维，它排斥了反身性思维，不接受辩证思维，排除了"自助"的可能性。换言之,问题出在研究者本身,而不出在研究对象上,因为他坚守线性思维。大多数研究者虽然正在体验着各种苦楚、痛苦和否定性,但就是不将其体现在自己的研究之中,而是无视之,面对活生生的世界却视而不见。然而,痛苦和否定性恰恰是辩证思想的驱动力量。如果对痛苦、悲剧等视而不见,很多研究就会错失辩证思想。相比之下,按照形式思维,我们只能说"时间不变"或"时间变化",但是绝不能说"时间既变又不变"。然而,按照辩证逻辑,我们完全可以这样说,并且生活世界中的时间的确就是这样的。

所以,形式逻辑的"同一性"或"同一律"是抽象的,不是辩证逻辑中的"同一"。坚持辩证逻辑的同一性,即意味着"同一与非同一的同一"或"同一与差异的同一",而不是抽象的同一即 A = A,这就要求"不要把真正的、在自身中包含着被扬弃了的存在及其规定的同一与那种抽象的、单纯形式的同一混淆起来"(黑格尔,2002:222)。也就是说,对于事物本身来说,同一与差异不是互斥的。例如,法律中的类推问题就涉及"同一"与"差异",二者最终可归结为黑格尔所谓的"理念"。从法律思想史上考察"同一"与差异的问题,我们会发现与哲学史上相似,但更为具体的进展是:从原始社会发展到概念法学再到耶林,最终归结于拉德布鲁赫"法的理念三方面"的统一。这表明,法律的生命恰恰在于基于理念所产生的总体对"同一"与"差异"这种对立的扬弃(钱炜江,2013)。

在一般意义上,如果将 A = A 或"A 是 A"看成是动态过程,即将"是"看成"是起来"的过程,就可以破解知性思维下自我意识的内在矛盾。就个人来讲,一个人认识自己、实现自身的过程就是一个"是其所'不是',不是其所'是'"的过程,即"是起来""在起来"的过程。这中间一般要经历艰难险阻!不经历艰苦事件,人们通常就不会更清楚地认识一个人,也不会清醒地认识自己。这与投入的线性时间不完全呈正相关。当然,道可道,非常道，一个人不大可能完全认识另外一个人，认识他者和认识自己都是过程性的！

抽象的同一律就是同义反复，没有意义。当然，加入了内容的同一律就不再是抽象的，而变成具体一些的同一律。例如，通常来讲，重复讲话的意义不大。然而，如果考虑到时间、空间或其他内容，那么重复讲话就未必没有意义，而是有新的意义，甚至可能意义重大，因为这样的重复讲话实质上不是重复的讲话。丈夫每天对妻子说"我爱你"，虽然这句话初始说时是重复的、抽象的，但是完全重复的这句话会随着时间推移而富有内涵。同样也可以想象，在中国的婚姻场域中，如果一对夫妇婚后长期不说"我爱你"，一旦一方突然说这句话，对方会怀疑说此话的动机。孩提时代、青年时代、初婚时会说"我爱你"，到了夫妻老年时如果再说同样的话语，意义就会深刻得多。因此，当事人表面上每天可能重复此话，却会随着时间推移而在悲欢离合中越来越体验到其深意。就此而言，形式逻辑同一律才被赋予辩证逻辑的深意，也因此更接地气。

黑格尔等德国哲学家批判抽象的同一。黑格尔认为，哲学便是对同一性概念的研究。他继承并改造了谢林的同一哲学，试图在辩证法中将抽象的同一提升至具体的同一。辩证法"两种否定"的统一性源于"概念"自身的同一性（黄伟，2018）。在《论费希特与谢林哲学体系的差别》中，黑格尔表明，康德、费希特等的理性主义哲学将存在的根据和世界的可理解性归根于一种同一，然而这种同一是通过否定差异和矛盾而达到的抽象同一，它将主观理性的空洞统一当作绝对，将鲜活而统一的理性变成僵死且对立的知性，进而导致理性自身的异化和时代教化的分裂。黑格尔扬弃了知性反思所产生的对立，揭示出理性自身的二律背反所具有的积极意义，将矛盾与差异转化为理性同一性的内在原理，使知性丰富起来成为真正的理性（罗久，2020）。

黑格尔对谢林的批判未必完全成立，因为谢林也批判黑格尔

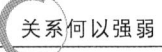

的同一哲学，并质疑任何一个判断的真正意义。比如，"A 是 B"这个判断的真正意义在于：那是 A 的东西，也是 B，或者说，那作为 A 存在的东西，也作为 B 存在。任何一个判断都有一个活生生的纽带，谢林称之为 X，它是 A 和 B 的基础，凌驾于二者之上。但是这个 X 本身既不是 A 也不是 B，它永远是彻底的主体，而绝不可能成为任何他者的谓词，因此，它是绝对主体（先刚，2008：16）。换言之，因 A = X = B 的存在，才有 A = B 的存在，A 和 B 依靠超越了 A 和 B 的第三方 X 而得到同一。

哲学思想之间没有简单的高下之分。虽然谢林批判黑格尔，但是黑格尔的同一性概念仍然有重要意义，因为它是同一与差异的同一，能够将事情本身的同一和差异同时纳入事情本身之中。不过，这种做法在某些哲学家眼里有些霸道，因为它毕竟还是将差异同一掉了，还是忽视了差异。阿多诺则倡导非同一性哲学，在阿多诺的否定辩证法之中，非同一性将是"事物自身的同一性反抗其同一化"，这种同一性只是断言，覆盖它的概念必然是不充分的。事物拥有超出同一化形式所要求的同一性，即"事物必须拥有一个不同于它因属于某一类而获得的同一性；也就是说，它必须拥有一种不同于概念赋形所提供给它的认识内容"（休恩编，2018：39）。在此意义上讲，阿多诺并非简单地忽视黑格尔的同一性概念和同一性哲学，而是在承认同一性的同时，特意强调事物自身拥有的非同一方面。

总之，本章认为，关系具有传递性这个预设本身有很多问题，它预设了线性时间，而线性时间不完全符合现实世界中的时间，现实世界中存在着多元时间观念。另外，该预设还建立在同一性的基础上，而同一性在现实中恰恰并不成立。因此，格氏建立在这个预设基础上的很多研究结论并不成立。然而，这些分析还没有涉及"弱关系促进社会凝聚"这个命题的逻辑实质，这就是下一章将探讨的内容。

第三章　凝聚外在于关系

格兰诺维特批判了经济学甚至社会学对人际关系与社会网络的忽视，的确做出了重要贡献，让学者（而非"常人"）认识到"弱关系"有其优势。他给出的"弱关系可以帮助求职者找到好工作、传递信息""社会网络可以沟通微观与宏观"等每一个命题都是"弱关系的优势"命题的一个子命题，这些命题在社会学，特别是社会网分析、社会资本领域几乎已成为定论。然而，如果认为真、真相或真理是总体或全体，那么深究起来会发现这些"发现"仍然只是"常识"，可以说它们是"正确"或"对的"，但还不能说是"真的"，因为它们遮蔽了很多问题。

例如，仅就"弱关系促进社会凝聚"这个命题来说，无需深思即可知，还有很多重要"因素"或"力量"可以整合或凝聚"社会"，那么"弱关系"在这些因素中居于什么地位？这是需要讨论的。另外，这些发现对于研究者本人的知识积累、职业晋升、学科发展等或许是重要的，但是它们对于研究者本人的其他方面、常人的具体求职、现实社会的整合凝聚等未必那么重要，因为严格地说常人的生活与这些发现本身几乎无关，社会的整合或断裂与弱关系本身只有外在的、非必然的关联。当然，这样说并不简单是批判格氏的发现，也不意味着与常人有关的研究发现才重要，而只是反思研究发现的意义到底何在。实际上，判断一项研究发现是否有重要意义的标准未必完全涉及常人和常识，有意义的研究有其自身的科学标准。反过来讲，即便常人认为一项研究很重要，也并不能证明它真的重要。常人可能认为某项研究发现与他自身息息相关，实际上这项研究未必与他息息相关，常人之所以为常人，恰恰在于他看不清事情本身，并且常常自欺欺人。然而，常人通常不知道自己自欺，因为常人很少深思。常人的意见通常不能作为判断一个命题真假或是否有意义的标准。甚至多数学者在阅读《弱关系的优势》一文后都误解了该文，也误识了自己，误以为该文的发现与自己的求职息息相关。动用了关系找工作的常人也几乎都认为自己的求职与"关系"关系密切，实际上未必。推而广之，很多看似成立的命题或发现通常只是未经论证的常识，很多看似深刻的论断未必给人以深刻的、能带来启示甚至变革的知识。本书反对此类"常识"，本书的某些违背常识甚至有点大逆不道的论断更能促进人们深思。当然，如果说发现对于经济学有重要启示，那可能说明某些经济学研究未深思这一命题或发现。

　　常识或熟知的东西通常不是真知，因而仍需要批判和思辨。严格地讲，如果不辨析"社会""关系""网络""沟通""微观""宏观"等概念，就仍然未必清楚格氏名篇中相关论断的含义，也不会洞悉此类命题的本质及局限。鉴于要辨析的概念、命题很多，为方便起见，本章仅分析"弱关系促进社会凝聚"这个命题内在的逻辑非真性。为此，首先论述有哪些因素（包括关系）及其如何影响社会凝聚，关系在其中居于什么地位；关系又可能产生哪些影响（其中之一是促进社会凝聚，而促进社会凝聚又有边界条件），关系和社会凝聚之间如何可能有本质的必然联系。相关研究成果众多，本章无意于也不可能全面梳理这些成果，而只希望通过展示少数成果，旨在揭示格氏命题中的逻辑缺陷，论证"弱关系促进社会凝聚"命题本身只是在"弱关系"和"社会凝聚"之间建立一种外在的联系罢了。这种辨析和比较分析的目的是扩展对"弱关系""社会凝聚"的认知，破除对"弱关系的优势"命题的膜拜，洞悉该命题本身的逻辑局限性。本书通篇关注的是逻辑问题，具体的实证研究和经验研究并非本书的关注点。至于还有哪些因素影响关系,以及社会凝聚又可能产生哪些影响,这里只点到为止,而没有必要深究下去。

下面首先简要论述社会理论家、社会学家如何论述社会凝聚,哪些现实力量可以促进社会凝聚;然后探讨一般关系及弱关系可以产生哪些影响,哪些因素又可能影响关系;最后,将二者结合起来,会发现弱关系和社会凝聚之间如何被人为地建立一种外在的关联,"弱关系促进社会凝聚"因而无非只是一种常识性说法罢了。

一 影响凝聚的因素

社会理论的核心任务之一是解释社会秩序和社会凝聚。近代以来,有关怀的社会理论家都忧虑一个问题:如何促进现代陌生人社会的整合,实现社会团结。社会整合(social integration)、社会团结(social solidarity)、社会凝聚(social cohesion)在概念上稍有差异。社会团结通常指人们认同并支持其所在群体的成员,通过一定的社会纽带相互结合在一起。涂尔干认为,社会团结是一种建立在共同情感、道德、信仰或价值基础上的个人与个人、个人与群体、群体与群体之间相互结合或吸引的联系状态,集体意识是社会团结的精神基础。社会整合关注的是秩序问题,指协调社会各部分之间的冲突,使整个社会有序运行的过程及结果。社会凝聚通常指人与人之间因社会的和文化的共同价值、观念或义务等而彼此紧密联系的情形,与团结相比,凝聚更强调人与人之间情感联系的紧密性。至于这三个概念之间更具体的差异和联系,这里不予深究。

在解释社会凝聚的时候,社会理论家、社会学家各有其解释方式,而阐释社会凝聚的理论又区别于现实的凝聚力量。社会学家对"凝聚"的探讨不同于社会理论家的深究,更有别于思想家、哲学家的思辨。社会学家主要从中观角度关注社会凝聚,社会理

论家则关心社会凝聚的宏观含义或基础意义,哲学家有关凝聚和社会凝聚的洞见则来自其对凝聚概念的深刻思辨。下面简要论述社会理论家和社会学家的探讨,下一章专门探讨哲学家的有关论述。

(一) 社会理论家的探讨

广义地讲,古典社会理论家都关注"社会整合""社会秩序""社会凝聚",其相关思想可以扩展我们对"社会凝聚"的认知,使我们不只从"关系"角度探讨社会凝聚。

在社会学领域,社会学三大家马克思、韦伯、涂尔干从不同角度探讨现代性、世界的分裂与整合的可能性。埃利亚斯、齐美尔、帕森斯及法兰克福学派社会理论家也都直接或间接、正面或反面地探讨过社会整合、社会团结、社会凝聚以及微观—宏观的联结等问题。

马克思将人类有文字记载的历史都解释为阶级斗争的历史,将资本主义发展的动力之一解释为无产阶级和资产阶级的斗争。马克思从生产力和生产关系角度,关注两大阶级的对立或冲突及由此造成的社会分裂。他指出,随着机器推广和分工加剧,无产阶级人数增加,且结合成更大的集体。"机器使劳动的差别越来越小,使工资几乎到处都降到同样低的水平,因而无产阶级内部的利益、生活状况也越来越趋于一致。资产者彼此间日益加剧的竞争以及由此引起的商业危机,使工人的工资越来越不稳定;机器的日益迅速的和继续不断的改良,使工人的整个生活地位越来越没有保障……他们联合起来保卫自己的工资。……工人通过结社而达到的革命联合代替了他们由于竞争而造成的分散状态。"(马克思、恩格斯,2014:36,40)换言之,工人阶级之所以能凝聚或联合,是因为他们同处于被控制、被剥削的地位和状态,朝不保夕,而不是因为有什么弱关系。在被控制的状态下,工人们普遍处于异化状态,但工人可能因同处于被剥削的状态而容易形成凝聚力,但前提是要有一定的组织动员和意识形态鼓动。劳动分工是异化的原因之一，另外一个原因是私有产权的存在，它会在社会主义中被淘汰。

马克思指出，工人阶级生产出商品，商品形式却把人劳动的社会性质转变成劳动产品的物的性质，把生产者同总劳动的社会关系转变为物与物之间的社会关系。这种转换使得劳动产品变成商品，成为既可感觉又超越感觉的社会物。劳动产品一旦变成商品，人们的社会关系就采取物与物关系的形式，这类似于逃到宗教幻境之中，即类似于拜物教，它使得人与人之间本来温情的关系出现质变。这些质变都离不开资产阶级和无产阶级的对立。马克思认为，只有无产阶级联合起来反抗资产阶级，建设理想的联合体，扬弃分工，才可能克服分工中的异化和人的异化，使人获得解放。马克思早期强调人的感觉、思想和精神上的解放，后期则强调只有否定资本主义私有制才能解决人和人的社会整合问题，因为自由资本主义已经破产，不具有实现个人和集体自由的理性潜能。人类的历史任务是通过革命加速它的灭亡，早日实现共产主义（汪行福，2017）。在共产主义联合体中，每个人的自由发展是一切人的自由发展的条件。

马克思的思想产生了巨大影响，它在理论上武装了全世界无产阶级。问题在于，如果仍然从两大阶级的对立方面来描述历史及其进程，就仍然没有走出二元对立的格局。时过境迁，今人更清楚地看到，在完成了阶级斗争、无产阶级革命之后，当代民族国家和抽象社会仍然处于工具理性和官僚制统治之中，寡头统治铁律（iron law of oligarchy）（米歇尔斯，2003）无法打破。当然这不是对马克思的批判，因为他与韦伯一样，早就认识到官僚制的问题，"官僚机构认为它自己就是国家的最终目的。既然官僚机构把自己的'形式的'目的变成了自己的内容，所以它就处处同'实在的'目的相冲突。因此，它不得不把形式的东西充作内容，而把内容充作形式的东西。国家的任务成了例行公事，或者例行公事成了国家的任务。官僚政治是一个谁也跳不出的圈子"（转引自苏国勋，2016：310~311）。在工具理性盛行的社会中，各类"关系"变得僵化、冷漠、陌生甚至互斥。为何如此？可从"阶级"概念加以解释。有学者认为阶级概念是悖论性的，它既是一个实体，也是一种幻象。"在某种意义上可以很明确地说，没有一种叫'阶级'的实体：任何尝试着将形形色色的人群划入某个单一概念之下的做法，将首先无法避免错误的指认。然而，与此同时，这种错误的认同在日常生活中不断上演，仅仅意识到它的错误之处也并不能就此轻易地祛除掉它。"（休恩编，2018：104）马克思的辩证法不能达到解释的目的，因为它枯萎并走向停滞（休恩编，2018：31）。马克思设想，未来的共产主义社会可以扬弃私有制的阶级对立和异化劳动，从而消除人的异化。马克思的思想能够给人类社会以美好设想，如果没有这样的理想，人类的生活会更暗淡无光。然而，它仅仅是理想，在金融资本主义时代，如何接近这样的理想，仍然需要后人在智识、智慧、思想和实践上的继续革命和不懈努力，这一途中注定要上演血雨腥风，因为阶级"对立"几乎难以被扬弃。

法兰克福学派第一代学者追随马克思，也揭示了工具理性对于社会整合的副作用，强调用否定辩证法、感觉的解放、爱欲的解放等来克服这种副作用。哈贝马斯认为，不能简单地否定工具理性，而只能否定工具理性对于文化领域产生的副作用。他期待通过理性交流构建社会规范体系，并借此实现社会整合。霍耐特则认为，我们不仅需要规范体系，更要在对每个人的特殊承认中实现社会整合（王晓升，2019）。很多学者批判法兰克福学派学者的思想不能解决现实问题，但笔者认为思想本身不旨在解决现实问题，而真正解决现实问题通常要思想先行。

韦伯从理性化方面探讨官僚制的两副面孔，从官僚制的社会控制角度反面地探讨社会凝聚。韦伯一方面认为，官僚制在现代生活中有命定性（fatefulness）或不可避免性，官僚制在各个领域都有推进，这里不分姓资姓社，甚至"如果社会主义取代了资本主义，那么对官僚制的依赖不仅不会降低，反而会有所增加"（林格，2011：247）。在权力分立的格局和宗教情感的感召下，资本主义国家的官僚制更接近官僚制的理想型或本真含义，包括合理的分工或每一职位均有特定的权责范围；依照规程办事；组织管理的非人格化，即公私分明，对事不对人；合理合法的人事行政制度，任人唯贤，注重实际，依法办事；政治与行政二分，即政治领域与行政领域相区分，行政应独立，追求行政管理的客观化、理性化和科学化，即在行政公务中排除政治性因素等等。另一方面，韦伯又以否定的态度刻画官僚制，认为现代社会中的人处于理性化铁笼或钢铁般坚硬的外壳中（韦伯，2010b：117），官僚制压缩人的自由空间，其中人与人之间是工具性的关系，人们受制度的规制而相互竞争，缺失了相互关心和温暖。另外，现代国家犹如工厂一样也是一种经营，私人企业办公室中的非体力劳动者与政府办公室里的脑力劳动者从根本上是一回事。现代资本主义的经营主要依靠的是计算，并以一个合法的行政系统为前提。"一个至关重要的经济事实是：劳动者与物质的生产手段、毁灭手段、行政手段、学术研究手段以及总的来说与财政手段的'分离'，乃是现代国家——就其政治、文化和军事领域而言——与私人资本主义经济的共同基础。"（韦伯，2010a：1561~1562）在这样的国家中，社会何以可能有机地联结和凝聚起来？韦伯站在国家主义和自由主义立场，反对马克思所倡导的社会革命，也反对马克思把社会发展的所有原因都还原为经济原因。不过韦伯对马克思有误解，因为马克思并没有这样简单的经济还原论思想，马克思的《1844年经济学哲学手稿》是在韦伯死后20世纪30年代发表的，其中对异化劳动、私有财产关系和共产主义的论述都超越了还原论思维。韦伯不倡导革命，其观点有些悲观：理性化组织因其工具理性而很难真正凝聚人心，反倒恰恰使人离散开来。理性化、官僚制中铁的牢笼不是凝聚，而是控制。换言之，他没有抽象地论述凝聚，而是将控制与凝聚结合起来进行论述。

涂尔干从劳动分工角度等探究社会团结、社会凝聚以及个人与社会的分裂。他探讨的是，什么样的纽带联系可以将原子个人结合成一个有序的、团结的社会（涂尔干，2005：12）。如果说传统社会是建立在个人相似性和社会同质性基础上的机械团结社会，那么在发达的分工社会中，人们的职业已经专门化，有机团结则建立在社会分工和个人异质性之上，人们体验到相互依赖、团结感和自己与社会的联系感。机械团结是一种简单的前工业社会的社会凝聚形式，有机团结则是在现代社会（西方资本主义民主社会）中演进的一种比较复杂的凝聚形式。涂尔干认为，社会分工使得个人摆脱孤立状态，形成相互间的联系。"有了分工，人们才会同舟共济，而不一意孤行。只有分工才能使人们牢固地结合起来形成一种联系，这种功能不只是在暂时的互让互助中发挥作用，它的影响范围是很广的。"（涂尔干，2005：24）总之，他的《社会分工论》认为，劳动分工的首要功能是促进现代社会的凝聚，因为分工可以促进人们之间的相互依赖。

涂尔干认为，社会分工越发达，人们越相互竞争，在感受到与社会紧密联系的同时，更感受到与社会的疏离。如此看来，劳动分工并不能产生社会团结或社会凝聚，因为分工越发展，人们越陷入孤立，越缺乏恰当的关系规则，这样的分工就是失范的分工。他在承认城市生活会带来非人性、异化以及潜在冲突的同时，也相信城市中的有机团结要比传统社会中发现的机械团结更可以作为深层社会凝聚的基础。因此，在分工的、有机团结的社会中，"原子个人"变成了"不完整的人"，个体非但难以自保，反而沦为社会的"傀儡"（李猛，1999a），被解放的"个人"反而被社会宰制，个体的人格被削弱（涂尔干，2005：360；孙帅，2008：82）。

涂尔干在《自杀论》前言中指出，"每个社会都倾向于促成一定量的自愿死亡"。有学者认为，涂尔干没有意识到自己应感谢黑格尔，因为他的自杀研究就是一个在"本质逻辑"中"形式自由"（formal freedom）的绝佳例子（Abazari，2020：186）。有人认为只要自己自愿自杀,自己就是自由的,但实际上这种自由只是机会或偶然的结果。笔者认为这种观点可能误解了涂尔干,因为涂尔干并不关心具体个人的自杀和自由,而关注作为社会事实的自杀率。如果考虑到诸多因素(社会整合水平、失业率、社会和经济的动荡、个人的失范和迷茫等),那么在给定时间的一个给定的社会中必然有一定数量的自杀者,这就是独立于个人而存在的"社会事实"。在集体意识中,社会凝聚的原则被看成是不可推出的和绝对的,即独立并先在于人的主观意义和行动(Rose,1981:213)。问题在于,如果说集体意识是从个体之间涌现出来的,不能还原到个体意识,那么二者是什么关系?个人在集体意识中何以可能保持自己的自由?如果说个人自杀的自由有偶然的成分,那么其自由何以可能实现?可见,涂尔干认识到了集体意识的超验性,但是仍然在一定程度上预设了集体与个体的对立。

涂尔干曾经预测,现代社会中会出现不断分化的专业的科学共同体或职业群体,它们可以作为团结个体的纽带,解决现代社会的失范问题。然而,现代法人团体本身恰恰无力将社会整合起来,因为它本身就面临诸多难题,如职业生活局限性、职业群体异质性、社会的技术控制及个体逃逸等(渠敬东,1999)。涂尔干后期发现,现代人固然热切盼望普遍个人、正义、和平相处等,但这些都是抽象的伦理和道德,无关乎现实中具体个体的生存情感,恰恰会导致冷漠与无情。

涂尔干更关注宗教对于社会凝聚的作用。在古典社会学中,宗教社会学主要关注两个问题:①宗教如何帮助维持社会秩序?②宗教与资本主义社会有怎样的关系?通过将二者结合在一起,有学者认为工业资本主义会破坏宗教情感,危及社会凝聚。因此,宗教制度研究被广泛关注。涂尔干的《宗教生活的基本形式》指出,共享的信念和道德态度可以促进社会凝聚。他的《自杀论》研究发现,新教徒的自杀率高于天主教徒,并认为这是因为新教徒强调个体信仰者的自主,仪式参与少,因而其社会凝聚性降低。

涂尔干笃信神圣性力量对于维持社会凝聚的重要性，认为宗教符号在传统社会中起到核心的整合作用。这种思想对于当代中国人的社会整合有一定的建设意义。

埃利亚斯（1998：9～11）也指出，个人和社会不是两个相互分裂的存在，而是指同一个人不同的但却不可分割的两个方面，它们都处于变化之中。然而，人们在思考问题时仍然以独立个人为出发点，即会说"社会的人"，从来不说"社会的人们"。这意味着人们在说话时也预设了相互独立，需要求助于莱布尼兹的单子论，即在没有窗户的封闭之人的单子基础上，认为作为主体的人与客体或社会是对立的。换言之，孤立的个人是人们思考的前提，这种个体主义仍然在当代占据主流。埃利亚斯认为，这种个体主义不能作为哲学和社会学的起点，因为它预设了在人的内部和外部之间有严格界限。某些哲学家甚至也有这样的预设，例如，柏拉图及其他希腊哲学家的理念、笛卡尔的我思、莱布尼兹的没有窗户的单子、康德的认识主体，康德的认识主体不可能越出它先验的外壳而进入"事情本身"。存在主义哲学虽然关注人的存在，但也割裂了个人与社会。韦伯也提出"社会的行为"与"非社会的行为"，他的尝试并不成功（埃利亚斯，1998：36～37）。总之，在埃利亚斯看来，近代欧洲社会顽固地认为，人们拥有真正的自己，其内部与外部的人和物是隔绝的，然而隔绝之墙如何把人的内部与外部隔绝，谁也说不清楚。为了认识日心说，不仅需要新的发现，还需要人们在思维中与自身保持距离。近代（1500年）以来，人们才达到与其自身保持距离的程度。"只要人们不从最初的自我意识，不从不假思索地把自己所经历的一切都理解为是以他们自己为目的的、只对他们本身才有意义的这种认识中脱离出来，那么科学的思维就无法发展。"（埃利亚斯，1998：39）高级的反思要求与对象保持距离的同时，也要求抑制自身的情感，从而与外界隔离开来，使自己变成封闭的自己，或将自身用外壳封闭起来。文明发展的特点就在于更加严格、全面地控制情感。

自我强制更是为了阻止自发的情感不经控制就在行为中表现出来。"这便是被看作外壳的东西,被看作隔开个人的'内心世界'与'外部世界'的那堵无形的墙。"(埃利亚斯,1998:43)然而,现实之人都是活生生的整体人,其内心世界与外部世界中间并不存在这样一堵墙。因此,还是应该破除文艺复兴以来的孤立个人观,不能认为人们是没有情感的,而要想破除这堵墙,就要提出"开放的个人观",即认为人们之间有相互依存的纽带关系,人总是以多数的形式、以形态的形式出现的。因此,"倘若把人理解为由许多互相依存的人所组成的各种各样的形态、群体和社会,那就要恰当得多。这样,在传统的个人观念中出现的分裂现象就不存在了,超然于社会之外的个人和超然于个人之上的社会也就不存在了。形态的概念之所以被采用,是因为它比社会学现成的任何概念都更加清楚地表明,被我们称作社会的东西,既不是从脱离社会而存在的个人特征中抽象出来的,也不是一种脱离个人的'体系'和'整体',而是由许多个人所组成的互相依存关系本身"(埃利亚斯,1998:46)。正如同一个舞蹈形态可以由不同的个人来完成,但是如果没有许多相互照应、互相依赖的个人在一起跳舞,也就没有舞蹈。这里并不涉及因果关系,因为"社会形态所发生的变化部分是由其内部的动力引起的,即由互相自由竞争的群体走向垄断这样一个社会形态内部所包含的发展趋势引起的"(埃利亚斯,1998:47)。

帕森斯的结构功能主义强调社会结构和模式维持,在这些方面论述社会凝聚。帕森斯认为,一个社会的各个部分之间存在着整合在一起的趋势,由于各个部分都是由人类行动来建立和维持的,因此社会整合也被看成是行动者的主观意义和动机的协调。与此同时,人类社会也面临着资源分配的经济困境和目标定义的政治问题,资源稀缺也是探讨社会凝聚和社会变迁时不可缺少的因素。

帕森斯的社会系统 AGIL 模式(适应、目标达成、整合、维模)作为一种描述社会系统的模型,其本身用系统中各个要素之间的相互作用来解释社会凝聚。对于帕森斯来说,社会关系是一个社会系统中行动者的相互行动,行动者嵌入系统之中,相互行动关系的结果变成了 AGIL 方案。尽管帕森斯也像黑格尔死后的遭遇一样变成了"死狗",甚至人人喊打,但是其社会行动及其成分(行动者、目的、手段、条件与规范)和社会系统 AGIL 思想仍然很重要,因为它深入单位行动(包括关系行动)的细节,同时也观照到系统。这种重要视角要比关系研究者的狭窄视野更接地气,因为后者并不关心具体行动者的具体关系"行动",只关注抽象行动者的抽象关系结构。当然,帕森斯 AGIL 模式的不足在于忽视了社会冲突,也没有强调要素之间的交互作用或涌现效应,这是需要批判的。

(二) 社会学家的探讨

如果说社会理论家基于宏观或理论基础探讨凝聚,那么社会学家则基于中观探讨社会凝聚。下面简要分析解释社会凝聚的几种社会学理论,它们可归为相互关联的四类。

1. 功利交换凝聚论

功利主义者认为,个体的自利可以维持社会凝聚,在高度复杂、劳动分工的社会中更是如此,因为人们由于相互的功利需要才相互联络,从而达到一定程度的凝聚。理性选择理论、社会交换论以及部分社会冲突论等大致持这种解释。

在小群体社会心理学研究中,群体凝聚也是一个重要课题,它关注群体的结构和凝聚、士气、群体领导及群体对个体的影响等。例如,"关系凝聚论"(Theory of Relational Cohesion)(Lawler and Yoon, 1996, 1998; Lawler, Thye, and Yoon, 2000; Ritzer, 2005: 633 - 34)要解释的是,社会交换网络为什么在某些关系(而非其他关系)中产生更大的凝聚力和承诺。劳拉(Lawler)等认为,凝聚和承诺会出现在特定的关系之中,因为与其他人就有价值的资源进行交换会产生情感,即交换者会对交换结果感到好或不好。如果交换是成功的,交换者就会感到舒心或高兴,否则就会不舒心或不高兴。积极情感会强化关系,消极情感则会弱化关系。关系凝聚论旨在分析交换者在哪些条件下会将其情感与他们之间的关系或群体的归属性联系起来。这样就可以解释人们什么时候以及为什么会留在某些收益小的关系中却不离开,为什么向某些关系(而非其他关系)之中投入很多时间和精力。小群体的社会凝聚只是中观层次的凝聚,不是宏观层次的社会凝聚。

基于个人需要的社会交换以及超个人的价值也能解释社会凝聚。布劳(1988:27~28。译文有改动)指出:"共有的基本价值可以在一个社会的千百万人(他们中的大多数从未见过面)之间形成结合纽带和社会团结,并在功能上等同于将同事和小群体团结在一起的个人吸引力。共同的价值标准产生了交换的媒介(货币是原型,但不是唯一的原型),只有这些媒介才使我们有可能超越个人交易和发展间接交换的复杂网络。合法化的价值准则使集中控制的范围扩大了,远远超出了个人影响的范围,一个合法政府的权威可以做实例。反抗的理想可以作为把陌生人从分散的各地拉到一起的集合点,并把他们团结在一个共同的事业之中。"福山也指出,共享的基本价值并不是个人主义文化,因为它会丧失掉社会团结和团体。"真正的团体是由其成员共有的价值观、规范和经历结合而成的。这种共同的价值观结合得越是紧密牢固,个人自由和团体之间的平衡对于许多人来说似乎是越不明显的,也是不必要的。由于人们已然从他们跟配偶、家庭、邻里、工作场所或者教堂的联系中解脱了出来,他们以为他们就可以在此同时拥有社会联系,而此时的社会联系则是他们为自己选择的联系。但他们却开始意识到,这种可以选择的,可以任意进入、任意脱离的联系,让他们感到孤独和困惑,他们又向往跟别人建立更为深厚而持久的关系。"(福山,2002:16)

功利主义对经济学的影响大于对社会学的影响。问题在于,基于功利、理性计算的社会凝聚最多只是一种必要的凝聚力量,并且是一种要求立刻变现的短期力量,它不足以维持长久而紧密的社会凝聚,总体上讲只能带来外在的社会凝聚。这里可以讨论的问题有,基于功利而形成的凝聚如何能够更长久地维持下去?在哪些情况下恰恰会离散开来?功利主义凝聚观的边界何在?另外,在对秩序的社会学解释中,经过了真正启蒙的自利并不占主要成分。

2. 文化价值凝聚论

文化论学者认为,社会成员共享的规范和共识价值可以促进社会的凝聚。齐美尔、帕森斯、符号互动论者等大致持此见,宏观交换论者布劳也有此观点。

例如,齐美尔采用形式进路,从行动者数量、关系的形式(或概念、理念)以及互动方面探讨多种关系及其结构以及现代人所感到的陌生感、孤独感等。齐美尔关注的是形式,不关注关系的"内容"。他将货币视为一般化社会关系在形式、实质和功能上的原型,揭示了现代社会的抽象本质或关系疏离现象。齐美尔认为,社会学的特点在于对社会关系的基本形式作出分析,应将社会化的形式或人类关系的形式作为研究的对象,由此开创了形式社会学传统。齐美尔认为,所有的人际关系都可以用双方共享之物的普遍程度,即关系的抽象程度来分析。他在分析外来人时指出,当地人之间共享一种具体的属性,外来人则没有。"越是广泛共享的特征,联结力也就越是没有具体、向心的性质。在与外来人的关系上,上述因素尤为突出。"(成伯清,1999:135)因此,为了获得当地社区的成员资格而不被疏离,外来人只有充分地融入当地社区。所谓外来人融入社区并不是简单地在当地社区长期逗留,而是充分参与社区事务。需要注意的是,如果没有充分参与社区事务并形成良好的互动关系,那么这种陌生感、分离感或疏离感完全可能出现在最亲密的人之间,对于很多当代中国人来说更是如此。不过,齐美尔不只关注具体人际关系的疏离感,而更关注整个现代社会。他认为,人类个体本身就是"社会化的存在"，处于各种相互作用之中，社会世界也充满了复杂多样的相互作用（Wolff，1950；Levine，1971）。然而，现代社会日益成为一个陌生人的社会，"心智（mind）过于发达，而灵魂（soul）则日趋枯竭"（成伯清，1999：151），人与人之间相互漠不关心、相互隔膜，人们普遍无家可归。维泽（Leopold von Wiese，1876～1969）将齐美尔的观点修正为关系社会学，基于人们言行之间的关系来研究社会，把社会学看作是研究社会关系和社会结构过程的科学。维泽认为，社会学就是研究透过时间和空间的人对人的相互影响，也是研究由人的联合、接近、适应、同化、协调、分离、竞争、对抗或冲突等关系交织而成的人际关系网，他甚至梳理出650种社会形式（Wiese，1934，1949；Becker，1955），大大地拓展了学者对关系的认知。

在分析凝聚等现象的时候，同时要有思辨思维，因为很多概念都是成对出现的，其中单个概念的含义并不独立存在，因而必须根据其对立的概念来理解。因此，要想理解凝聚，就离不开离散；同理，要想研究团结，同时就离不开分裂。换言之，不能脱离离散来谈凝聚，不能脱离分裂来谈团结，布劳即是如此做的，他不仅谈团结、凝聚，还论及不团结或不凝聚。他认为，"在一个集体情境中，权力的分化会引起两种不同的活跃的力量：一种是合法化的过程，它们有助于把努力方向一致的个体和群体组织起来；另一种是抵销性力量，它们否认现存权力的合法性，促进反抗和分裂。"特别是在复杂的社会中，复杂社会的构成成分也是社会结构。"我们可以称这些相互关联的群体的结构为'宏观结构'，而把那些以互相影响的个体所组成的结构称作'微观结构'。在宏观结构和微观结构中的社会过程之间有一些类似的东西。社会吸引的过程在伙伴之间形成了结合纽带，而结合过程也把各种群体团结成一个社区。个体之间的交换过程在他们之间引起了分化，而群际交换则促进了群体之间的分化……反抗和冲突不仅发生在集体之中，而且也发生在集体之间。"（布劳，1988：27）可见，

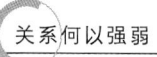

在布劳看来，社会吸引而非"弱关系"才更是联系的纽带，促进社会凝聚，而交换过程促进组织内和群际的分化而非凝聚。显然，这种思想要比"弱关系促进社会凝结"丰富得多。

符号互动论者关注由符号开启的中观层次社会凝聚。在符号互动论者看来，任何手势、物品、符号或概念都可能作为符号。符号是公共的，承载着共享的情感、信息或感受等，因而有助于社会凝聚和承诺，反过来也可能带来社会冲突。不过，符号的含义应当是广义的，例如，布或纸做的红旗实物、布或纸上画的红旗、从纸张上剪下来的"红旗"这个符号、"红旗"这个词、人们说"国旗"一词时的那个声音和语调、"红旗"在不同年代所代表的不同意义（比如暗号、记号、象征、身份、尊严等）、人们面对红旗时的各种心境、一个人在不同年代对"红旗"的不同体验和认知（比如在革命战争年代不理解"红旗"的意义，在国家治理和社会建设年代理解了"红旗"曾经的凝聚作用及这种凝聚作用如何可能随着个人意识的觉醒而慢慢消减）等都是符号。符号互动论较少关注符号的宏观意义、哲学意义（如符号的意谓不同于符号的意义），同时也对符号背后的权力涉猎较少。符号互动论者对实证主义的批判仍然有其意义。例如，布鲁默（Herbert Blumer, 1900~1987）认为，与自然科学相比，社会科学中的很多观念（如社会凝聚、权威、社会冲突等）的含义都是模糊的，因为其中需要检验的内容是空洞的。他建议使用敏感性概念，认为用这些概念才能更好地把握社会。当然，布鲁默所说的概念并不是就事情本身而言的概念，因而仍然外在于事情本身。敏感性概念何以可能对事情本身敏感，这是一个他不关心的深层哲学问题。

3. 强权制度凝聚论

制度论者强调制度、权力结构等所起到的社会凝聚作用。涂尔干对自杀的研究，韦伯的工具理性—价值理性及官僚制思想，鲍曼对强制关系的研究，福柯的权力论，要素论以及某些国家理论等都强调强制性的社会凝聚或强制带来的社会离散。

如果说处于交换中的异质陌生人可以通过一定的组织结合凝聚，那么鲍曼则反过来忧虑：有组织的同质社群主义可能滋养专制并排斥陌生人，再加上理性制度的加持，大屠杀因而得以出现。在鲍曼看来，第二次世界大战时期纳粹针对犹太人的大屠杀并非德意志民族的一次反常行为，而是现代性本身固有的可能。科学计算、技术中立及工程化社会管理等现代性要素，使得大屠杀成为设计者、执行者和受害者合作的一场集体行动。从极端理性走向极端非理性，从文明走向野蛮有现代性的必然（鲍曼，2002）。如何缓解社会的分裂，走向社会融合？鲍曼提出的拯救之道是：个体在任何情况下都无条件地承担起其道德责任。然而，如果说现实中具体某个人可以承担其道德责任，那么作为类的人则难以承担道德责任，因为这需要长期的教化并摆脱计算理性的干扰，而问题又回到了理性计算。就此而言，人类未来不容乐观。

福柯的权力理论也指出，现代人生活在监狱式环境中，很多沟通技术都是为了"规训"或避免受到规训：掌权者通过沟通集中权力，受训者通过沟通摆脱权力制约。这背后有理性与非理性的相互疏离而非凝聚，更有理性对非理性的征服。在近代理性的主导下，癫狂人与理性人相互疏远，疯狂的、非理性的人需要被禁闭起来，否则他们会颠覆理性秩序，这是理性化时代所不允许的（福柯，1999：2）。然而，理性并不比非理性更合理，极端的理性就是极端的非理性。因此，非理性在很多情况下可能比理性更接近理性。

社会学界对行为、交换、冲突的研究较多，对强制关系的探究较少，然而它恰恰无处不在。要素论（elementary theory）对强制结构的研究也有其理论和现实意义，它促进我们思考社会凝聚与强制结构之间的关联。在要素论中，学者探讨直接强制结构和间接强制结构及其模型。例如，间接强制是涉及三方的强制关系结构，它在现实中很有效用，且与直接强制一样都可能接近最大剥夺率。当然，无论直接强制还是间接强制，其效果都受到诸多因素的影响，例如强制者的贪欲、强制者能否联盟、受制者的抵抗、受制者能否联盟、信息效应等。正是由于上访者想不到自己追求的强制是"虚假间接强制"，因此在蒙受巨大损失后，依然只能无功而返（刘军、David Willer、Pamela Emanuelson，2013）。可见，这种研究深入社会关系的具体结构，探讨了行动者之间社会凝聚的权力结构基础，对于现实的群体凝聚或离散很有解释力，也比"弱关系促进社会凝聚"更有针对性。

4. 社会网络理论

探讨"网络"的理论很多，除了社会网分析之外，行动者网络理论、交换网络论、网络交换论、关系社会学、小世界研究都基于"关系"探讨社会凝聚。不过它们解释的路径和思想不同，并且针对的主要是中观层次的社会凝聚。相比之下，克罗斯利的关系社会学理论更有一定的思想性，他基于"关系""网络""结构""涌现性""习俗""资源""法人行动者"等探讨宏观的"社会凝聚"。下面简要辨析他的思想。

克罗斯利（2018：226，229）强调现代社会中各类组织的重要性，重点关注法人行动者（而非具体个人）的凝聚力。克罗斯利认为，宏观的社会学思维经常将"社会"看成是"物"，因而是实体化的思维。"恰当的社会学思维则要求我们超越这些假解释，超越实体论，寻找在宏观层面起作用的关系机制。'宏观世界'本质上与微观世界没有差异，它只是大了一些。宏观世界也是行动者之间互动、相互依赖、相互构成和相互影响的一个网络。然而，规模的确重要，我们面临的挑战就是规模扩大问题。"（克罗斯利，2018：226）规模扩大以后，宏观层次的关系网络就是法人行动者（如民族国家、政府、兴趣团体、商业团体、NGO等）即宏观行动者之间的关系网络。"对法人行动者的关注也有助于考察嵌套的结构，这些结构实际在某种程度上成为沟通微观与宏观之桥。"（克罗斯利，2018：226）嵌套的结构既包含作为大型组织内自身网络的法人行动者，也包含其内部的网络。这些网络可以包括个人行动者、由他们构成的较小法人行动者及其内部网络，法人行动者之间又构成宏大的关系和网络，而这些网络又可能是国际层次的更大的法人行动者网络的成分。"许多法人行动者及其相互嵌套桥接了微观和宏观世界。"（克罗斯利，2018：229）作为"相互嵌套结构"的广义桥并不是格兰诺维特所关注的"弱关系"，而是"关系及其网络结构"，它们甚至更能沟通微观与宏观。法人行动者及嵌套结构如图3-1所示。

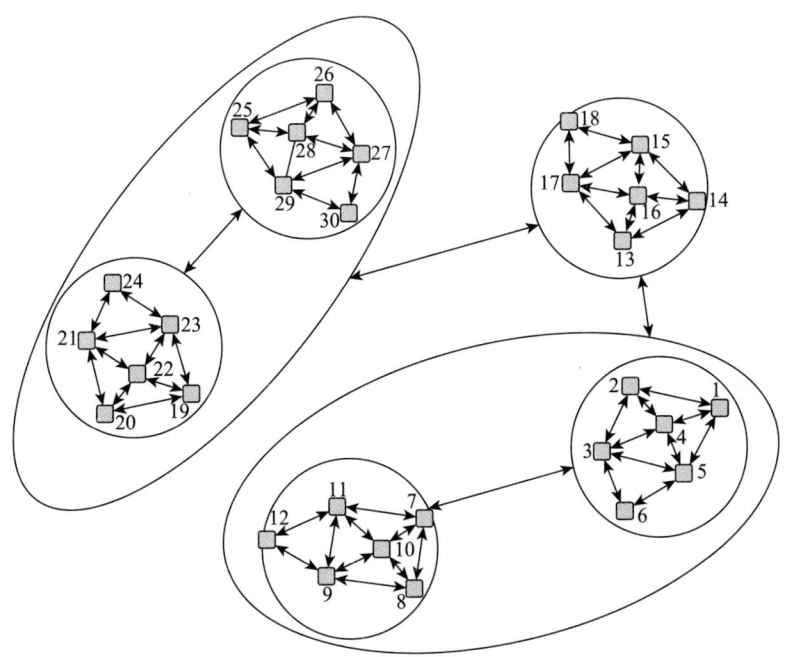

图3-1 法人行动者及嵌套结构

说明：特别需要注意的是，这只是对现实的层层嵌套结构的图示，仍然不是现实的嵌套结构本身的丰富内容和表现。

资料来源：克罗斯利，2018：230。

在这个图中，各个圆圈代表作为组织的法人行动者，其内部的小方块代表个体行动者，它们由一些箭头联结在一起。在图中，两对法人行动者又组织在一起，构成椭圆形部分所代表的行动者嵌套层,这些嵌套层再互动,进而形成一个(包括三个法人行动者的)网络。可见,小网络嵌套在大网络中,从微观世界逐步嵌套,一直联结成宏观世界。

克罗斯利认为,宏观世界和微观世界没有本质差异,这一点是笔者所不赞同的。问题是,法人行动者又依靠什么因素将微观与宏观联结起来?法人行动者之间的"关系"的性质并不简单是"个人层次的弱关系",而是组织层次的法人行动者之间的关系,且有更丰富的内容(比如组织之间的交换关系、竞争关系、冲突关系、协作关系、科层关系、强制关系等,或者由这些关系组合成的复合关系)。法人行动者层次的关系不能还原为个人之间的关系和网络,而是一种超出个人之间强关系、弱关系的更大关系网络。法人行动者(如居委会、国家)本身能够做决策,这种决策也不能还原到个人,集体决策不是个人决策的简单加和。即便一个人可以代表法人行动者讲话或发言,他也不能占有法人行动者的资源。个人依法享有其地位和资源,法人行动者也依法享有其地位,它们相互承认,否则无法作为行动者发挥作用。例如,某市政府如果不认可该市的某个民间组织,后者将很难开展活动。然而,这里所说的承认还局限在具体的经验层次,没有达到思想的高度。

个人行动者不同于法人行动者。个人行动者之间的关系可以充斥着情感、人情、面子,法人行动者之间则更多是理性的关系。当然,问题也要深究,例如,政府行为也时常有面子工程,甚至有意识形态的"情感",但基于资源交换、利益互动的法人行动者的决策背后主要还是理性计算,其关系主要还是理性关系。

认识到法人行动者的存在,就可以将"宏观"或宏观社会世界的某些方面界定为法人行动者之间的互动网络,而不简单是个人行动者的互动网络。不同类法人行动者通过不同类"要素"联结起来,构成了宏观世界或宏观的社会生活和社会凝聚,而这显然不是简单地用"弱关系"能够解释和说明的。换言之,法人行动者之间的关系并不是"弱关系",而是利益交换、相互需要、互惠互利、协调合作、权力行使等各种关系,这些关系要比"弱关系"丰富得多。格兰诺维特用"弱关系人"将微观与宏观联结起来,在一定程度上犯了"还原论"错误,即将宏观世界还原为"弱关系人"。

现代社会在很大程度上是组织化的社会,组织内的个人嵌入组织之中,深受组织及各种制度的影响,在此意义上讲,法人行动者之间的关系要比个人之间的关系更重要。仅仅依靠"弱关系"还不足以将微观与宏观联结起来。不过,吉登斯认为微观与宏观概念之分会产生严重误导(吉登斯,2016:13~14,134~135),在社会科学中用处不大,不应使用"宏观社会学"和"微观社会学"等术语,而可以采用"社会整合"与"系统整合"等概念(吉登斯,2016:132)。他通过考察各种区域化方式,探究二者之间的关联。当然,吉登斯也未必能实现其夙愿,因为他仍然预设了二元思维,没有在概念上实现社会整合。

(三)多层次凝聚力量

上述研究是理论家对"凝聚""社会凝聚"等宏大议题的关切,是社会学家对中观意义的社会凝聚的分析,并不是对强、弱关系如何促进凝聚这样较低层次的经验研究,这样的研究或许是更重要、更基础也更接地气的。然而,理论的解释有其局限。"理论"一词在古希腊文中的意思就是"看",这不同于统观的"看",后者"总是在应手事物的用具意义整体关联的应手相关关系中活动,也就是说,它总是与实践用具的实用意义关联整体有关"(张汝伦,2014:946~947)。为了解释社会整合、社会团结或社会凝聚,分析哪些因素能够起到凝聚或整合的作用,社会理论家、社会学家提出了多种社会凝聚理论,总体上可以归结为物质层次和观念层次的理论。除了理论之外,实际的物质因素和观念因素也可以将现实世界凝聚起来,毕竟这些因素不同于用来解释凝聚的理论。

虽然说理论是灰色的，生命之树常青，然而没有理论也无法认识世界。尽管理论本身也有局限，因为解释社会凝聚的"理论"只是学者自己给出的抽象解释架构，并不是社会凝聚本身，也不是现实人对自身的关切。尽管理论和现实密切相关，但二者毕竟不同。理论必须用概念、专业术语等来表述，一旦用特定的术语和概念表述现实的力量，术语等立刻变成特定意义的抽象共相。这意味着，因语言的局限性，任何凝聚力理论都有不可避免的缺陷：无法描述、解释具有凝聚性的事情本身。例如，"家庭本身"被表述为一种关系及其结构，但是不能完全将家庭还原为用语言表述的家庭理论。人们在现实家庭中体验到的悲欢离合是用任何语言都不可能"全盘"描述出来的。换言之，现实的"关系实在"不同于对这种实在的语言描述。同理，各类关系及其结构本身都不可能用"关系语言"来代替。学者们在这一点上很容易犯错误，误以为用学术语言表达的"研究成果"就是"现实世界本身"。学者能够做的工作无非是将各类关系实在中存在的问题描述出来，解释并揭示其"原因"，帮助习得此类文字的社会行动者提升自我。学习者从"学问"中获得的不是什么可以抓住的"东西"，而是用来自我提升、自我启蒙的思想。当然，由于每个人都有其特定的生存和生活环境，因此每个人的学习效果注定是不同的，他只能根据其自身情境来确定自己的言行。这不是"知识"问题，而是人们如何生存、生活或存在的问题。

理论不是现实，无论社会学家还是社会理论家对社会凝聚的探讨，其本质都是"理论"，并不是现实的社会凝聚因素本身。在现实世界中，社会并不是实存物，而是包含众多层次兼具实存性和建构性的社会实在。例如，各层各类凝聚关系可以存在于家庭内部以及家庭之间、群体内部以及群体之间、各级各类正式和非正式的组织内部以及组织之间、个人和组织之间、个人与家庭之间、家庭与生育政策之间、税收制度与企业之间、国家与社会和市场之间等各个领域。可想而知，不同领域有不同的凝聚性或离散性，绝非上述任何理论能够完全描述和解释的。反过来讲，所谓"弱关系的凝聚力"无非只是对特定一个小领域（不同群体之间）而言的，并且仅仅是就"信息"这个方面来论述的凝聚，还未必是真正长久的凝聚，并且也不涉及其他领域中的其他众多方面，这些领域涉及上述理论所关注的因素，更涉及理论观照不到的众多现实因素。也就是说，由于"社会"通常并不是作为一个实体存在的，因此我们不应当抽象地论述"社会"的凝聚力，而应当具体论述某个"社会领域"的凝聚力，因为不同社会领域的凝聚力表现和性质不同。

正由于"社会"包含众多领域和层次，因此在现实中起"社会凝聚"作用的因素众多，或者说将社会的不同领域凝聚起来的因素也很多。可以想象，将一个家庭凝聚起来的力量又不同于将不同家庭凝聚起来的力量。将一个家庭内部各个成员凝聚起来或导致离散的力量包括亲情之爱、家风家训、相互理解、相互包容、认知平衡，也包括家庭成员之间对教育、世界的认知等。将不同家庭的成员凝聚起来的力量可以有感情、交换或其他各种需要。将一个组织的成员凝聚起来的力量可以有比如良好的领导方式、激励手段、共同愿景。将多个单位、组织、团体"凝聚"起来的现实因素众多，比如经济往来、互惠互利、分工合作、权力限制、资源分配规则、制度安排等。而所有这些因素大都不同于将多个村落凝聚的力量，如社会信任、地方性知识、权力统摄。例如，对于某村庄来说，关系和村规民约恰恰是实现其凝聚与整合的重要条件（周怡，2005），而村庄内各群体之间的弱关系只能是一种沟通性、联络性的要素，不足以保障村庄的凝聚。

上述力量还不同于将一个国家全体国民凝聚起来的力量，如意识形态、价值观念、宗教信仰、经济制度、暴力强制、政党能力、濡化能力、权力干预、外敌威慑等，还离不开军事力量、司法制度等。这里所说的"权力"是现实中实存的权力，前文论及的权力理论只是对社会凝聚的理论解释，并不是权力本身。例如，货币作为一种凝聚力量，可以扩展经济交易链，将个人和法人联结成一个相互依赖的网络。就此而言，经济更是一种大型的、复杂的宏观网络。然而，新古典主义经济学遮蔽了经济的社会网络意义，它将行动者看作是原子化的行动者，认为行动者拥有完备信息，在一个纯市场中进行理性运作。社会网学者则认为这种观念纯粹是神话（Granovetter，1973，1974，1985）。他们表明，个人或法人都不是原子化的，而是嵌入关系网之中。生产者与消费者之间有稳定的关系，将供给和需求结合起来的信息是通过先前的网络发布的，且其分布并不均匀。格兰诺维特（2008）的《找工作》的贡献即在于此。他的经验研究表明，劳动力市场并不是自由的竞争市场，雇主在招聘时或雇员在应聘时，都愿意动用自己的关系找到对方。换言之，劳动力市场嵌入非正式的关系网之中。又如，消费者的选择和偏好受到其对品牌的忠诚度、习惯等的复合影响，网络结构凭借密切联络的"品位制造者"而施加影响。因此，一个市场内部的偏好和需求会受到有创造性的少数人的形塑，然后借助核心人物再扩大影响。总之，经济是宏观社会世界的关键因素之一，是由相互影响的行动者构成的一个网络（克罗斯利，2018：241）。

以上只是针对不同层次的社会行动者或社会领域论述其内部的社会凝聚，然而如果考察不同社会领域之间乃至一般意义上的社会凝聚，那么还需要考虑很多具体要素。例如，社会凝聚还涉及制度安排。例如，古尔德（Gould，1991，1993）研究1871年巴黎公社时发现，经过城市改造，巴黎人的居住地被重新调整，不同阶层之人可以混居。这种改造缩小了人们的阶级差距，增强了跨阶级的邻里关系和认同。工人阶级在劳动关系中的地位固然没变，但他们能在邻里结识其他阶级之人，与其他阶级之人交往的机会增加，从而使得这些邻里关系成为集体认同、内部凝聚的资源。因此，古尔德认为巴黎起义的网络和认同的基础并不根植于阶级，而根植于邻里关系。这种邻里关系不单是抽象的强关系或弱关系，而是富有内涵的紧密关联，是带有一定守望相助性质的共同体关系。又如，新兴技术、大众传媒就可以沟通各个社会领域，将微观、中观和宏观社会世界都联结起来。新兴的通信技术（微信、微博、脸书等）会让人们之间迅速沟通，让数百万互不认识的行动者直接与网络中的少数核心人物沟通。这是一种与具体个人、组织乃至国家都息息相关的巨型网络。

克罗斯利认为，通信技术（技术创新）、政治技术（如选举机制、投票系统）、货币等交流媒介及其制度既可用于人类行动者的关系和互动，也可用于法人行动者的关系和互动。例如，国家的行动依赖于纳税人的税收，以国家为中心的政治世界本身就是一种宏观网络，它依赖于来自民众的税收。在社会团体的各种抗议活动中，有的活动希望向政府施压，比如拒绝某种税收或政策等。除此之外，"从选民流向国家还有一种正当性权威之流，它最受政治家的关注，他们担心公民效忠心的变化会破坏他们的政党，或者还要糟糕的是，公民要是失去对作为一个整体的国家的信念，会导致社会陷入混乱或革命。选举的手势动作虽小且不频繁，但是它可以导致政府垮台或改变一个社会的政治方向。公民还通过选举网络关联在一起"（克罗斯利，2018：234），其中投票系统就是一种政治技术，它们在一个政治网络中可以将上千万互不相识的行动者连接起来，而无需依靠互动层次的弱、强关系。

当然，探讨社会凝聚离不开社会离散甚至社会分裂。特纳关注来自不平等和人类价值分裂方面的社会冲突。例如，他讨论脆弱性和权利，认为逐渐增加的碎片化和混合性会威胁到社会整合（Turner and Rojek，2001），当然更影响社会凝聚。换言之，脱离社会的分裂、分化、碎片化而谈社会凝聚，是无法深究其本质的，因为凝聚概念本身就离不开离散或分裂。另外，我们必须同时意识到，"一个社会如果不想对技术革新施加'任何限制'，也会发现许多形式的个人行为是'没有局限'的，其结果会使犯罪和破裂家庭增多，越来越多的家长不能完全履行其对子女的义务，街

坊邻里互不关照，并会使越来越多的公民不去参与公众生活"（福山，2002：17），如此一来何谈社会凝聚。

既然有众多具有凝聚力的因素及关于凝聚力的理论，也就出现了一个比较问题：它们各自在多大程度上起"凝聚"之功效，有没有最具有解释力的凝聚理论或因素？或者说如何证明"弱关系"最具有"社会凝聚力"。为了证明这个命题，首先需要考察众多因素（包括弱关系）各自在多大程度上起凝聚作用，其前提条件有哪些，然后再比较不同因素之间的"优劣"，考察"弱关系"在众多凝聚性因素中居于什么地位，如此才可能断定弱关系是不是最重要的凝聚力量。然而，这种常识性思维本身还应被再批判。

首先，要素之间不可比性。由于不同的社会领域有不同的凝聚理论和因素，它们具有不同的质和量，且不同因素各自起"凝聚"作用的条件（充分条件、必要条件等）、机制、过程有别。如此看来，它们之间通常不具有可比较性。即便针对同一个社会领域给出多个可以解释或促进其凝聚的因素，也不应无思地追问"哪个更起凝聚作用"这样的问题，因为各个因素之间所起的作用是综合且非线性的，不能简单地分开讨论。因此，就更不能说"弱关系"是最重要的凝聚力量。

其次，弱关系之特殊凝聚性。即便弱关系有凝聚作用，也只是一种特殊的凝聚，不是其他凝聚，严格地说还不是"促进"社会凝聚，而是在特定条件下的一种特定凝聚，更未触及"凝聚本身"概念的深层含义。弱关系最多可以促成社会团结，不能促成社会凝聚。另外，仅论及弱关系的凝聚性还会遮蔽很多真切的问题。从概念或观念上讲，当代几乎所有国家、社会或地区仅依靠弱关系是无法凝聚起来的，还必须有金融资本、工业主义、政治组织、军事系统、民间组织、意识形态等，前文对此已有所提及。辩证地看，这些要素"同时"也是引起社会分散或离散的力量。

当然，不同的凝聚力量之间也有关联。比如，物质基础与上层建筑（意识形态）各自如何凝聚社会？在现实世界中，凝聚力可以包括物质力量，如资源匹配及其规则、权力分配及其结构、经济与社会资本等，但更重要的凝聚力应当来自"观念"。"经济"因素所起的凝聚作用，很大程度上也是经济的观念——人们对于经济或金钱的看法——产生的凝聚或离散作用。例如，一个家庭很可能因金钱而产生矛盾，其实质通常是家庭成员因对待"金钱"的态度或观念的不同而产生矛盾。凝聚或离散不是单方面因素造成的，而是至少两方或多方在某些方面的"异同"引起的。至于物质和观念分别与凝聚的关系，学界存在争论。很多学者坚持经济决定论，认为经济因素可以决定社会的凝聚。列宁倡导的意识形态概念则是在经济冲突中产生的不同阶级利益的政治表达，因此社会凝聚离不开经济利益。葛兰西（Antonio Gramsci，1891~1937）则提出，"有组织观念的知识分子"（organic intellectual）的"有组织观念的意识形态"（organic ideologies）作为一种能产生某种社会凝聚的力量，能够将群众组织起来以便获得意识形态领导权，从而可以对抗权力（俞吾金，2010）。当然，如果缺乏物质基础，知识分子如何将群众组织起来，这应当是一个现实难题。

最后，关系与凝聚不可分。受语言本身固有的散漫式（discursive）说话方式或思维方式的限制，研究者在给出"弱关系促进社会凝聚"之类判断时，会想象一个因果关联图，认为在时间上先有"弱关系"，然后由弱关系促进"凝聚"，这蕴含着一个预设，即"关系"外在于"社会凝聚"，可以促进"社会凝聚"。这个预设成立吗？如果"社会凝聚"概念本身已经内在地蕴含着"关系"，那么有什么根据可以将本来内在的关系外在地抽离出来？这种抽离的过程合理吗？这类思维以及思维图本身就存在很大问题，不仅因为现实的情形通常不能明确地区分出因与果，实际情形可能表现为单因多果、单果多因、多因多果，或体现为倒因为果、倒果为因等因果循环，更因为这种话语本身已经不自觉地将世界一分为二，即已经将"关系"与"凝聚"分开，也割裂了现实世界，误以为"关系"可以外在于现实世界而存在。这种二分思维恰恰误识了现实世界。例如，格氏给出的局部桥图无非只是一个非常抽象的图，它看似很形象地描述了现实的桥接关系，实质上根本不可能复制现实中的桥接关系结构，它只是抽象地用图形来描述，遮蔽了非常多的内容。实际是，画图甚至在构想图时，就已经对关系网本身进行了切割，所想象及所绘画的关系图已经不是关系网本身，其中的任何单个关系线都不再是关系本身，任何关系结构图都不再是关系结构本身！画出的点、线、图都是对行动者、行动者之间的关系及整个关系网络的大大简化！真理是全体，也是呈现被遮蔽的关系的过程！

总之，格兰诺维特没有分析"桥""局部桥"的含义和意义，没有分析其他"桥梁"（方式、方法、途径）各自如何起社会凝聚作用及其起作用的前提条件。格氏也没有比较各种桥的凝聚程度的差异，因此没有证明"弱关系"在所有这些凝聚因素中"最"有效。既然"弱关系"只是影响社会凝聚的众多因素之一，并且未必最重要，那么格兰诺维特就没有真正证明"对人际网络中过程的分析提供了一个最有效的微观—宏观桥梁"这一判断。从逻辑上讲，他的判断甚至不成立，这一点或许大大出乎读者的意料。

"关系"本身还蕴含着形式与内容，绝不可能仅仅用一条或几条线来表征。关系中传递的信息本身也有其内含和本质等。"弱关系促进社会凝聚""弱关系助益找工作"等只是抽象说法，并没有说出多少实质性内容。这样抽象的命题是对鲜活生活和生命的简化，同时遮蔽了众多更有现实关怀的议题。参照黑格尔超乎寻常的洞见，无论是有关凝聚的社会学理论、社会理论，还是现实中人们想到的各种凝聚力量与其表现，它们实际上都是人为的设定，都没有触及其需要解释的凝聚现象本身，理由在于语言有先天的局限性，它使得难以用任何概念将凝聚物本身表述出来。所有的语言、思维、概念都与人的感觉、感性有关，没有感觉也就没有思维，而感觉又都是有局限的。阿多诺认为，理论中的思维（thinking）总有所指，即总会指向"某物"。换言之，思想或思维总是想要抓住什么东西，但是所抓住的东西并不是自身所意味的现实东西。虽然"没有需要的思想、什么也不想要的思想是无意义的"（休恩编，2018：107），并且即便对于形式逻辑来说，完全脱离本体论、实在物的逻辑也不可思议，但是，"某物"本身作为某物是超越于对它的思维的，存在于其自身的思维之中。同理，凝聚物本身可以自在自为地存在，因而超越了对它的理论解释，凝聚理论则往往因理论家而存在，尽管它的确是对凝聚物的思维。

以上探讨已经超越了格氏的"弱关系促进社会凝聚"命题，然而这还不够，还未分析社会凝聚、社会整合、社会离散、社会分裂等反过来会产生哪些具体影响，例如家庭和社区凝聚作为社会资本如何促进人们的教育获得等。因为这不是本书的重点，本书无需继续论述这些影响，本书重点关注判断或命题的实质和概念思维问题。因此，在简单地分析了哪些因素会影响社会凝聚后，仅指出社会凝聚反过来会产生很多影响、诸多因素如何相互影响就能满足本书的需要。另外，尽管有诸多理论、要素能够解释凝聚和社会凝聚，尽管各种路数都有其解释力，但也让人眼花缭乱。在笔者看来，它们都没有关注作为概念的"凝聚"以及"社会凝聚"，或者都较少从理念或形式方面论述事情本身的凝聚，因此其解释力都有限。对这些凝聚力量的存在、本质的最有洞见的分析，以及对凝聚、社会凝聚、社会团结、社会整合等概念的深刻辨析则来自哲学家，因而须借助哲学家的思想，在下一章探讨事物本身如何有其内在"凝聚力"。本章围绕"弱关系促进社会凝聚"这个判断而进行，在简要探讨影响社会凝聚的因素之后，有必要继续探讨关系和弱关系会影响哪些因素，哪些因素又会影响关系和弱关系。

二 关系之多重效应

"关系"有多种类型，它既可以是被影响的因素，也可以是产生影响的因素。换言之，不同类关系受到不同因素的影响，反过来也会产生各种影响。哲学对"关系"的探究是从关系范畴入手的，即不将关系看成经验概念，而视之为纯粹的概念。因此，哲学较少探讨有哪些因素影响关系或关系产生哪些影响。在社会科学意义上，关系主要是一类经验性的概念，因此可以探讨"哪些因素影响关系"或"关系产生哪些影响"，但不能泛泛而论，而须结合具体类型的关系和具体因素进行研究。

（一）关系的众多影响

当论及"关系"产生怎样的影响时，首先应说明这是何种意义上的"关系"，即需要结合具体的关系进行论述。当然，对于中国人来说，"关系"主要是在人际层次上的关系，它可以是积极的，也可能是消极的。撇开其他类型的关系不论，仅就"人际关系"这一类特定的关系来说，有很多因素会影响它，它也会产生很多影响。

很多学者对人际关系进行了细致分类，研究不同类人际关系在哪些方面会产生哪些影响。例如，某些类人际关系会影响个人的性格、人格特质、儿童自尊、心理健康、学习投入、学生极端行为、学生个性发展、学风、专业教学、体育教学、学业自我满意度、大学生成才等。这方面的文献很多。例如，有学者将不良亲子关系分为三类，即期待型、溺爱型和不安型亲子关系，采用亲子关系测验（PCRR）与症状自评量表（SCL-90），探讨亲子关系对青少年心理健康的影响。结果表明，超过80%的家庭至少存在一种不良的亲子关系，不同类亲子关系会对青少年的强迫症、人际关系不良、焦虑和敌对等心理方面产生影响（吴念阳、张东昀，2004）。需要注意的是，这种研究结论的实质是类比，即针对不同"类"青少年（而不是针对具体个人）的比较，且将不良亲子关系作为"原因"。也有学者认为，在儿童发展过程中，其社会行为和同伴接受性相互影响，亲子关系与儿童攻击性之间也具有相互作用（陈欣银、李伯黍、李正云，1995）。这种研究的结论固然有一定意义，然而单个家庭为什么会出现不良的亲子关系？"不良关系"作为"结果"是如何产生的？这是需要研究的更重要的问题。

良好的人际关系能够弥补个人在相关方面的不足，帮助个人完成一番事业。人们通过人际关系还能获得资金支持、情感支持。友谊、亲情关系可以安慰人们，在交流中避免陷入孤僻、寂寞，帮助人们渡过难关。良好的亲子关系、朋友关系能让人快慰和愉悦，减少烦恼、烦躁、抑郁、急躁等情绪。良好的父子关系、夫妻关系等对每个人的事业都有帮助，有利于家庭和睦。当然，格氏更强调一般意义上的朋友弱关系，认为它可以传递信息，使人在机会面前占据先机，促进个人"求职"和"社会凝聚"。

人际关系也可以影响人们的幸福感、生活满意度、礼物购买意愿、乐观倾向、自杀风险、助人意愿、社会责任感、职业适应能力、网络成瘾倾向、手机成瘾症、游戏玩家自我认同等，不仅如此，还可以影响道德思维方式、职业生涯、老年人睡眠质量等。例如，问卷调查发现，人际关系对社会责任感具有正向预测作用，共情在其间发挥部分中介效应。实验研究也发现，人际关系效用会影响社会责任感，而亲密度对效用与社会责任感的关系有调节作用（黄四林、韩明跃、张梅，2016）。

人际关系还可能有不同的正效应或负效应。例如，人际关系可以影响医院的手术室护理工作、小群体的内聚力、跆拳道锻炼坚持性、农村流转资金、公安局派出所建设、孟浩然诗歌传播、政治腐败等，相关文献这里不赘述。格氏主要关注弱关系的积极效应，但弱关系也会有很多消极效应，如挑拨离间、拆散团结、传递假消息、制造谣言。从消极方面讲，成年人友谊网络可能会传播自杀的想法，自杀念头会在朋友之朋友网络中传播，因为有自杀念头的人与朋友的朋友都是间接联系的。有的学者还揭示了弱关系的"黑暗面"，即弱关系有负效应：一个人一旦了解其朋友的朋友尝试自杀，自己也更容易认真考虑自杀（Baller and Richardson，2009）。所以，问题的关键不在于关系的强弱，而在于人们的言行等事情本身的性质。又如，就个人层次来说，某些"关系"如果处理不好，会产生严重的消极效应。亲情可以说是最亲密的强关系，然而如果处理不好这样的关系，恰恰最可能给当事人带来严重伤害。例如，父母过度溺爱孩子，会给孩子带来伤害，会毁掉孩子的前程，让孩子无法自立。

既可以声称弱关系具有积极效应，也可以论说其具有消极效应，并且不同效应的产生有不同的条件，这意味着这些说法都不是什么真理。就社会层面来讲，人们通过关系可能追求正义、公正、自由，更可能通过"走后门"追求自身私利而不顾公共利益，由此带来小群体内部乃至整个社会的不公正、不正义、不平等、不和谐等。就此而言，公正、正义、制度建设等更加重要，这就涉及关系要达成的目的、意义和价值等。强关系人或弱关系人都可能制造谣言、撒谎，严重者可能让家庭解体，或让两个组织发生械斗。

在人际层次上讨论关系也有诸多视角、方向或研究领域，如社会心理学、人际关系学、组织社会学、网络交换论及社会网分析等领域都有人际关系及其效应的研究成果。社会心理学探讨小群体中人际关系的形成、演变等，分析各种人际关系的表现和成因。例如，人际关系中存在着侵犯行为及其消极影响，如体罚他人、社会反对（social disapproval）、伤害他人、破坏社会关系等（Garth and Clark，2003：145）。又如，关于关系与协商之间的关系，相关研究可归入三类领域：个体、二人组和网络。就个体层次来讲，研究的问题包括个人协商者的偏好和判断如何受关系情境和社会情境的影响；就二人组来说，考察的问题是二人组中的社会关系如何影响协商过程和结果；就网络而言，可以探讨的问题包括人际关系如何影响组织网络的功能。总之，社会关系既可能促进又可能阻碍人际协商过程（Garth and Clark，2003：201）。

这意味着不能抽象地论及社会关系的效应，而应进行分类，并虑及具体情境。例如，在网络交换论领域，社会关系可以分为共享关系（communal relationships）、交换关系、强制关系、冲突关系等，每一种关系起作用都有前提条件（刘军、David Willer、Pamela Emanuelson，2011）。这样的分类研究才可能摆脱关系研究的抽象性。

只有一面之缘的人之间的人际关系也有其功用。通常情况下，城市和农村的贫困人口大都依赖其亲属度过经济拮据时段。然而，有学者对被驱逐的房客进行民族志研究，给出了新解释，即陌生人之间形成的一面之缘或单次关系对被驱逐者来说非常重要，被驱逐者通常更依赖于新结识者而非其亲友。这种一次性结识的关系的确有助于各种资源的流动，但这种关系通常脆弱且转瞬即逝。形成、使用这种关系，可使陷入困境的家庭渡过难关，但它也具有不稳定性，并在同伴之间引发焦虑（Desmond，2012）。显然，这种一次性的关系（它既不是强关系，也不是弱关系）在特定情况下对特定人群有重要作用。

在集体行动中，某些关系可能促进社会参与，另外一些关系可能起阻碍作用（戴安尼，2018：312）。强、弱关系除了用于研究个人招募以及广义上的个人行为之外，也可用于研究组织网络。例如，弱关系似乎能充当不同组织集群之间的桥梁，不管依据地区性、问题性还是以其他事物作为参照来定义集群都如此。虽然弱关系能较好地将社会联系起来，但它们的桥接功能是有边界的，即通常不会超出信息交换或特定的联盟工作。另外，强关系也会促进集体行动，但是其代价是在集群内部再生产出不平等，或在很少有交流的集群中鼓励社会的分裂（戴安尼，2018：316）。

在企事业单位中，人际关系可以影响很多方面，如知识共享、比赛成绩、管理工作、领导效率、公关建设、组织间信任、经济活动、冲突决策、员工绩效、企业关系型渠道治理、顾客承诺等。例如，在组织内共享知识，可以视为一种特殊的公共物品贡献行为。如果员工考虑个人利益，就会阻碍知识共享，而个人的功效感会促进知识共享。知识还可以分类，如果知识与员工自身的利益切身相关，那么员工如何共享知识就是难题，就此而言，这样的知识就不完全是公共物品。团队工作和信任度会通过个人利益和个人功效感的作用而影响知识共享行为（路琳，2006）。又如，有学者考察了集体主义倾向和个人传统性及上下级关系（guanxi）对员工沉默行为的影响，结果表明：①员工的集体主义倾向和个人传统性对沉默行为分别有负向和正向影响；②上下级关系的质量对员工沉默行为有负向影响，其中领导信任起到中介作用；③上下级关系对传统价值观与沉默行为之间的关系存在调节效应，当上下级关系较强时，集体主义倾向和个人传统性与沉默行为之间的关系较弱（李锐、凌文辁、柳士顺，2012）。笔者认为，单位性质不同，上述发现应该有变。另外，员工为什么沉默，原因有哪些，这里并没有追问。

还有研究表明，经理人"谏言"是影响组织创新与有效运营的关键因素。有学者调查家族企业领导及其下属经理人配对样本，探讨关系对经理人"谏言"的影响，表明二者呈正相关，组织自尊与内部人身份认知在两者之间起中介作用；威权领导对组织自尊与经理人"谏言"的关系有跨层次调节作用，但对内部人身份认知与"谏言"关系的调节效果却不显著。这意味着领导如果改善威权作风，通过关系增强组织自尊与内部人身份意识，就能激发经理人的"谏言"（汪林等，2010）。不过笔者认为，威权领导人之所以是威权的领导人，恰恰在于他难以改变自身的威权性格。还有学者检验了关系营销导向与跨组织人际关系对企业关系型渠道治理的影响，结果发现，关系营销导向的强弱对企业与其渠道伙伴共同制订计划没有影响，但是通过跨组织人际关系对企业与其渠道伙伴共同解决问题有间接的正向影响，跨组织人际关系（包括情感性关系和工具性关系）对于企业与其渠道伙伴共同制订计划无显著影响，但对于企业与其渠道伙伴共同解决问题则有显著的正向影响（庄贵军、李珂、崔晓明，2008）。实际上，这样的研究有些同义反复：跨组织的人际关系本身可能已经意味着企业与其渠道伙伴共同解决问题了。

在组织社会学领域，奇达夫和克拉克哈特从社会关系角度研究组织行为，认为它既出现在个人的感知中，也与个人之间的差异有关。此方面的开创性研究表明，组织与环境互动成就一些网络化的认知，这些认知出现在参与者的心智中："将一个组织联结起来的因素，恰恰是将思想关联起来的因素。"（转引自 Kilduff and Krackhardt，2008：3）又如，组织内部和外部的朋友关系会影响组织对危机的回应（Kilduff and Krackhardt，2008：157－180）。人际关系还可以影响人们的文化态度。每个行动者都可以主动创建和再创建关系，在此意义上，所谓的关系就与每个行动者自身有紧密联系，因为关系本身就蕴含着每个行动者自身的自主性和创造性。要想研究领导与他者之间的纽带关系如何形成，领导者对关系的认知、期待就是一个入手点。

如果一个组织的负责人与组织外某友人有积极的情感关系，在组织遭遇财务危机时，此负责人就会得到其友人的关键援助。更一般地讲，组织间的关系可以构成一个知识库（knowledge base），它对于企业的成长、新关系建立及创新来说至关重要，很多组织理论和战略方面的文献对此都有论述。因此，领导者在获得重要资源方面有多大影响力，取决于其在组织之内和组织之间的关键网络中所占据的社会结构位置（Kilduff and Krackhardt，2008：20）。

（二）诸因素影响关系

前文已经指出，"关系"有很多类型，不同类关系的性质有别，每一类关系以及每一个关系都会产生很多影响，现在反过来分析它们又受到哪些因素的影响。例如，影响国际关系、群际关系、校际关系、个人与制度关系、家庭关系、强关系的因素各不相同，也不

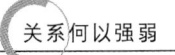

等于影响人际关系、群己关系、校企关系、国家与社会关系、职场关系、弱关系的因素。因此，在经验研究中，为了便于讨论，只能就具体的关系辨析其影响因素。既然如此，讨论的内容就不是"诸因素影响关系"，因为这里所说的"关系"不是一般意义上的关系，而只是某种特定类型的关系，这里的"诸因素"当然不是一般意义上的诸因素，而只是影响某种特定类型关系的特定类型的诸因素。

即便就"人际关系"这一大类特定关系来说，仍然可以细分，比如家庭关系、朋友关系、同事关系、邻居关系等，还可以是交换关系、强制关系、冲突关系等。每一种关系内部还可以细分，例如家庭中至少存在四种关系（夫妻关系、父子关系、母子关系、亲子关系），这些关系之间相互影响。如此继续细分，可以划分出几百种人际关系。很多学者探讨影响大学生人际关系的因素，例如人格、性格、价值观等，认为人际关系可能受到早期经历、学业、年级等因素的调节。在人际层次上讲，人际安全、人际疑虑、人际张力和人际报复等也影响大学生人际关系。除此之外，影响因素还包括家庭层次的家庭结构、父母教育态度、家庭关系、父母教养方式、家庭外部交往、父母是否缺位；学校层次的师生关系、同学关系等；社会层次的包括社会习俗、流行的观念、媒介接触等。

又如，影响夫妻关系的因素也很多，如性格、爱好等都影响夫妻关系。很多看似"鸡毛蒜皮"的小事会影响夫妻关系，是因为人会受到心理因素、观念因素等影响。

师生关系也受诸多因素的影响，包括微信朋友圈和微博，更包括涉及学生和教师的各种考核制度。在当代中国的教育界，很多僵化的教育制度及其背后的一体化权力体系及结构恰恰造成了师生关系紧张甚至冲突，更会造成师生关系冷漠。

影响医患关系的因素除了个别患者及其家属的不理解、个别医生医德有问题之外，更涉及医疗医药制度改革。

总之，仅考察强、弱关系有怎样的积极或消极效应还不够，还应考察怎样的强、弱关系在怎样的情境下对具体个人产生怎样的效应，为什么会产生效应等细节问题。当然，这些问题未必最重要，与关系运作有关的社会公平、正义、平等，关系中的德性、道德、伦理等更宏大的议题或许更重要。在不同类关系中，涉及不同的责任、义务和言行。每一类关系都有其特定的质，也有其一定的量。例如，格氏论及强关系与弱关系，然而二者具有质的差异，不能简单地比较。例如，弱关系通常是朋友、同事关系等，它们是不能与亲情关系相比的。亲属有别于朋友，二者性质不同，并不能简单地用四个指标的线性叠加来描述。同理，在关系传递性中涉及的不同关系也有质的差异，然而格氏并没有对此进行辨析，而直接预设了它们无差异。另外，A 与 B 关系本身的质和量还不同于 A 与 C 关系本身的质和量，又不同于 B 与 C 关系的质和量。这里更涉及关系中的时间、空间、利益、需要、同类吸引、异性相吸以及关系的边界等诸多问题，也涉及每一类关系的可能性、现实性和必然性。这些基础问题都很少被追问。

总之，影响关系的因素和关系所产生的影响都非常多，相关研究文献也繁杂。这些因素和文献会让读者眼花缭乱，也让笔者无所适从。笔者之所以列举这些影响因素和相关文献，一个目的是提出疑问：这些文献能说明什么问题？在多大程度上具有真理性？能给现实之人带来什么启发和行动？笔者更希望追问的是，多数文献所得出的结论需要有哪些相当严格的前提条件，且存在哪些思维和逻辑问题。首先，无论是探讨"关系"受到哪些因素的影响，还是关系影响哪些因素，这种思维本身就是线性思维，进行这种研究的研究者都是从丰富的现实世界中抽出他自己感兴趣而被研究者未必感兴趣的议题，看不到更大的整体格局，无视更丰富的生活世界中的整体问题。例如，仅就"师生关系"来说，它涉及学生本人、教师本人、学校的定位、学生管理制度、教师晋升制度、学生科创项目、考核制度、学校的科研管理制度、量

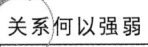

化考核制度、教育部的学科评估、国家的经济发展、大众传媒的资本化、教育资本化等各个层次的因素及其交互作用（transaction），绝不简单是"关系产生哪些影响""哪些因素影响关系"之类的相互作用（interaction）或相互影响的问题。其次，将"关系"单独抽取出来进行研究，这种"抽取"的做法本身未必合理合法，甚至并不是真正的关系研究。换言之，关系之所以为关系，恰恰在于它处于两项"之间"，而无法单独抽取出来作为独立存在的事项来研究，另外关系本身也嵌入关系网络之中，不独立于关系网而存在。

（三）关系嵌入网络中

通常所说的关系都处于行动者"之间"，行动者又处于各种各样的关系网络之中。换言之，关系是在关系网络中建立、维持、发展和破裂的，即关系嵌入更大的网络中。前文已指出，齐美尔的形式社会学开创性地分析了物理距离、社会孤立、个体化、群体人数等对社会关系的影响，探讨了关系在嵌入不同结构时的表现。在齐美尔的基础上，冯·维泽（Von Wiese）甚至列出了650种不同形式的社会关系（Levine，1971：xlvii）。例如，二方关系本身有诸多变化。在二方关系中加入第三方就变成三方关系，三方关系有更多变化。例如，先前的二方中每一方都可能拉拢第三方与自己联盟，共同对付另外一方，第三方也可能挑拨离间，坐收渔翁之利（the Tertius Gaudens）。当然，第三方也可能保持中立态度、担当调解者，或阳奉阴违、分而治之（Divide et Impera）、各个击破，另外两方却一无所知（Wolff，1950：154，162）。第三方还可能化解先前二方的冲突。

三方关系与二方关系有质的不同。夫妇初婚时只有夫妻二人，随着孩子的降生，整个家庭结构和家庭关系会发生质变。孩子降生通常会将夫妻和整个家庭更紧密地凝聚在一起，当然也可能给夫妻关系带来紧张甚至矛盾。这里大致有两种情形。一是第三方的存在可以直接开启或加强原先二方的结合，比如孩子降生可以促进夫妻互爱。二是二方中的每个人与孩子都会产生一种新的、间接的纽带关系，而这两种关系如果处理不好，也可能给家庭带来矛盾。例如，在教育孩子的观念上，如果妻子过分溺爱孩子而丈夫比较严厉，那么夫妻可能因养育孩子观念的差异而出现矛盾。也正是考虑到这些，某些婚姻不幸福的夫妇通常选择不要孩子。

格兰诺维特（2007：1~37）也指出，经济行动嵌入具体的社会关系网络之中。他认为，经济学中的完全信息假定不可能成立，完全市场假定也不能解释所有的市场行为。例如，劳动力就不单是商品，工资也不单是价格，其中涉及很多社会因素。理性经济人假设是一种社会化不足的假设，不考虑社会因素对人类行为的影响，因为行为和制度都受社会关系的影响。

格氏探讨的主要是求职行动、经济行动等嵌入社会关系之中。然而，一般行动和一般关系也嵌入社会网络之中。不过，针对关系嵌入关系网之中，不应单从感性经验上来理解，更应当从概念意义上来理解，具体包括两种理解，即前存在论的和后存在论的理解。所谓前存在论的理解，即在原初意义上不存在东西之间的"关系"问题，而只存在着"有什么"。换言之，从概念上讲，关系嵌入"有什么"之中。这里可以参阅海德格尔的思想，他的基础存在论论及"问题体验"，它是关于"有东西吗"这个问题的体验，具体分为三个方面。首先，"问题体验"涉及前理论的经验。"有什么"已经是最基本的经验，因为人们在说"有"之前，已经有一种前理论的体验了。如果没有这种体验，甚至不可能有所谈论的事实。可见，前理论的体验比理论化的行为更原始。其次，虽然"问题体验"是我的经验，但它并不以一个"自我"为前提。这是因为当我问"有东西吗"时，这个"有"是对某个"自我"而言的"给出"，但"自我"还不是问题意义的关联对象，因为思维还没有达到那一步，更因为海德格尔所谓的"质朴的观审"并不是经验观察,而是一种直接体验,其中还不存在"自我"与"东西"的对象性关系。相反,我却"投身"于其中。这种前存在论的体验甚至比马丁·布伯(2017:4)所说的"我—你关系""我—它关系"更原始,因"我—你"和"我—它"是两对基本词语,只要说出"你","我—你"这一对词的"我"也就一起说了;只要说了"它","我—它"这一对词的"我"也就一起说了。当然,前一个"我"不同于后一个"我"(布伯,2017:65),"我—你"这个基本词只能用整个的生命去言说,其中的"我"作为人格出现,而"我—它"这个基本词不可能用整个的生命去言说,其中的我作为自有生命即主体出现。换言之,在前存在论阶段,还没有建立一种知识或认识关系,"还只有一种前理论的关系——不,这里差不多还不能说'关系',而更应该说一种'状态',一种'意向性'的状态"(孙周兴,2002:86~87)。最后,在这种"有……"问题体验中,被追问的"东西"是"一般东西"。"东西"不是"某物",它可以表示不知是什么东西的"东西",因而不是什么具体"物"。东西并不是什么物性之物,追问"有没有东西"并不是问具体某人某物,而是"东西一般"。当然,这种追问给人一种苍茫虚空之感,海德格尔希望借此重新唤起素朴的"惊讶",即源于当下生命体验的"惊讶"——"有东西吗?"海德格尔对"东西"更深的思考在于他对"东西"的区分——前理论东西和理论东西,而他发现的前者或"原始东西"构成了其前期哲学的基点。

所谓后存在论的理解,即在前存在论理解的基础上,在经验意义上探讨关系如何嵌入关系者以及更大网络之中。实际上,绝大多数经验性的关系研究者首先没有认识到关系本身处于一种前存在论状态,没有认识到关系本身的纯粹性,即原初并不存在"关系"问题,因而也没有认识到经验性的关系研究的前提。例如,在求职关系研究中,绝大多数学者仅仅关注求职者所找到的关系人如何帮助他找到好工作,而无视关系得以起效的前提,即两个关系人之间原本没有关系,他们是因先天或后天的因素而产生关系,这意味着不同类关系有不同的质,因此不同类关系不可简单比较。这类研究还没有充分认识到,每个关系人本身又嵌入其所在的复杂关系网或生活世界的意义网络之中,这些网络几乎不能通过调查或访谈的方式得到测量或描述。现实中的任何社会行动者都不是"物",他们在被学者研究之前,已经是"在世存在",已经处于各种关系之中,即是关系性的存在或关系中的行动者。换言之,各种关系(包括强、弱关系)已经将行动者关联起来。无论学者是否"认识"行动者,行动者都已经"存在"于各种关系中并因此而成其为行动者。脱离了各种关系之后,他也不再是行动者。这意味着,关系不仅是"认识论"意义上的桥,更是"存在论"意义上行动者的"存在"。除此之外,行动者还必须有其自在的存在即自我保存的存在,尽管这种自我保存离不开外部情境或各种关系,因为人的一个本质属性就是社会人、群体人。当然,多数关系研究者根本不关心甚至没有意识到还有这样的哲学问题。问题是,如果不关心这样的问题,关系研究及其成果就可能是抽象的、不接地气的。尽管它们表面上看似很接地气,但这很可能是研究者自己对自己的误解,也可能是读者对研究者的误解的误解。

三 关系—凝聚外联系

围绕"关系促进社会凝聚"这个命题,前文探讨了有哪些理论、方式、因素(包括弱关系)在哪些条件下如何可能影响社会凝聚或将不同群体凝聚起来,各自有怎样的优势和不足,这种论证涉及该命题的谓词部分:促进社会凝聚。显然,从话语及真知角度讲这是不够的。从主词角度讲,还应讨论"弱关系"本身又在怎样的条件下如何产生哪些影响、效应、功能或作用(包括社会凝聚),然后比较哪些影响更重要。① 在所有这些影响中,"联结不同群体"或"社会凝聚"居于何种地位?是否最重要?前文已表明,"弱关系"除了"沟通微观与宏观""促进社会凝聚"之外,还在不同情境、不同条件下,对不同层次的"行动者"有不同影响或功用,如向个人提供信息、心理支持、情感慰藉、物质帮助,或嫉妒、打击他人;向组织提供情报、表忠诚、被树立典型、成为学习对象;成为众多机构的中间人、调停人,或者挑拨离间,中饱私囊;将不同群体凝聚或拆散等。②

当然,前文只是指出了"弱关系"具有哪些效应及其起效的条件,没有再论证发挥这些功能还需要哪些条件,因为仅知道弱关系有众多功能这件事情对于本书的论证来说已经足够。本书也无意于具体论证各种社会凝聚理论有怎样的优势和局限,而只关注如何从逻辑上论证"弱关系促进社会凝聚"。这里只希望指出,"沟通微观与宏观"或"促进社会凝聚"只是弱关系的诸多可能效应中的一种效应,这种效应还未必重要,而且其产生还需要很多预设或前提条件,然而格氏未指出这些细节。如此看来,"弱关系提供了一个最有效的微观—宏观桥梁"之说并未得到论证,其成立与否仍然待定。从逻辑上讲,只有经历这样的再论证,也才可能认清"弱关系促进社会凝聚"命题的实质,然而格氏未论证。

综上,分析影响"社会凝聚"的诸多因素(包括弱关系),再分析"弱关系"可能产生的诸多效应(包括社会凝聚)及可能受

---

① 当然,更可以继续深究"弱关系"本身又受到哪些因素的影响,其中每一个因素又会产生哪些影响以及又受到哪些因素的影响等。如此深究下去,可以得到诸因素综合作用的形式网络。当然,不能这样一直追问和还原下去,否则会错失事情本身的魅力,且可能陷入坏的无限还原。真正的无限是事情本身自我否定、突破自身界限、自我发展的辩证统一过程。社会学者关注的特定命题一般只是这张形式网络中的很少的节点及其局部网络,不可能关注整张网络。当然,这里只是比喻的说法,现实中并不存在完全可以进行经验描述的形式网络或观念网络。

② 实际上,这些说法背后的思维都是常识性思维,本章仍然基于常识性思维进行分析,旨在深入关系的细节,初步破除抽象思维。然而,常识思维仍然是肤浅的,上述说法本身仍然是有问题的。后文将专门对此进行批判。

到哪些因素的影响之后，我们惊奇地发现，"弱关系的优势"命题无非只是在"弱关系"的众多"效应"中找出一个来（沟通微观与宏观或促进社会凝聚，此效应还未必重要或最重要，并且其起效还需要众多前提条件），无视或排除其他效应，同时在影响各类"社会凝聚"（包括家庭、组织、社区、社会、国家等）的众多因素中也找出一个来（弱关系，这个因素也未必重要，更未必最重要，它要想发挥作用也需要诸多前提条件），也无视或排除其他诸多因素，于是在弱关系的一个可能不重要的效应（促进社会凝聚）和社会凝聚的一个可能不重要的影响因素（弱关系）之间人为地建立起一个关联，即建构了"弱关系促进社会凝聚"或"弱关系在造就社会凝聚力上扮演一个角色"（Granovetter, 1973: 1373）这个判断罢了。弱关系与社会凝聚之间并没有线性时间意义上的先后关系，"弱关系的优势"等命题无非只是现实世界中个人、家庭、群体、组织及社区等之间众多错综复杂关系中的小环节，甚至未必是真正重要的环节。

可见，"弱关系的优势"命题在其特定条件下可以是对的或正确的，但并不真，因为其形式与内容彼此不相符合。个人、组织、国家等实体通过其自身的内在力量，其次通过外部力量，如"利益""交换""情感""权力"等错综复杂地维系在一起，内在力量往往更有本质性。此类命题与"只要有个好领导，组织效率就提高"等类似，固然说出了内容，但是也没有说出多少。

"弱关系促进社会凝聚"之类命题中有主词和谓词，可以转换成主谓命题。所谓主谓命题，就是带有系动词"是"（is, are, being 等）的命题，系动词前为主词，即命题中的主体，主词以外的词是谓词，包括系动词及其后的词，它们是断言主词的部分，即对主词进行规定或表述事物的本质。谓词不能独立存在，而须依存于主词。亚里士多德认为，即便命题中没有系动词，也可以通过还原成带有"是"的命题而变成主谓命题。因此，"弱关系促进社会凝聚"等命题看似没有系动词，却可以还原成带有系动词的命

题即主谓命题。

上述辨析已经表明,在"弱关系促进社会凝聚"之类命题中,"主词和谓词似乎彼此间只在一点上接触,它们彼此并不相吻合"(黑格尔,2009:318;着重号为原文所有)。它们都是在主词与谓词的一点上建立外在的联系。"这主词被假定为一个固定的点,宾词通过一个运动被粘附在这个作为它们的支撑物的点上,这个运动属于对这个固定点的认知者的运动,而没有也被视为属于这个固定点自身的运动;但只有通过后一种运动,内容才会被陈述为主体。"(黑格尔,2019:14)也就是说,"弱关系的优势"等命题所描述的弱关系的运动或作用,实质上主要是研究者自己认知的运动,即研究者自己强行加给社会或对象的运动,或者说是研究者根据自身的预设或构想所设想出来的社会的运动,并不是社会自身的运动。当然,这种设想也并不完全是空想,而有一定的社会根据,但是这种社会根据也并不是什么真正的根据,因为最终得到的命题所关注的仍然是主词和谓词之间的外在关系。换言之,这个命题只是在"弱关系"与"社会凝聚"之间,在表面上甚至偶然地建立一条联系或联结,且这种联系未必是本质的、必然的联系,甚至是可有可无的联系,比如中华民族的社会凝聚就不可能通过弱关系建立起来,没有强大的政治力量,弱关系不可能将社会凝聚起来,没有精神性的力量,弱关系更不可能起凝聚作用,这些都与"弱关系"无关。又如,从观念上讲,宗教在很大程度上可以将信徒凝聚起来,根本不需要什么现实的"弱关系"。

这样的判断是经验判断,"它所包含的普遍东西、种类等等本身是不确定的,与特殊东西并无联系,反而两者是相互外在的和偶然的,同样,联结起来的各个特殊性本身也是彼此外在的和偶然的。另外,经验知识的基础到处是直接性、现成材料和假设"(黑格尔,2002:41)。至于这些现成材料、假定或预设本身是否成立则未经论证,就此而言,甚至研究者都未必清晰地知道基于其上的研究结论在逻辑上是否成立。当代社会科学学者很少认识到这一点，反而认为这样的命题是不容置疑的重要的客观发现，且有良好的证据来支撑，而没有认识到其抽象性。常人以及绝大多数学者想象不到这样的命题本身就有内在的局限，它对主词所说不多，对谓词所谈也少，毋宁说对事情本身毫无触及。

行文至此，我们大致论证了"弱关系的优势"（弱关系促进社会凝聚）命题或判断的非真性，还没有论证其"形式与内容"如何不符，未深究该命题或判断中"弱关系""社会凝聚"等词本身如何存在及其含义。这里的辩证思维逻辑在于，存在论比认识论更基础，这是一种尊重事情本身的思维。换言之，从辩证逻辑上讲，存在论问题先于本质论问题和认识论问题（黑格尔，2009；邓晓芒，2019：274），黑格尔认为它们最终统一于概念论。在辩证逻辑引导下，在探讨某物如何促进他物时，前提是应先知道某物以及他物分别"是什么"以及"如何是"，即"最首先的是要把存在本身是什么搞清楚"（邓晓芒，2019：274）。[1] 苏格拉底说，应该不使用任何一个未经解释和承认的名词来作说明，否则论证就是

---

[1] "清楚""明白""客观""可靠"等也是实证主义对知识的要求，然而这些概念的含义也需要弄清楚和明白，否则包含着这些概念的话语、命题等的含义可能是不"明白"的。笛卡尔在《哲学原理》中就探讨了这类概念。他认为，要想建立经得起推敲的判断，所依靠的知识就不仅要明白，而且还要清晰。所谓明白的对象，"就是明显地呈现于能注意它的那个心灵的对象，就如一些对象如果呈现于观察它们的那个眼睛前面，以充分的力量来刺激它，而且眼睛也处于观察它们的适当的位置，那么我们可以说自己是明白地看到了那些对象。至于所谓清晰的对象，则是界限分明，与其他一些对象厘然各别，而其中只包含明白内容的一个对象"（笛卡尔，1958：17）。这样的论述至今仍让常人感到满意，但这种常识是存在疑问的。康德认为，这样呈现对象都离不开人的意识，并且预设了对象的静止不动，自身没有发展动力。另外，这种认知的基础只是感性的确定性，认识不到这种明白、清晰实际上是抽象的明白、清晰，因为直接感觉到的东西即感性确定性是最抽象的（黑格尔，2015：第一章）。黑格尔深刻地认识到，知识应具有整体性、辩证性，明白性应该在整体中寻找，不应要求知识有清楚性、明白性，这种要求本身已经过时了，尽管这些要求在两个世纪后的当代庸俗实证主义中仍然有市场（参见阿多诺，2020a：74～82）。诸如"明白"等概念如果不在哲学上谈论明白，很多看似很明白的论断很可能并不明白或只是抽象的明白，这也是概念辨析或思辨思维的令人明白之处。

无效的。尽管苏格拉底的标准相当苛刻，但无疑可以帮助言说者澄清其论断的意义。如此看来，首先应探讨所问之事物本身"是什么"及"如何是"中的"是"，其次才应探讨事物本身"怎么样"或"是什么"中的"什么"（参见邓晓芒，2019：367）。这种思维逻辑才真正重要，也相当深刻和复杂，本书也只能很"片面地"辨析"弱关系""社会凝聚"概念本身如何是，只希望这种辨析对于社会学来说是足够的。

按照这种思维，当论及此物与他物之间有"关系"时，首先就应该分析这种关系本身是否真的存在，以及如何存在。此类前提性问题需要在具体调查、访谈、实验之前就辨析清楚。因此，要想进一步考察该命题的本质，应再挖掘其前提基础，进行概念辨析，探究弱关系、社会凝聚各自"是什么""如何是"，它们的意义何在，如何建立联系，如何保持稳定，生活中的关系、弱关系又有哪些意义。所以，辨析"关系""弱关系"等概念，首先应在存在论意义上考察"关系"本身如何存在，有怎样的规定性，其质、量、本质、属性、意义等怎样，然后才可以对其进行定义和测量等认识论工作。如果探讨求职中的关系，还可以追问通过关系找到了好工作又意味着什么，求职者又将怎样继续生存和生活。现代人无论在体制内还是在体制外工作，都有很大压力。因此，更重要的问题是现代人如何更自在地、自由地生存在世界中，怎样生存和生活才更有尊严，而不简单是弱关系及其效应，而这都离不开对关系概念本身的辨析。总之，对关系概念的辨析要先于关系的定义，对"关系"的定义又先于对关系的测量，量化研究较少关注此类基础问题。

还有一些概念未得到辨析。严格地说，要想真正论证"弱关系促进社会凝聚"，除了辨析上述概念之外，还须辨析"社会网""过程""微观""宏观""有效""关系本身""关系项"等其他重要概念，澄清凝聚、社会凝聚等概念。什么是凝聚、社会凝聚？凝聚、社会凝聚本身如何存在？因何存在？有哪些表现？凝聚态如何继续保持？又有哪些力量会消减甚至破坏事物的凝聚？这些工作不是社会学家的，社会学家也没有时间和精力做这种基础工作。然而，概念辨析是任何学术研究的前提或首要工作。这里所说的概念不是常人所说的概念，而指古典哲学家特别是德国哲学家所说的范畴性概念，它通常指事物的形式规定性或事物的全体。一项研究如果概念不清晰，其研究成果可能不被世人所理解，更不会深刻。社会科学研究如果想深入下去，就离不开概念辨析工作，因而不能不对事情、术语、语词、概念采取思辨的态度。包括格兰诺维特在内的很多学者都认为阐释概念、观念、理念等是大而无当的工作。实际上，常识想象不到，观念的东西看似不实在，却"以比经验的实在更实在的方式构成了经验的条件"（庄振华，2018：12；2019：1~16），而要认识到其实在性，就需要从哲学上进行概念的思辨，"哲学不是玩抽象概念的游戏，它要看的是事物本身的条件，而事物的条件属于概念的事情"（庄振华，2018：12；2019：1~16）。

总之，本章证明了"弱关系促进社会凝聚"这个命题只是在主词和谓词之间建立了一种表面的、外在的联系，对主词和谓词都所说不多。因此，这样的命题不会给人带来多大启发。至于某人自认为受到很大启发，那可能是一种误识但不自知。关键在于，此类命题对于作为事情本身的主词和谓词都几乎无涉。要想探究事情本身，就需要超越常识思维，进入事情本身的"凝聚"这个概念的内在深义：关系是凝聚本身不可或缺的规定性，毋宁说就是凝聚得以成立的内在条件，它既不是必要条件，也不是充分条件，而就是事物本身对自身内在凝聚的规定性，或者说就是事物本身的"质"。换言之，如果没有这种质的规定性，事情本身也就不再是事情本身了。然而，常识之所以为常识，就在于其经验性而非超验性。如果认识到思维或概念的超验性，就根本不能将"关系"单独拿出来进行考察，然后再辨析"关系"如何促进"社会凝聚"。这种抽离工作实际上是本末倒置，并且研究者和常

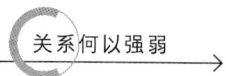

人通常不自知。同理，关系不是社会凝聚本身得以成立的什么外在"属性"，而就是社会凝聚本身的内在要求。诸如此类存在论问题是在研究"弱关系与社会凝聚之间的关系"问题之前首先应该追问和探究的。鉴于此，第四章和第五章分别深究"凝聚"和"关系"概念。

第四章　事情本身散而聚

　　格氏名篇分别阐述了弱关系在信息传递、个人求职、社区凝聚以及微观与宏观沟通等方面的优势，特别强调了其对于社会凝聚的优势作用。这些优势实际上都围绕着信息而展开，即仅仅是从信息角度而言的优势，并非其他方面的优势。如果从其他方面讲，弱关系恰恰可能是劣势。就此而言，优势或劣势都是相对的或有条件的。前文的逻辑辨析已经清楚地表明，格兰诺维特并没有真正证明其重要命题之一，即并没有通过真正的比较来证明"弱关系"是最有效的联结方式，没有给出弱关系起作用的前提条件，也没有更好地论证"弱关系促进社会凝聚"这个命题。

　　从思辨逻辑上讲，要想探讨"弱关系"如何影响"社会凝聚"，一个逻辑前提是，首先探究或弄清楚"弱关系"概念本身是"什么"、如何"是"或如何"存在"，以及"社会凝聚"概念本身是"什么"、如何"是"或如何"存在"，然后才可能探讨二者之间存在怎样的关联。用符号来讲，如果不首先辨析 A 和 B 各自的概念，就不应该探讨"A 影响 B"之类的命题，也不可能真正理解"A 影响 B"之类命题意味着什么，或者说"A 影响 B"之类命题与"A 本身""B 本身"可能毫无关联，或者仅有外在联系。"弱关系促进社会凝聚"这个命题只关注弱关系与社会凝聚的"促进"这种外在联系，不关心这种外在关联背后如何可能有本质的必然联系。毋宁说这是一类相当特殊的"促进"关系，研究者甚至对这种"促进关系"的本质也一无所知，未深究如何可能"促

进",也不追问 A 本身如何存在和 B 本身如何存在,甚至更可能对它们一无所知。在统计意义上,所谓的"促进"未必是重要"促进",而只是特殊类的比较,即比较有弱关系的一类人和无关系的一类人的两种"凝聚状态",且对"凝聚"本身所说不多。因此,这样的研究结论并不像很多学者所说的那样有普遍性或必然性。即便很多学者论及大概率的关系,也仍然只是外在的关系。更重要的是,该命题没有深入研究"关系本身"、"弱关系本身"和"社会凝聚本身"分别怎样存在或如何存在,即对它们几乎没有触及。也就是说,首要问题并不是"凝聚"或"社会凝聚"受到哪些因素的影响,而是事情本身如何存在。本章基于"事情本身"的逻辑,从概念上辨析"凝聚""社会凝聚"概念及其内涵,下一章再辨析"关系"概念。

一 事物本身凝聚力

格氏认为,强关系能在一个群体内部产生凝聚力,弱关系能在不同群体之间产生凝聚力。实际上,这是很抽象的说法,不考虑具体现实,毋宁说是意义不大的。同样,"关系助益求职"之类命题本身也是抽象的命题,它看似有一定的普适性,实质上很特殊。此类命题要想成立还需要有很多具体条件,然而该命题本身无法提供这些具体条件。抽象地说这样的命题意义不大,求职者并不会因了解该结论或命题而增加其强、弱关系人的数量,因为其网络规模与其自身的各方面品格息息相关,并不单单取决于其主观意愿,并且关系的建立还取决于双方。

一般的读者很可能以为这是重要发现,也不会思考其意义到底何在。实际上,该命题与其他命题一样,在说出内容的同时也遮蔽了众多没有说出来的丰富内含。它将僵死的模型套用在丰富的现实上,得到的只是研究者在研究之前就希望得到的结论,毋宁说这并不是客观的结论,但是研究者和求职者本人通常不知道这一点。

第四章 事情本身散而聚

如果说某种"关系"可以促进"社会凝聚",那么这种"关系"概念绝不仅限于人际关系或弱关系,而更应该是一个社会真正长期凝聚起来的某种内在力量,它通常是精神层次或理念层次而非质料的力量。相比之下,物质层次或利益层次的关系力量通常不会将一个社会的成员紧密地凝聚在一起。不过,这仍然只是在经验意义上论述"凝聚"。

凝聚研究需要始于概念辨析。从词义上讲,凝聚(cohesion)蕴含着凝和聚。"凝"既可以指物质结成一体,重点强调所结成的"一体",如气体变为液体或液体变为固体,从而有凝冻、凝固之义等,也可以指精神的注意力集中,如凝神、凝思、凝视。"聚"是一个形声字,下面是三人并立之形,指众人"聚会"或"合"的过程,但没有强调聚合成"一体"。与之相关的词有事物的聚合、聚积、集合,人员的聚集、聚拢、聚众、聚齐、聚会、聚餐、欢聚一堂,观念或精神上的聚焦、类聚、聚气、聚义、气聚等。可见,凝和聚有所不同。"聚"只是"合"的过程(如聚在一起商量,聚合到一起),因而可能只是外在、表面的汇合或聚拢,达不到"凝聚""凝结"成"一体"的程度;"凝"的过程则一定有"聚",否则事物凝成不了一体。因此,这两个字合在一起构成"凝聚",就指某物的凝结和聚集并且形成"一体",换言之,单单聚在一起而不能形成"一体"的聚合并不是真正的"凝聚"。

"聚"的方式则有多种。火柴简单地堆积在一个火柴盒里,然而,火柴盒里的每一根火柴之间只是外在的相邻,而没有内在的关联。如果依据某种规则摆放很多根火柴,从而看出新形状及其意义,如摆成三、十、田、甲等字或金字塔形状等,那么这些字或形状就展示出火柴的某种凝聚,这种凝聚来自新形状所具备的新形式,而这种形式既来自形状的设计者,也来自形状本身。进一步讲,多个陌生人"聚"在一起可以构成一群人或一个人群,但还不构成一个群体。要想构成一个群体,需要有某种力量(如共同的责任、利益、任务等)将各个人聚在一起。然而,这样的

集体通常也不是很有凝聚力的集体，而更多是多个人简单地、外在地聚集在一起，它们之间缺乏内在联系。同样是班集体，两个不同的班级可能凝聚力不同，因为二者有不同的集体意识或观念。按照格兰诺维特的说法，两个组织可以通过弱关系而联系甚至凝聚起来，然而由此形成的凝聚力通常不会很强。某种直达人心的有一定神圣性的观念，恰恰能够更好地将一个集体变成更有凝聚力的集体，在这样的集体中，成员之间具有内在的联系。

凝聚与联结是不同的概念，事物之间的联结未必是凝聚，不同群体之间的联结也有别于它们之间的凝聚。除了"联结"之外，有很多与"凝聚"类似的概念，如凝结、凝集、凝缩、凝固、内聚、连接、整合、组合、聚合、团结、集中等。它们与"凝聚"有哪些异同，如何有差异，要探究这些问题仍然需要概念分析。例如，"连接"（联结）是一个中性词，指事物之间在某个方面的关联或联系，它可以是积极的或消极的。凝聚的含义则比连接（联结）更进一步，或者说凝聚是一类特殊的联结或连接，事物本身内部各要素之间积极的、紧密的、自成一体的连接（联结），而不是一般的连接（联结）。反过来讲，凝聚是连接（联结），连接（联结）未必是凝聚。凝聚保障了事物是其所是，是其自身而不散落开来。凝聚还不同于整合或团结，这里不再讨论这些概念，而围绕"凝聚"进行辨析。

上述对"凝聚"的词义解释还无法触及更深的问题。例如，事物依靠什么力量凝聚？如何保持凝聚？哪些因素影响凝聚？凝聚的程度怎样？为什么随着时间推移事物不再凝聚而涣散开来？还可以追问，现代人为什么身心分裂而凝聚不起来？现代家庭为什么难以凝聚？社区的凝聚意味着什么？社会、国家如何可能凝聚？不同类行动者各自如何可能凝聚自身？不同行动者相互之间如何可能凝神聚气？概括地讲，事物本身如何可能真正凝聚？对这些问题的回答无法依靠词典对"凝聚"含义的界定，而需要概念辨析，即辨析"凝聚"概念及其意义。

第四章 事情本身散而聚

某事物（物体、个体、家庭、组织、社会、国家等）之所以为某事物，其自身必然是具有内在聚集性的统一体，因其内在具备的"凝聚"而被称为某物。凝聚的实质何在？某物之所以为某物，乃在于它是"凝聚"在一起之物，如此才称其为某物而非他物。作为实体的事物，其本身必然有其内在的、持存性的凝聚方式，这种凝聚方式本质上不依赖于任何外力、外物（包括弱关系）而存在，否则事物将分崩离析而不是凝聚在一起。至于"社会凝聚"则更复杂一些，其凝聚方式以及离散方式都是多种多样的，但是这些凝聚方式本身仍然与外在性弱关系的关联不大。也就是说，所谓某物的"凝聚"，首先意味着该物或事情自身内在地具有自我保存的能力，即拥有将自身内部诸要素有机地而非机械地凝聚、整合起来的内在力量。事情本身要依靠"内力"而非外力将自身凝聚，外力无法保障事物本身的持存。内在凝聚力就是事物自身凝聚的内在力量，是事物本身"是其所是"的规定，外在的条件和环境虽然影响事物本身的凝聚及其发展，但不会影响事物本身凝聚性的实质。因此，凝聚之物指凝结在一起的单一事物，它本身必然是作为"一"而非"多"而存在。

首先，每一个实体或对象本身都有其内在凝聚力。不同类实体（个人、家庭、家族、村落、组织、社会、国家等）拥有不同的内在凝聚方式，它们之间通常不可被简单地比较，即不可通约。个体正因其可以凝聚成一物，与外界有分别，才有资格称为个体。单个细胞因其内部的有机结构而成为单个有凝聚力的细胞，将自身凝结成单个实体，通过细胞膜与外界相隔开来。个人在身体和精神上能够自我保存，与其他个人区别开来。从"身体"上讲，每个人都因其内在身体的有机联结而凝聚成单个个体，头、颈、四肢有机地凝聚在一起，否则一个人就分崩离析，也不再是活人。这种凝聚是肉体的有机联系。但是如果没有精神的内聚，人的身体很可能涣散。当然，个人的生存和生活还离不开或依赖于他者或环境。因此，个人在精神上有内在的凝聚力量并不容易。现代

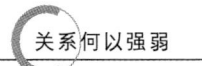

人通常有良好的身体，但是缺乏有精神的心灵，没有很好地实现身心整合和凝聚。产生这种境况的原因有多种，现代性制度是人与自身分裂的重要原因之一。就此而言，现代人普遍面临如何凝聚身心、克服身心分裂的重大课题。在虚无主义时代，个人如何可能自救？这就涉及个人如何看待以及如何处理好关乎"个人"的各种关系，包括人际关系、个人与组织的关系、个人与世界的关系等，其中最重要的是自己与自己的关系。

就一个人与自身的关系来讲，这里存在着主奴关系的辩证法：一个人是真正将自身作为主人，自己支配自己的命运，还是受到各种外在力量的控制，成为外在因素（比如金钱、地位、排名、成绩、面子等）的奴隶。对这些议题的探讨及回答才更接地气。主奴关系不简单是主人和奴隶之间的外在关系，而更是一种人的精神发展的过程，在这个过程中，主人和奴隶同出一源，这里涉及一个人如何克服自身的奴隶意识，自己将自己教化成为自己的主人的过程，"只有在其中才形成知道自己的真正自由的人"（隈元泰弘，1991：58），这要人克服自身任性的局限。这里的问题十分复杂，本书只指出这一点而不再深究。无论如何，抽象或简单地说强关系、弱关系有积极或消极效应都是言之无物的。

现代人忙碌于工作，甚至没有时间反思与自身的关系，更难以将家庭和事业有机地融合在一起。如果职场人士没有处理好二者之间的关系，很可能导致家庭的涣散、离散甚至解体，这也是几乎每个现代人都应思考但无暇深思的问题。婚姻的凝聚可以依赖于物质因素，但是更依赖于夫妻双方的相互欣赏，而这恰恰离不开二人在思想、品德、道德、伦理、精神等观念方面的默契或一致，这才是真正的"门当户对"。如果夫妻双方有共同的志趣、爱好，能够相互提携和关心，其婚姻美满的可能性更大，家庭会幸福，也具有凝聚力。

家庭的凝聚还不同于婚姻的凝聚，后者主要关乎夫妇双方，前者则至少涉及核心家庭的三个成员。在中国，一个家庭即便没有了婚姻的凝聚，但是为了孩子或考虑到其他方面，家庭还可能表面上继续凝聚下去。然而，要想更好地维持家庭，至少需要夫妻之间的相互理解、相互欣赏、志同道合，需要夫妇都理解子女，也需要子女理解父母，简言之，需要三方两两相互理解，而这对于"自由""独立"的现代人来说恰恰非常困难。因为某个实体的凝聚可能与另外一个实体的凝聚相冲突。例如，母子之间如果过度凝聚，或母亲如果过度溺爱孩子，每时每刻都离不开孩子，则很可能给孩子、父亲及整个家庭带来负面影响甚至灾难。不懂真正的凝聚，一味地溺爱孩子，这不是真正地培养和养育孩子，而很可能扼杀了孩子的独立性、自主性和创造力。大多数家长未必清醒地知道这一点，即便在观念上懂得这个道理，现实中也未必知道怎么践行，因为这里既涉及对事物整体的认知，也涉及具体实践的知识和智慧，而知识和智慧往往是在"头破血流"之后，才可能领悟一点点。因此，如何真正培养孩子，达到更本真的凝聚，这就是概念性的问题，而不简单是理论问题，也不简单是知识问题，毋宁说是一类实践问题。

对于一个群体来说，群体内还有各种张力和矛盾，群体成员受到群体规范的约束和引导，也受各种权力的规训。群体内的凝聚方式还不同于群体间的凝聚方式。袁隆平院士逝世后，国家降半旗致哀，有人认为这"有利于更加团结凝聚我国广大科技工作者的爱国热情和力量"。如果说这个"有利于"是成立的，那么它在多大程度上成立？哪些因素更可以凝聚或破坏科技工作者的爱国热情？这些问题不是不重要，而是都离不开事情本身的内在凝聚。

同样，一个组织必须通过其内在的结构（包括股权结构、工资结构等）将自身凝聚在一起，保持自身的边界，才能被称为一个组织。现代社会是高度组织化的社会，各个组织之间可以通过弱关系（如组织领导者之间的情感纽带）联络起来，但是将各个

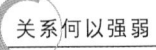

组织有效地凝聚起来的力量还有很多，比如组织间的利益交换、相互协作、上级单位对下级单位的指令、多个组织构成的更大组织集群因共同对付其他竞争性集群而产生的向心力等。当然，随着官僚制组织的管理日益僵化，组织内部的关系紧张，人们相互竞争，在精神上离散开来，孤独感油然而生。政治、经济类组织的凝聚还涉及愿景、理念、经济效益、制度公平性等，政治组织的凝聚则关乎公正、制度、意识形态等。例如，工人们如果太抱团取暖、很有凝聚力，则可能危及资产者的利益，劳资关系如何处理？资产者和无产者之间可能达到凝聚吗？组织的凝聚与其成员的自由有着怎样的关系？这同时也是一类"结构和能动"的关系问题。按照德国哲学的思想，即人的自由指的是"理性为自身立法"，那么成员在其所在组织中可享有多大程度的自由？或者说一个组织在多大程度上能够帮助其成员为自身立法？解决这个问题对于官僚制组织来说尤其紧迫。诸如此类思想性问题是讨论社会凝聚时不可缺少的。

"社会"层次的凝聚即"社会凝聚"也有其意义和体现，社会凝聚不是简单的事物凝聚，而是充满了张力。例如，"奇异者""失范者""离经叛道者"往往被社会主流驱逐出去。这意味着，在探讨社会凝聚时，不能脱离社会离散。格兰诺维特所提及的"社会凝聚"（social cohesion）是一个复杂议题，绝非简单的强弱关系可以解释的。例如，近代中国闭关锁国，内部缺乏有力的社会组织，整个社会犹如一盘散沙，缺乏凝聚力，再加上资本主义列强向全世界倾销生产过剩的产品，使得晚清时期中国被列强侵略。历史证明，近代和当代中国社会都不可能仅依靠不同群体之间的所谓强、弱关系凝聚和团结起来，而必须依靠党组织的强大组织力，这种组织力本身可以单独存在，与"强、弱关系"的关联不大，尽管组织的运行可能离不开关系。当然，事情本身是辩证的，如果一个组织的凝聚力太强，以至于消灭不同意见者，那么组织将难以存在。同样，一个国家的凝聚力也大大依赖于其国家能力，毛主席在天安门城楼曾经清醒地高喊，"我们应当进一步组织起来。我们应当将全中国绝大多数人组织在政治、军事、经济、文化及其他各种组织里，克服旧中国散漫无组织的状态"（《中国人民大团结万岁》1949年9月30日）。没有国家的组织能力，何谈社会的凝聚。国家组织能力表现在很多方面，包括强制能力（抵御外敌，维护内部安宁）、汲取能力（从社会汲取一部分经济资本）、濡化能力（广泛认同的认同感和价值观）、认证能力（在数据和标的物之间建立一一对应的动态关系）、规管能力（改变个人和团体的行为，使之符合国家制定的规矩）、统领能力（公务人员、国家机构廉洁自律，统领国家发展）和再分配能力（在不同社会集团之间就稀缺资源进行权威性的调配）等基础性的国家治理能力（王绍光、胡鞍钢，1993；欧树军，2014），而这些能力作为社会凝聚力的重要因素，也都与"弱关系"毫无关系。① 当然，国家汲取能力如果太强，权力过于集中，就会造成社会弱化和民生艰苦，不过这是另外一个问题。

对于"社会"来说，通过弱关系而达成的"凝聚"如何可能随着时间推移而维持下去？还有哪些因素可以促成"整体"的离散？这涉及事物跨越"时间中的同一性"这个不被关注的哲学难题。有学者提出一种实用主义的解决方案，即将此问题视为基于利益关切的逻辑虚构，如此即能克服其中的困难（苏德超，2017）。不过，这种解决方案关注的是利益关切者对事物的评价，仍然与事

---

① 读者会以为，引用家庭凝聚、国家能力等例子并不恰当，因为格氏等论述的是弱关系通过信息传递等方式所带来的社会凝聚。实际上，读者的这种想法恰恰有问题。本研究想要证明，弱关系等带来的凝聚无非只是一种特定的凝聚，而不是作为概念的凝聚。另外，社会的凝聚，家庭、个人的内聚，国家的凝聚等相互之间都有内在联系，不仅如此，社会、家庭、个人等客体各自内部也有其自身的内部凝结性的联系，因为"事实上客体就是潜在的概念，当概念作为目的，实现其自身于客体时，这也不过是客体自身的内在性质的显现罢了"（阿多诺，2020a：72）。鉴于此，本研究探讨的是主要概念意义上的凝聚，因为概念以及概念辨析更重要。

物本身的关联不大。也就是说，事物仍然有其内在的形式在引导着事物是其所是，而这与利益关切者关系不大。

这里有一个不被社会学者关注的问题：有凝聚力的"一个"事物如何可能同时有"多"种不同属性，或者说这些属性按照怎样的方式，如何可能化合、凝结或凝聚（而非简单地线性组合）成"一个"新事物？在莱布尼茨看来，只要能说清一物的内在聚集性或同一性，那么该物就是单子。他认为，一架机器作为一个聚集体，固然比其诸部分的总和要多，但是它并不涉及某种从自身来看是凝聚的、统一的东西，因为这是设计者从外部把诸多部分组合成一个机器的。相比之下，实体（自我、个人或单子）的统一则是内在的理念性统一，它可能体现在物质形体上，更可能体现在人类个体的精神或心灵上。这是一种来自自身的统一，是将杂多联结在一起即从内部来构造的统一。换言之，这种联结也是一种内部的活动。这种统一背后有理念的、内部的、有机的原则，由此得到的统一即为单子，它有一种内部力量和内部规则，这种原则保障了"樱桃核中始终只会生长出一种樱桃树，而不会生长出李树"（波赛尔，2002：56）。然而，社会科学的凝聚研究通常遗忘了这种内在凝聚力量。

总之，个人、家庭、社区、各类组织（私营企业、国有企业、教育组织、军事组织、政治组织）、市民社会等不同类"实体"有各异的凝聚方式。归结起来，事物的自我保存关键在于其自身的内在凝聚，但这不意味着与外界毫无关系，事物也是在与外界的有机关联过程中成就其自身的。种子发芽和成长首先要有其内在的生命力，同时离不开外部环境。常识认识不到这种整体性的概念性事物。"概念性、整体性、精神性事物的本性就在于按照自行分裂自身而又回到自身的那种运动方式存在。"（庄振华，2019：635）

二 离散与凝聚相依

事物自身在凝聚自身的同时,还内在地具备否定自身的力量,即离散的力量。因此,探讨凝聚就离不开离散。换言之,不考虑事情本身内在的涣散、分离、离散,就不能真正考察"凝聚",甚至不知道本来凝聚之物最终如何不再凝聚即破裂开来。

凝聚是相对于"离散"、"离心离德"甚至"互害"而言的,离开后者就无法探讨前者。凝聚和离散是一对辩证相关的概念,二者相即不离,不可能脱离一方讨论另外一方,而是应该基于一方讨论另一方。在论及"凝聚"时,实际上已经预设了"离散",因为所谓"凝聚"就是不同"事物"或"要素"的凝聚或结合在一起。而不同事物之所以"不同",就在于它们是相互离散的。同样,当论及"离散"时,已经预设了"凝聚",因为所谓"离散"就是不同"事物"或"要素"之间相互不同,不能凝聚或结合成"一个事物",这意味着不同要素或事物首先是其本身,即是单独的、有内在凝聚力的另外"一个"事物,不能凝聚成单独的、有内在凝聚力的"一个"新事物。因此,凝聚就是事物自身异中之同与同中之异的统一。认识到这一点,无论是对于具体个人、家庭、群体,还是对于组织甚至国家来说都非常重要。例如,当一个组织的领导声称自己的组织很有凝聚力时,未必认知到组织的各个成分之间是离散的,未必认知到各个成分之间的边界。他很可能用抽象的"凝聚"概念遮蔽或压制了其构成成分的离散或异质性。因此,凝聚和离散这一对概念是一体之两面,关乎事情本身如何内凝或消散。在现实中,具体实体在凝聚和离散方面可能有四种表现:形散神不散、形散神亦散、形聚神散和形聚神聚。

在病态社会中,凝聚与离散并存,病态者通常被社会驱逐出去。在内卷加剧的当代,人们普遍感觉到,工友之间、劳资之间、教师之间、师生之间、人与制度之间等各种关系已被"撕裂"。各级各类组织（包括大学、企业）的成员之间之所以内卷日益严重，相互猜忌甚至争斗，主要是为了争夺由制度所控制的稀缺资源，而制度安排背后又有争权者对权力的争夺及其对社会的控制。理性化制度背后又有资本和权力的双重控制，它将一切事物都变成可以交换而非交心的物品，也使得人与人之间日益离散而非凝聚起来，常人在被迫参与争夺稀缺资源的过程中苦闷不堪。当人们普遍感到焦虑、苦闷、抑郁时，如果单独讨论"社会凝聚"而不论及"离散"，这是不接地气的表现。为了在精神上排解苦闷，少数人只能退回到内心，阳明心学等精神作品于是成为显学。

"社会凝聚"与"个人独立"之间有怎样的关系？社会"凝聚"是否以牺牲个体自由为代价？"弱关系的凝聚性"等研究如何回应时代困境或"真问题"？在探讨"社会凝聚"的同时，不能忽视问题的一面，即"社会分裂"，因为凝聚因离散而存在。在当代情境下，探讨"社会分裂""社会冲突""戾气""社会分化"等更重要，或者说"离散"是比"凝聚"更重要的问题，或者说是凝聚的另类表现。

例如，家庭关系可谓人世间最重要的关系，为什么有那么多家庭解体？仅说强、弱关系有凝聚力（包括家庭凝聚力）并未抓住事情的本质，也解决不了什么问题。即便撇开这种说法的抽象性不论，这两种关系也都不会像通过精神、观念等建立的联结那样更有凝聚力。例如，精神上志同道合的夫妻能更好地凝聚起来，而观念上的差异甚至可能使父子反目。就此而言，关系的好与坏、强与弱本身可能是价值观异同的结果而非原因。

弱关系可以同时具备凝聚力和离散力。同理，强关系也有凝聚力和离散力。没有"非凝聚""破坏""离散"，就没有"凝聚""结合""聚合"。凝聚是相对于"离散"、"离心离德"甚至"互害"而言的。例如，既可关注强关系的凝聚性，也可以深究其破坏性，比如强关系可能给人带来伤害，正如某些父母给其孩子带来伤害一样。就此而言，"弱关系的力量在于它将多个群体的行动者凝聚起来"命题固然说出了内容，但也未说出太多。研究者在研究之前如果关注"弱关系"的力量，就会在研究中发现这种力量，如果关注"弱关系"的"弱力"，就会在研究中发现这种弱力。换言之，研究者在研究之前希望发现"什么"，就会在研究结果中发现"什么"！可见，"弱关系的优势"之说没有太大的意义！

概念作为理念是存在的，它是寓于事物本身的东西，"事物之所以为事物，全靠这种东西，因此，把握一个对象也就是意识到这个对象的概念；当我们去评判对象时，并不是我们的主观活动把这个或那个谓词附加给对象，而是我们在对象的概念所发挥出来的规定性中考察对象"（黑格尔，2002：304）。同时，概念作为形式并不脱离质料，不脱离现实而存在。

对聚、散的分析也有很多体现。例如，学术研究中暗含着对"分散、凝聚"的经验性理解。分析、分解成多个原因或要素的过程相当于"散"，最终结合成"一个"模型或判断的过程相当于"聚"。这也是常人的知性思维或经验思维的过程。针对一个现象，我们通常要一层一层地加以分析，就像剥洋葱一样。然而，"这种分解过程的主旨，即在于分解并拆散那些集在一起的规定，除了我们主观的分解活动外，不增加任何成分。但分析乃是从知觉的直接性进展到思想的过程，只要把这被分析的对象所包含的联合在一起的一些规定分辨明白了，这些规定便具有普遍性的形式了，但经验主义在分析对象时，便陷入错觉：它自以为它是让对象呈现其本来面目，不增减改变任何成分，但事实上，却将对象具体的内容转变成抽象的了。这样一来，那有生命的内容便成为僵死的了，因为只有具体的、整个的才是有生命的。不用说，要想把握对象，分别作用总是不可少的，而且精神自身本来就是一种分别作用。但分别仅是认识过程的一个方面，主要事情在于使分解开来的各分子复归于联合"(黑格尔,2009:122~123)。在黑格尔看来,知性思维中的聚、散或分解、综合并不是事情本身的聚、散或分解、综合,而只是外在的、抽象的聚、散或分解与综合,与事情本身关联不大。所以,不能用知性思维、线性思维、形式思维的分解、综合或聚、散代替事情本身的分解、综合或聚、散。通过"关系"将微观与宏观凝聚或联合起来,这在很大程度上是研究者自己构想的凝聚,并不是事情自身的真正凝聚。

胡塞尔早就倡导回到事情本身意义上的凝聚。他认为,现代西方人将近代科学"世界"视为客观的、真理的世界,丧失了原初经验的"生活世界"。胡塞尔的原初目标是通过现象学方法,从先验主体性出发澄清经验世界,打破"双重丧失"僵局,即同时恢复二者。但由于胡塞尔受限于同一性的、直观性的思维模式,缺乏"非同一的辩证眼光",其目标并未达成。阿多诺认为,现代社会有严重的"经验丧失"或"经验的物化"问题,它是主体性和客体性的"双重丧失"。阿多诺希望抵抗经验的"物化",恢复在"物化"中丧失的"主体性"和"客体性"。由于主客关系是非同一的辩证关系,只有批判主体及其概念的强制特征,确立一种"通向事情本身的自由",通达"事情本身"才是有可能的(魏琴,2021:91)。

事情本身并不是任何研究者通过自己设定的研究程序可以把握的,因为研究者一旦采取某种视角,所研究的事物就以这种视角向研究者显现。就"弱关系的优势"命题来说,研究者如果关注"弱关系"的离散性,就会发现其离散性。例如,弱关系人离开其朋友而不感到悲伤,可以渔翁得利,甚至挑拨离间,这方面的例子举不胜举。同样,如果像格兰诺维特那样仅关注"弱关系"的凝聚力,就会"发现"凝聚力,而认识不到事情的整体格局。又如,家庭关系是强关系,然而,过分地溺爱孩子、经常吵架的夫妻恰恰可能给孩子带来难以抚平的伤害。当局者迷,无知的夫妻恰恰认识不到这一点,这也是常人之所以需要接受教育、教化的理由。因此，在关注关系凝聚力的同时，不能忽视其离散力或破坏力。学者如果在研究之前只盯着"凝聚力"，其研究结论也就只能发现"凝聚力"；反之，如果在研究之前其学术视野仅限于"离散力"，其研究就会发现强关系或弱关系具有"离散力"。这意味着，研究者在研究之前希望发现什么，就会在研究中和研究结论中发现什么。研究者的研究发现取决于研究者事先具有的学术视野，结果因而不可能是完全客观的。在有所发现的同时，也必然遮蔽很多未被发现的内容，因而不能朝向事情本身，不能进入澄明之境或无蔽状态。

俄罗斯哲学家科济列夫教授考察过俄罗斯哲学的核心概念与西方哲学相应概念的关联和区别，概念演变的宗教、哲学、艺术、政治等多重维度，并从时间演进与空间生成的动态视角考察概念本身在俄罗斯哲学中的变化过程。他指出，"凝聚性"或"聚合性"概念源自教会，又具有社会性。俄罗斯历史上形成了独特的村社制度，信徒亦为村社成员，后来出现的民间小组、团体及苏联时期的集体农庄都是此概念在俄罗斯现实社会里的再现，这些社会现象可称为"类的共同记忆""集体的共同想象"，它们正是"聚合性"概念的直观显现。[①] 同样，新中国成立后开展了多年的初级社、高级社、人民公社等建设，这种现实的制度安排无不暗含着对"凝聚性"的抽象理解，撇开当时建设初级高级社的现实需要不论，这种制度安排没有认识到"消散"的可能性和现实性。如果完全按照抽象理解的"凝聚性"来建设社会、促进凝聚，恰恰很可能带来社会的"离散"甚至"动荡"。

"凝聚"涉及诸多前提条件，也可能有诸多表现。上述对聚散的说明还是在理论或社会学意义上的分析，还不是从哲学上对凝聚与消散的更深刻论述。张载曾言："太虚无形，气之本体。其聚其散，变化之客形尔。"（转引自杨立华，2015：128~129）这就

[①] 参见 http://shss.hrbeu.edu.cn/2021/1108/c9286a278129/page.htm。

是说，太虚没有形，太虚才是气的本来状态。[①] 气的聚和散，形成万物。万物消散，直接返回太虚（杨立华，2015：129）。这里要讨论的问题是，气又依靠什么力量聚和散？《易传·系辞》说："是故阖户谓之坤，辟户谓之乾。一阖一辟谓之变，往来不穷谓之通。"乾坤两卦是易经的核心。阖是"关闭"，坤卦六爻全是阴爻，代表阴柔的夜晚，门窗一般要关闭，是故阖户谓之坤。辟是"打开"，乾卦六爻全是阳爻，代表太阳照耀的白天，门窗通常要打开，所以，辟户谓之乾。乾坤在一开一合中发生变化，白天和夜晚都不能永驻，有的爻上升或下降，一阖一辟谓之变，往来不穷、畅通无阻。二者合在一起，促成事物的凝聚与离散。

中国古代元气论通常将世界的生生不息的变化归源于元气的聚散不息（杨立华，2018：25）。如果"阖、辟"或聚、散是世界变动的两种力量，那么二者是自成一体，各有根源，还是有共同根源？如果是前者，即意味着根源处就已经是二元或二本了。如果是后者，那么其共同根源是什么？杨立华（2018：18）认为，理本体是一种根源性的肯定力量，它在肯定的同时又否定，从而使具体存有在保持其自身同一的同时，又不断产生出差异来，最终导致变化的永恒不变，即所谓"变易、简易、不易"中的"不易"。他称这种变化的根源为"诚体"或"理本体"。诚体在肯定的同时又否定，从而产生具体的、有分别的存有。一切存有都有保持其自身同一的倾向，会不断产生出差异，但其确定的自身同一性，又必然来自无法确立的否定和限定。对任一具体存有来说，其他的存有也都处于其自身同一性得以维持的无限否定和限定当中，因此不同的存有之间会相互排斥，同时又肯定。"这种彼此否

[①] "本体"一词是哲学中的核心概念，中外哲学家对此有截然不同的理解。西方哲学家主要视之为"存在""有""是"，因而本体论也就是存在论、有论或是论；中国哲学家视之为本来的基础、根据等。例如，康德使用的"本体"完全不同于中国哲学中的"本体"（参见张志伟，2005）。有关本体论的各种争论，参见俞宣孟（2012）《本体论研究》一书。

定和限定的关系，就是散这一倾向的来由。但某一存有对另一存有的否定和限定的反面，又构成了对另一存有的肯定，而这就是聚这种倾向的根源。"（杨立华，2018：26）只有聚力大于散力，整个世界才会不散，才会生生不息。但是对于具体存有来说，由于其自身同一性总是陷入无法确定、无法完成的否定当中，所以散的倾向强于聚的倾向。"因此一切具体的存有都是有终结的。"（杨立华，2018：27）

上述阐释对于社会科学中的"凝聚"研究颇有启发。气的"聚、散关系"分别导致事物的有形与无形（邓晓芒，2019：262）。按照唯物主义，物质世界的运动和存在必有原因，原因背后还有原因，无限追问的结局是必然把上帝作为第一推动力，而没有把事物运动的根源归结为该事物内部本身，而是归结为与其他事物的关系，即认为这样的"关系"具有促进关系中的事物运动之功。实际上，气的"聚、散关系"是事物本身内部自发的关系，导致事物本身的有形与无形，而并不是简单地寻找外部原因并建立外在因果关系。不过，这里有一些问题需要深究：是一个存有自身有其自身的聚散关系，还是一个存有与另一存有之间又有聚散关系？这两种关系之间是什么关系？杨立华似乎没有探讨这一点，他将变化的根源归结为"诚体"或"理本体"，在书中却用"另一存有"，这大概意味着他关注了"诚体"或"理本体"与"外部存有"的聚散关系，似乎没有关注"事情自身"如何聚散。就此而言，黑格尔的逻辑学可提供逻辑学上的解释：事情自身有自身的思辨或逻辑过程，这是事情本身通过自身否定而不断发展自身、凝聚与离散并行的过程。这意味着，事情自身的聚散之变根源在于事情自身，尽管与"另一存有"不无关系。

三　形式指引之凝聚

事物必然同时处在变与不变之中。个体、家庭、组织以及

"社会",在随着时间而变的同时如何维持自身的凝聚,这也是必须思考的问题,也是涉及事物在"时间中的同一性"这个不被社会学重视的哲学问题(苏德超,2017),它涉及事物本身的形式或理念,而形式或理念又不是纯粹抽象的形式或理念,而是与事物本身的属性内在地关联在一起的。例如,对于"社会"来讲,强弱关系、权力体系、观念系统、强制机器等促成的"凝聚"如何可能随着时间推移而维持,或如何随着时间推移而变得不再凝聚甚至断裂开来?这里就有社会本身的形式或理念在引导,而对这种理念的理解因人而异,并随着社会的不同而有异。换言之,形式或理念才能引领事物凝聚成事物本身。对于契约型社会来讲,社会的理念应当同时保障个体的自由和共同体的理想,而这对于现实的社会来讲通常是相当困难的,因为现代社会追求个人至上。对于理想的共同体来说,由于共同体内部共享着共同的价值、语言、习俗等,因而可以将其中的个体融合在一起。

个体与共同体、社会处于不同层次,因而不同质。例如,个体与共同体虽然有紧密关联,但是二者不可通约。那么,个体如何可能通过"关系"建立并凝聚成共同体和社会?对于小群体来讲,这似乎是比较容易的事情。比如,一位哲学教师面对多位学生构成的集体开展其教学工作,学生集体怎样做才可能与教师真正凝聚起来?谢林认为,哲学家应该告诉学生:他需要一个本子和智慧,"归根到底最重要的乃是智慧,所有其他的东西都不重要,主要的事情就是自己自发地去思想,自己的理智,这是人们所必须思考的"(谢林,2019:64)。学生要用本子记录有效的笔记:关注本质要点,特别是将探究的各个环节之间连接起来的过渡,然后依照这种摘录——这种描记——试着把整体本身重新加工和再现出来。这样的话,讲者演讲的内容就变成听者自己所赢获的。"然而如果有更多人一同来做这事,互相帮助,互相补充,通过这种一同工作使整体得以再生,那就更好了。唯有通过这种方式,整体才会生息在每个人身上,而那种通过这种共同努力而赢获的、在共同的谈论中变得更深刻通透的内容，同时也会成为真正精神友谊的纽带，学院生活中最具魅力的地方——或者说至少会是——就是这种与他人的共在，所有人为了唯一的共同目的成为一体，而在人的生命过程中，再次与他人成为一体可能就不那么容易了。"（谢林，2019：65，着重号为原文所有）按照谢林的思想，能够将个体与集体凝聚的力量根本不是什么外在的强、弱关系或纽带，而是内在的智慧性精神力量，这种力量能够将诸多个体在各自保持其差异的同时，凝聚成团体，达到有差异的凝聚。实际上，如果说精神力量对于小群体可以起到凝聚作用，那么对于大群体、组织、国家来讲也有适用性。当然，大群体或大社会更加复杂，涉及各方力量、权力、资源的共享、争夺甚至残酷斗争。无论制度设计者还是普通人士，都很难按照理念或长远的理想进行制度安排或规范自己的言行。

在西方形而上学看来，只有"形式"或"理念"才能保障事物在"是其所不是，不是其所是"的过程中"是其所是"，即凝聚自身。如果没有事物自身的形式、理念或秩序的指引，事物就会失去其自身凝聚性。就此而言，哲学意义上的形式思维或理念思维非常重要。古希腊哲人苏格拉底、柏拉图、亚里士多德早就认识到理念或形式的重要性，他们开启了西方形而上学传统和科学传统，"使思维形式从质料中解脱出来，提供这些共相本身，并且使其成为考察的对象，像柏拉图，尤其是像以后亚里士多德所做的那样，这首先应被认为是一种了不起的进步；这是认识共相的开端"（黑格尔，2015：10；庄振华，2022b）。理念、形式或共相思维是古希腊哲人的专利，随着中西方文化交流，其也成为当代中国思想领域的成果。思想不是常识，常识思维通常是内容贫乏的抽象思维，达不到真正的形式思维即思想的高度，思想是一类内容丰富的具体的抽象思维。常人所理解的"形式"乃是抽象的形式，并不是哲学意义上的形式或理念。当然，中国人在考察时空时也通常坚持形象思维，而不会抽象地考察时空。中西方思维方式不同，二者虽然无高下之别，不能简单地比较，但可以相互借鉴。中国哲学本来没有形而上学存在论传统，"中国哲学的一个根本局限是，它从没有自觉到任何一个理性概念，不管是纯粹概念还是经验概念，不管是客观概念（如巴门尼德的'存在'）还是主观概念（如近代英国经验论所考察的观念）"（卿文光，2018），它们分别对应于经验（表象）思维和纯粹思维（卿文光，2018：64~66）。既然如此，中国哲学如果参照西方哲学的存在论传统，或许可以开出新境界，这需要借鉴中国智慧超出西方意义上的"哲学"，挖掘中国智慧的精髓，李泽厚先生提出"情本体"的"人类学历史本体论"哲学力求达到这样的目标（李泽厚，2010）。不过，当代中国与古代中国思想的优点是天人合一、情理不分等，缺陷是仍然具有实用理性，缺乏逻辑和思辨。中国智慧如何将理性、逻辑和人情结合起来？这也是一个挑战。中国人看问题时不看形式，儒、道、佛家都不看形式如何配置属性，而分别关注天人合一、道法自然、缘起性空等，这些理念不是西方哲学意义上的理念（idea，idos）。中国人强调事物在其活动中有持续的能力在运动，持续的方式是不卑不亢、相互效仿，类似于赋、比、兴的相互起兴，或者像能够感召众人的君子风范。中国传统的五行学说更讲究内在不可分割的要素之间的相互感通。相比之下，西方思维主张先拆散、分解事物，再考察所得到的属性之间配置方式的重要性，这种配置方式后来演变成公理化演绎系统，其形式一直延续至今。

事物本身拥有众多共相性的属性（如红色），每个属性看似为事物所具有，然而又都不完全为事物具有，因为有某种属性（如红色）的事物众多。然而，各种共相性属性的某种独特组合方式则是事物本身所独有的，否则事物就不成其为该事物了。换言之，事物独有的这种属性组合方式才是该事物本身的内在凝聚机制，它引导事物本身不断自我否定和自我发展。这种组合方式并不是什么来自事物外部的力量，不是外部要素赋予的，而只是事物自身的形式所具有的，这也就是前文所说的事物本身的内在凝聚性，即由事物的形式所赋予的凝聚。苹果的属性（甜、红色、脆等）也是其他事物共有的属性，因为很多其他事物（如红枣等）也有甜、红色、脆等属性。但是，苹果之所以是苹果，就在于它拥有其独特的有方向的凝聚方式，这种独特的凝聚方式将诸多属性有机地结合在一起。这种凝聚方式就构成了苹果的"是其所是""怎是""这个""实体""什么""本源"，也就是苹果的形式、本质。如果你根本不知道"苹果"这个概念，就根本说不出它。因此，要想认识事物是什么，应先认识它是怎样存在的，然后才认识其质和量等述谓。这种凝聚方式要比属性重要得多！实体是底层物，后人将它总结为质形复合物。当然，实体与属性也是相互解释的，没有毫无属性的实体，但是第一步是考察这些属性以怎样的方式凝聚起来，因此考察实体是第一步。这一点与常人的见解不同，常人会认为经历了感性、知性和理性后，就可以认知事物了。实际上并非如此，事物本身内在的凝聚是首位的或最重要的，而这种凝聚并不是用感性、知性和近代理性就可以通达的。

随着近代科学的发展，形式思维在近代演变成公理化演绎系统，所谓现代性的实质也就是这种系统。西方哲学关注的本源不是生成意义上的本源，而是引导意义上的本源。蛋生鸡、鸡生蛋之类本源问题和对它的解释不成立，因为这是生成意义上的问题。世界上不存在没有形式的事物。即便那种没有明显可分辨的外形的事物也有其"形式"，如果认为这样的事物没有形式，就是对"形式"概念的误解，不要把形式理解成看得见的外形，而应理解成一事物的是其所是。这样看来，看似无形式的事物实际上也有其"形式"，只是其形式在常人看来未必明朗。例如，一团"混沌"物也有其形式，因为当我们说它是"混沌"物时就已经赋予其"混沌"形式，否则我们连"混沌"这个词都说不出来。当然，树及树种明显地或潜在地有其形式，这种"形式"保障树在适宜的环境下成长，保障树之为树有其内在凝聚性。树种子在发芽、生长、壮大、衰老乃至死亡各个阶段，依靠其"内因"（内部自因）和外因（外部环境因素：水分、土壤、温度、阳光、环境等），能够发芽，能够借光合作用将外部无生命的物质因素有机地转化成自身生命的有机成分而变成参天大树，这种不断突破自身的过程就是生命，这是一个不可逆、不可还原的过程。虽然"日方中方睨，物方生方死"（《庄子·天下》），然而无论外部环境因素怎么变化，树都有其自身内在的生命力形式，这是树本身最基本的内在生命力，这个内在力量保障了苹果树长不出桃子，保障了"种瓜得瓜，种豆得豆"，而不可能"种瓜得豆"。当然，树的形式已经潜藏于"树种"之中，树种在环境时机成熟时必然会发芽成长。人也类似，但是现代人已经处于异化之中。

这里存在思维层次的跳跃性。初级思维在看待树的时候，会认为树就是树，养分就是养分，二者相互分离，因此可以给树输入营养。中级思维会认为，树与养分的关系不是把养分输入进树里的关系，而是树把养分作为自己有机生命的一部分来吸收和利用，树内在地需要养分。然而，这种思维看似将树与养分结合起来，但仍然是外在的思维，即外在于树本身的思维，即外在于树自身成长的内在轨迹，因为养分仍然是养分，树仍然是树。真正的高级思维是"无限性"思维，即更深刻地认识到，活着的树或任何植物从来都必将突破自身的界限而存在：树的基本存在方式一定是不断地突破自身的各种局限，打破自身的细胞壁，将养分吸收进来使其成为自身的有机成分，据此实现细胞增殖和自身成长。推而广之，任何鲜活的有机物都必须每天突破自身的局限，从种子发芽、生长，长出根、茎、叶，进一步成长壮大，直至衰老和死亡，最终新种子埋入土里，再开展新的轮回。在其中的任何一个阶段，植物都不可能固定在那里，而是必须无限地突破自身的局限，与别的事物成为一体不分内外，这本来就是植物的存在方式或常态。反之，不突破自身局限的时刻，也就是事物自身死亡的时刻。再推而广之，每个事物（包括每个人）都会无限地

第四章 事情本身散而聚

与外部环境打交道，更重要的是无限地突破自身局限，这是一种无限地自身突破自身的过程，同时就是无限地分裂自身的过程。这个过程才真正表现出事物自身的成长，它既是凝聚过程，同时也是自身离散的过程，是在逻辑上聚散相即不离的过程，而不是先聚后散或先散后聚的线性时间过程。

这个过程不是借助外力自外向内地实现凝聚，而只是主体自内向外与环境相互承认，并由此实现主体自身自由的过程。在这个过程中，主体既是他人的产物，更是自身的产物，毋宁说是自身与他物交互（transaction）的产物，与他物交互是一个生命在其每个成长阶段很有秩序地实现自身主体性的方式。由于这样的主体还可以是任何有机物或事物，因此并不会导致主观主义或产生人的主体性，因为这是事物自身的主体性，而不是人的主体性，尽管人的主体性看似更重要。当然，如果考察人本身的凝聚性，那么首先要认识到人不但要突破身体的局限，更要突破思想观念或精神的局限，即人本身有无限发展的可能。有的网民因忍受不了网络暴力而自杀的案例，即说明人突破观念局限的艰巨性和重要性。同时，对于处于社会关系中的人来讲，人自身的主体性和凝聚性、社会本身的凝聚性、人与社会关系的凝聚性等得到承认，则是一个社会文明的标志之一。由此观之，凝聚性本身实际上可谓是一个奇迹，至少在古人看来是奇迹，在现代人看来算不上什么奇迹，常人也想象不到这里有奇迹。推而广之并由此深受启发，可以发现世界上万千事物本身的确充满了令人惊异的奇迹。

现代人为什么感觉不到这样的奇迹？为什么不再像亚里士多德那样认为"哲学"或一般意义上的求知开始于"惊奇"？那是因为现代人已经掌握了现代"科学"知识，建构了令自身舒适的知识库，其中包括人们建构的各种抽象的概念、命题或学说。人们用这些概念来理解世界，感觉已经把握了丰富的世界，因此认为世界也就没有什么令人惊奇的，人也很少会令人惊奇地思考令人惊奇的事物。然而，现代科学知识库只是人为了寻求安稳而建构的，令人感到安全、舒适的抽象知识，与对象本身的内在生命几乎无关，而这一点也几乎未被科学工作者认识到。毋宁说这种良好的自我感觉实际上是一种自欺或自我麻醉，它并没有把握丰富的世界。需要注意的是，所谓思考惊奇之事或把握事物的本质，既不意味着到"对象""事物"的背后通过观察（访谈、调查）而抓住什么规律，因为"规律"并不是事物的本质，也不意味着要改善、改造、控制对象，因为只要带着"控制"的意愿，就会干预事物的本质。采用观察、控制等做法可能什么都观察不到，看不到事物本身或对象本身如何凝聚。

例如，面对科学规律、公理乃至具体事物，常人只能抽象地理解，而不能将之纳入自身的内在生命历程之中，因为现代人已经生活在抽象的概念之网当中，无论具体个人、社会治理者，还是制度本身都有抽象的思维。

问题是，"谁抽象地思考呢？无教养者，而非有教养者"（黑格尔，2017c：395）。"采购的女人对女摊贩说，老婆子，你的蛋坏了。什么，后者回答，我的蛋坏了？我觉得你糜烂呢！你这么说我的蛋？你？公路旁的虱子没把你爸吃掉，你妈没跟法国人跑掉，你奶奶没死在养老院里……人家知道的很清楚，你的这条围巾、你的帽子哪里来的；若没有军官，现在某人不会如此打扮……简言之，女摊贩把采购的女人说得一无是处。她抽象地思考，而她根据围巾、帽子、衬衫等等，并根据手指和其他局部，也根据父亲和整个家族，把采购的女人归入犯罪，只是采购的女人发现蛋坏了；她身上的一切完全染上了这些坏蛋的色彩，而女摊贩所说的那些军官——只要沾上边，有多可疑——，可能在她身上觉察的事物完全不同……军中出现相同的差异：在普鲁士军队中，士兵可以挨揍，他就是贱民；因为有权挨揍者是贱民。所以，对于军官而言，普通士兵被视为可揍主体的这种抽象概念，有制服和剑饰的主人就得与此打交道，而这种抽象概念存在，为的是听命

于魔鬼。"(黑格尔,2017c:397~398)

常人难免抽象地思考,专业学者或许也好不到哪里去,因为专业学者熟知其专业领域中的抽象概念,习惯于用这些概念来思考,自然不会用常识来思考了。换言之,对一些抽象的概念,甚至连专家都可能抽象地理解。"党"一词的含义即如此,不同词典有不同的解释。《新华字典》的解释是:"政党,在我国特指中国共产党","由私人利害关系结成的集团","偏袒","旧时指亲族,如父党、母党、妻党"。《澄衷蒙学堂字课图说》(1901)则这样解释:"五百家为党,如乡党、党人","周制五家为比,五比为闾,五闾为族,五族为党;党,朋也,助也,朋助而匿非,则为偏党朋党之党"。可见,前一种解释未提及"党"的本义,后者则更有文化意义。同理,《新华字典》对很多文字的解释也都将内涵深厚的中华文化分割成了僵死的知识,切断了中华文化的源头,不利于文明交流,更让读者陷入抽象的知识之中。随着时代的"进步",为什么后来的解释恰恰缺失了词的文化内涵,恰恰退步了?这是值得深思的问题。又如,在求职研究中,研究过程和研究结果几乎与具体求职者在求职过程中的酸甜苦辣甚至悲欢离合毫无关联,此类研究成果大多数与研究者自己、被研究对象、企事业单位、社会、国家等也都毫无关联,在此意义上说这些研究几乎都没有价值。同理,在社会科学的各个领域,人们早已经习得了很多抽象概念,用这些概念来描述和解释世界,多数情况下只是将抽象的概念或模型套用在世界上,与世界本身的关联不大。现代人"感觉"已经认知了丰富的世界,实际上这是一种"误感"和"误识",甚至可以说是自欺,同时也是欺人(然而,作为常人的说话者或听讲者通常愿意自欺欺人,在某些情况下愿意被欺骗,因为常人喜欢听奉承之语),因为现代人受到各种抽象观念的束缚,所以恰恰很难再认知丰富的世界了。

抽象调查、科学实验、观察理性本身得到的只是抽象规律,根本不可能认识事物本身。理性对于事情本身仅有一种抽象的、形式的了解，秉持一种形式的普遍性到处去接触精神的各种内容。意识自以为能代表事情本身，但二者之间其实是有隔阂的，意识制定规律，并对规律进行审核（实际上是对世界万物的抽象审核，将万物纳入不痛不痒的形式普遍性之中），仿佛其自身既是立法者，又是仲裁者（庄振华，2019：522）。又如，常人通常不会主动用脚去踢路边的石头，他知道石头不会自行让路，而是有自身的物质规律。与其他社会科学家一样，社会学家一般认为"规律"很重要。然而，"规律只是一种在现成化、离析化的观察模式下，在对事物进行某种封闭性整体设定的前提下，由具备某种初步自主性的事物在机械性层面上所呈现出来的规则性现象，以及人对此种现象的归纳性描述，而不是对事物的根本性解释和对事物根据的通透揭示"（庄振华，2017：186）。换言之，规律无非只是对过往事情在某些方面的机械性重复。多数规律都因其机械性、僵死性而索然无味、毫无精神，因为它所规定的两个事项之间的关系是外在的关系，"因为判断和推论的应用，主要都归结到并建立在规定的量的东西上面，所以一切都依靠外在的区别，依靠单纯的比较，成了完全分析的方法和无概念的计算。所谓规则、规律的演绎，尤其是推论的演绎，并不比把长短不一的小木棍，按尺寸抽出来，并捆在一起的做法好多少，也不比小孩们从剪碎了的图画把还过得去的碎片拼凑起来的游戏好多少。……在算术中，数字被当作无概念的东西，除了相等或不相等以外，即除了全然外在的关系以外，是没有意义的，它本身和它的关系都不是思想"（黑格尔，2015：34~35）[1]。规律固然可视为对以往经常出现的现象的简化总结，但是这与现象本身、对象本身及其发展还不是一回事。

---

[1] 又如有学者说，朝贡体系维护了古代东亚和平（黄纯艳，2021）。作者将"古代东亚和平"的原因归结为"朝贡体系"。按照这样的逻辑，还可以说冷战体系维护了战后和平，这显然不是对战后和平的合理解释。

思考世界根本就不是为了抓住规律、改变世界，而是为了让事物"如其所是"地呈现自身，因为令人惊奇的是"世界是这样的"，而不是"世界是怎样的"。反之，如果让事物自身自我显现，不受干扰，则能彰显其本真的存在，即所谓"故常无欲，以观其妙；常有欲，以观其徼"（《道德经》）。也就是说，对待事物如果不主动带着观察者的控制欲望，恰恰可能观察到事物本来自身成长的奥妙；反之，如果主动带着控制的欲望，观察者恰恰无法观察到事物自身成长的奥妙，而只能看到事物向观察者所显现出来的维度。当然，这里存在一个观测难题：如果不"观物"，如何可能认知认识之外的"事物"？

先秦哲人也有一定类似的形式思想，这表现在哲人所倡导的道、自然、天地等概念上，但它们毕竟不是西方形而上学意义上的"形式"或"理念"等概念。例如，孔子曰："夫子德配天地，而犹假至言以修心。古之君子，孰能脱焉！"老聃曰："不然。夫水之于汋也，无为而才自然矣；至人之于德也，不修而物不能离焉。若天之自高，地之自厚，日月之自明，夫何修焉！"（《庄子·田子方》）。当然，高尚之人不用修饰，但是人世间高尚的人不多，绝大多数人还是需要由高尚的人来引领和修饰自身，这里还存在修饰的程度问题。

实际上，这里还涉及更复杂的哲学问题。例如，康德将经验论和唯理论结合，认为通过研究得到的知识不可能脱离人的范畴综合能力，即所谓观察必然是以人的范畴综合能力来观物，观物不可能脱离人的观察能力，也无法脱离事物本身的理。这就是康德开创的"哥白尼式革命"。但是，康德认为，我们永远不能认识物自身或真理，却可以思维真理、接近真理。知识既不是纯主观的，也不是纯客观的，当今各门学科都如此。黑格尔不完全赞同康德的观点，而坚守理智直观。换言之，从概念或理念上讲，事物本身的凝聚只是事物本身的事情，任何外力都无法改变也无权改变。事物本身的凝聚也是动态过程，任何静态的、外在的调查、

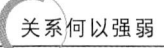

观察、访谈、实验都不可能认知到其凝聚过程。例如，一般认为，严格的随机抽样调查、科学实验可以祛除感性因素的干扰，越来越深入个别事物或研究对象中去，获得纯粹的客观规律。然而，在黑格尔看来，随机调查、科学实验的本质并非如此，它们实际上只是为了摆脱个别性，巩固理性自己为自己和对象而设定的规律，外在地到对象中抓取一些让研究者自己感到满意的规律，通过随机调查、科学实验找到的规律是实验者主观上向被研究对象加入的一些机械性、重复性的规则。这些规则是关于类、类比的规则。换言之，实验的本质是两类或多类实验对象的比较，机械性重复的规则是针对至少两类实验对象而言的。实验者如果以为这些规则是单个被研究对象本身拥有的规则，那么这就是误识。既然规律是可以机械性重复的规则，也就意味着被研究对象失去了可以偏离规律的"自由"，而变成机械性的傀儡。实验并不尊重"类"中的个别事物，为了发现或验证在至少两类对象之间的规律，它恰恰消除了感性、个别性的束缚，对个别是根本不尊重的（庄振华，2018：219~220；黑格尔，2017a：158~159）。同理，调查研究以及基于调查数据的回归分析结果等也如此，个案访谈稍好一些。

然而，对凝聚性的这种诠释仍然有些笼统，至少没有观照到事物本身也有种类之别。例如，无机物和有机物的凝聚性就有本质差异（庄振华，2019：419；黑格尔，1979：190）。如果认为事物的比重或凝聚性是无机物的本质，那就把握不住事物的本质，而只是用于比较不同的事物罢了。也就是说，仅仅声称某物本身是一个凝聚体，仍然无助于认知该事物的内部状态（庄振华，2018：229）。同样，当我们说"这个组织真有凝聚力"时，这句话本身并没有告诉我们其内部状态，遮蔽了其内部各要素之间可能的矛盾、冲突、对立等状态，更遮蔽了该组织作为"组织"而内在地具备的突破自身限制，与外界不断沟通的状态。就此而言，

"这个组织真有凝聚力"的说法还是很抽象的。① 要知道,事物本身的存在有其内在的目的或方向,甚至无需研究者"外在地"总结出什么规律。如果追问一个组织为什么有效率,一个可能的解释是该组织有"凝聚力"。然而,这是同义反复,因为"凝聚力"这个概念把该组织的具体丰富性抽象掉了,可以用"凝聚力"概念来解释任何类似的组织,而并不知道组织的具体运作机制。换言之,凝聚力解释不了什么内容。同理,很多类似的概念也都不具有很大解释力。

正如人是目的而非手段,对于有机物来说,由于其本身就是其本身的目的,不再需要理性将一套猜想性的秩序套用到其上,也不需要什么外在的验证。因此,很多抽象的概念(包括凝聚性、因果性)也无助于解释有机物本身,否则就可能是一种二元设定的外在思维,甚至连事物内部与外部之别也是理性观察到或"观察理性"(研究者)自行设定的,包括有机物内在具备的刺激、反应、再生等系统也都是理性人或观察理性代替有机物而为有机物设定的,是理性在事物中主观设定下来的一种合理性结构。

除了区分出事物凝聚性的内在和外在方面之外,还可以进一步区分出内在和外在方面各自的内在和外在方面。例如,在论及某个社会组织的社会凝聚时,首先会区分出该社会组织本身的自身保存或与外部组织及环境的差异,然后进一步区分出该组织本身内在各个方面(各级人员、各种制度)各自内部的自身保存,各个方面相互之间外在的关联,每个方面与组织之外在方面(网络成员、社会资源)的关系,以及这些方面的总体与外部方面的联系等。无论如何,这仍然是需要破除的二元论思维。如果没有

---

① 需要注意的是,由于"喊口号""说大词"等也是一种权力教化大众的方式,因此,抽象地声称"X 有凝聚力"不是没有意义的,在某些情况下可能有意义,甚至带来具体结果。例如,抽象大词会促进无思之人形成凝聚力,但是无思之人自身不知道这是无思的凝聚力,或者说不知道这可能是虚假的凝聚力。一旦人有所体验和深思,终究会发现大词产生的只是虚假凝聚力。

认识到组织中的不同社会行动者各自拥有区别于他者的内在方面，那么就只能看到他们之间的相互区别仅具有"区别"或"数"的意义，即仅知道他们"有别"，而不知道他们之间在哪些方面到底有怎样的区别。就此而言，如果一个人不能在很多方面说出自己与他者到底有哪些差异，那么严格地说他就没有充分地认知自身，也就没有更充分地认知他者，更没有充分地认知自身与他者之间的关系。真正认知到差异对于热恋中的青年男女来说尤其重要：越是能够了解自己与对方的差异，也就越能够认知自己和对方。

单个行动者有自身的能动性，不可能完全以类的方式存在，不可能完全受制于其所在类对他的规定。因此，行动者不可能是单纯的、抽象的"数"。这里需要辨析的是：个体与其所属类之间是什么关系？可想而知，如果一个人没有任何个性，完全人云亦云，不知道或不能彰显自身特色，他自身就不会找到自己的生命之路，因为他变成了"众人"。当然，一个人也不可能完全有别于他人。辩证地看，一个人越是有个性，也就越有深度和广度，才越可能成全其共性。所以，一个人的真正个性是懂得发挥自己的特殊才能。同样，哲学中所说的真正共性也不是约束个性，而是对个性生命本质的体察和成全。"个体只有在与整体的相互成全的方向上，才能真正达到自身的兴旺。因为整体对于各部分的收摄对于后者而言看似是一种否定性的统一，但很可能会使后者感受到自己失去了独立性，这也是对于各部分的提醒，让它们明白自己其实只有扎根于整体之中才有'生命'。"（庄振华，2019：537）

在这种情况下，共性和个性才形成真正的凝聚。一个人的五个手指如果完全一样，每个手指都没有其特殊之处，也就没有个性了。由此观之，有机体越是高级，就应该越以其具体的、特殊的方式实现其类本质。推而广之，如果一个社会不能在"理念"上观照每个个体的个性，不能通过个性之间的真正差异而实现共性，即实现有差异的同一，那么这样的社会也就没有真正的社会凝聚力。因此，基于"理念"或真正科学理性的社会治理或社会建设才能使社会具有凝聚力。

辩证法旨在给出科学的内在关联，强调关系观念（idea of connection）和整体或整全（whole or totality）观念。真相是全体（the truth is the whole），只有与总体保持内在的关联和一致，每个单独的特殊规定性（particular determination）才会得到辩护和确证。特殊规定性不能脱离整体，因而不是自主的；它不能在其自身界限外得到界定，个体自身脱离整体后，就不能保持其内在一致。特殊的规定性只是向总体的过渡，并在过渡中保全自身。辩证法依赖于对总体的假定，任何一个确定性都只能通过与总体保持关联并相对于总体才能获得其意义和辩护。在辩证系统中，没有任何特定的确定性会占据独特位置（Nijhott, 1974: 85-86, 97）。然而，困难在于，理性本身通常意识不到这一点，反而以"规律"统管社会中的一切个体，由此恰恰消灭了个体的特殊性。这样的理性外在地看待其"对象"，并尝试控制"对象"，看不到作为事物之基础的、高出理性本身的更深根据，即世界秩序。

再推而广之，"市民社会"层面的凝聚如何维持？在市民社会中，一般人会认为"普遍性"（自由、平等、公平、正义等）可服务于或保障人的自利，将人们整合或凝聚在一起的力量是普遍的利己主义和相互交换、相互利用。就此而言，经济因素对于社会凝聚来说很重要。人们还通常将普遍性理解为精神、一种由某种承诺所联结的伦理共同体，该承诺不但保障个人的产权，还会保障他们的福利和生计以及共同体的福利和生计。在黑格尔看来，这些都是市民社会中的个人应当放弃的错误观念，不应过度关注"宏大叙事"，而应关注具体现实中的同一与差异问题。在市民社会中，人与人之间的所谓"差异"（特殊性）实际上是没有质（qualification）的，这意味着市民社会并不是一个真正的、自身拥有内在凝聚性（immanent cohesion）的社会，而只是一个原子化、外在地关联的聚合体即"空洞物"（geistlos）。换言之，"市民社会作为一种联合，是通过成员的相互需要，通过法治作为保障人身和财产的手段，并通过一种外部秩序在维护他们的特殊利益和公共利益而建立的"（黑格尔，2016：296）。市民社会的这种虚假意识在各个方面抵消着自由领域："特殊性……在各个方向都沉溺于满足自身需要、偶然的任意（contingent arbitrariness）和主观的任性（subjective caprice），它们破坏自身及在享受行动中的实体性概念（substantial concept in the act of enjoyment）。原因有两点。首先，个人追求（与财产所有权和炫耀性消费相关的）虚假的承认，会导致无节制的经济生产过剩，非反思性地接受日益增加的机械化大规模劳动力（这反映了由他们的原子性自我承认而预设的社会隔离和异化）。"（黑格尔，2016：341）其次，生产过度反过来导致极端的贫富分化。由于贫富非常容易受到"暴民心态"（rabble mentality）的影响，贫富问题就特别难以解决。这种思维是保守的，它蔑视那种可以破坏社会稳定的规律，需要的是保持社会"稳定"的规律，当然，"大数据""统计规律"通常可满足这一点，这也是当下实证研究得到青睐的"资本"或"权力"基础。对于富人来讲，他会关注并维持其荣誉、产权和文化中的权力。然而，黑格尔认为，已经变成了暴民的穷人却不会这样，因为他们会对其在市民社会遭受的苦难做出反应，从而使得市民社会无法保障其向全部成员所承诺的自由。就此而言，市民社会的虚假意识会产生一种循环，即它在这些对立中以及在它们错综复杂的关系中，既提供了荒淫和贫困的景象，"也表现出两者所共同的生理上和伦理上蜕化的景象"（黑格尔，2016：331；Anderson，1991：155-156）。就此而言，市民社会就是分裂的社会。

这种分裂（解体、瓦解）（disintegration）是如何发生的？当个人离开家庭进入更广的社会时，他们须在三个领域找工作：农业、商业和服务业（黑格尔，2016：343~345）。因此，职场人士多数都在商业和服务业中谋生，都很依赖于机械化生产以及支持这种生产的专业劳动方式，而这经常导致生产过剩和劳动异化。

在现代社会中普遍存在劳动分工,劳动变成抽象的、同质的和单调的,这样才可以增加产量和效率,从而产生剩余,最终导致失业、贫富差距加大。黑格尔认为,人们不再制造他自己使用的东西,或者不再使用他自己制造的东西。机械化和劳动专业化使得市场变成一头机器"野兽",这头野兽需要吞噬劳动力。与现代市场对应的传统劳动方式以及从中生发的重要伦理关系都被迫解体了,人们看似从封建枷锁中解脱出来,得到了"自由",却陷入新的"枷锁":脱离了传统手工业、远离了家庭或家族"限制"的现代人为了生存、工作而必须主动地重新投入"资本"枷锁之中,否则连生存都困难,先前的家庭"伦理""社会伦理"被资本的"形式理性"代替了。由此也强化了这样的个人信念,即他们在市民社会中的状况就是人人为自己,最终导致每个人都无家可归。

在黑格尔看来,家庭是一种能够保全现实整全性的关系,它可以保持其成员的不同需要的同一性、性别差异,同时也保持亲子关系。家庭成员都从他者角度看自己,并承认差异。因而,家庭不能被视为经济领域中的正式产权关系。总体上讲,黑格尔反对从资产阶级私有产权概念中引申出社会凝聚力和政治统一体,例如将"国家"看成是一种"契约",以为通过契约就可以实现凝聚。他也不像康德那样将婚姻看成是一种契约,反而视为一种自然的伦理生活,它拥有自然的凝聚性形式,并且这种形式不同于社会凝聚和政治凝聚的形式(Rose, 1981: 65, 69)。[①] 在伦理生活中,人们可以在伦理存在中并通过伦理存在看到自己的精神,

---

[①] 反观当代,科斯、威廉姆森等经济学家潜在地认为"一切社会关系,都可以视为'一组契约'。个人、企业、市场、政府以及其他各种人际关系形态,都可以用与之相应的一组契约来描述"(汪丁丁、韦森、姚洋,2005: 18),这种还原论立场显然失之偏颇。至于对制度经济学理论及其缺陷的哲学批判,以及对这种哲学批判的批判,参见张曙光(2005)的相关论文。不过,笔者认为双方的争论可能不在同一个层面上。例如,汪丁丁等认为理论只是和只能解释理论,不是也不能解释实际,张曙光则反对这种观点。笔者认为这两种观点分别站在哲学高度和经验高度看待理论,因而不可比较。

看到自身与他者的异同,这不同于很多社会理论家对"二元论"的预设(参见 Beise, 2009: 337-338; Kenneth, 2009: 102),这种思想无论对于意欲深思的常人还是对于社会治理者都具有重要的意义。

  总之,本章主要辨析"凝聚"概念。我们认为,某事物本身必须有其内在的凝聚力量,才成其为某物。当然,不同类别的事物拥有不同性质的凝聚力量。对于人类事物来讲,事物内在的精神性力量更能将事物自身凝聚起来,这种力量要强于"弱关系"之类的外在力量。另外,聚、散是相即不离的一对概念,它们是事情本身内在的肯定性和否定性力量,因此,不能脱离一方讨论另外一方。事情本身的聚散背后是事情自身的形式在指引着,这种形式将聚散统一于自身,从而引领事情本身的发展。当然,本章仅辨析了"凝聚"概念。为了进一步洞悉"弱关系促进社会凝聚"这个命题的实质,有必要继续辨析"关系"概念,这就是下一章的任务。

第五章　关系之超验意义

第四章辨析了凝聚概念本身的形式性，本章辨析"关系""弱关系""弱关系人"等概念的经验性和超越性，旨在更清楚地洞察"弱关系优势"命题的意义和不足。本章首先要指出，格氏所说的"弱关系"主要指"弱关系中的人"，而不是"弱关系本身"。如果辨析弱关系本身，会发现它已经包含了双方或多方关系人，因此所谓"弱关系有用"首先是当事人自己自助的结果，其次才是关系人运作的结果。在此基础上，如果再按照皮尔士等哲学家的关系逻辑，将关系的对称性、传递性或通过性等组合在一起，会发现朋友关系、同事关系等诸多关系具有性质上的差异，因而不可简单比较，这表明弱关系的优势命题在思想上的不足，不足以给人以重要启发。本章通过探讨"关系"概念本身的关系性、涌现性、超越性等性质，进一步探究格氏命题中不易发现的粗糙之处。

一　关系人自助助人

格氏用"ties"表示两个人之间实际存在的某种关系，"weak ties"即表示两个人之间实存的某种弱关系，"contacts"或"personal contact"表示处于关系中的对方关系人。鉴于关系是相互的，对于己方来讲，对方就是"己方关系人"，对于对方来讲，己方就是"对方关系人"。格氏看似区分了"关系"、"弱关系"和"关系人",但他在行文中却没有明确地认识到它们之间的差异,甚至在很大程度上混用这些词,从而造成了误识。

例如,他发现,"所有使用0级链的人都说,他们的关系人都为他们'说了好话'。关系人为自己'说好话'的比例在1级链中占96.3%,在1级及以上的信息链中仅占60%"(格兰诺维特,2008:44)。继续询问被访者是在多久以前认识帮助其找到当前工作的个人关系人的。"这些关系人中几乎没有最近认识的人。……能够找到最好工作的那些人,他们与关系人的关系是职业关系而非社会关系,而且多数是弱关系而非强关系,且信息链更短。……尤其是,最成功的被访者极大地依赖过去的关系和职业生涯模式。"(格兰诺维特,2008:57~58,73)格氏也发现亲属关系会影响信息的流动,提供更多机会。

此外,他一方面声称"从个人角度讲,弱关系在促成可能的流动机会方面是一种重要资源;从宏观方面说,弱关系则在促进社会凝聚方面扮演重要角色"(From the individual's point of view, then, weak ties are an important resource in making possible mobility opportunity. Seen from a more macroscopic vantage, weak ties play a role in effecting social cohesion)(Granovetter, 1973: 1373),"与那些倾向集中于特定团体内的强关系相比,弱关系更容易连接不同小团体的成员"(Granovetter, 1973: 1376;着重号为笔者所加)。另一方面,他又认为,"与我们仅有弱关系接触的人,由于更多出现在有别于我们自身的生活圈,因此他会获得不同于我们所接受的信息"(Granovetter, 1973: 1371)。可见,他既提及"弱关系"(weak ties),又提及弱关系人(contacts),弱关系人可提供异质性信息。这些表述看似清晰,即关系不同于关系人,然而在格兰诺维特的思想及后来诸多社会网研究中又混淆了它们,在这些研究中,所谓的"强关系"(strong ties)"弱关系"(weak ties)等无非指与"被访者""关系强的人"和"关系弱的人",这一点可以从该名篇及格兰诺维特(2008/1974)的书名副标题"关系人与职业生涯的研究"看出来。

第五章 关系之超验意义

如果认识到"关系"不同于"关系人",就会洞悉格氏等"关系有用"之类说法是不恰当的,而应当说"关系人有用",即他所说的"关系"指的是"关系人"或"关系网成员",而不是"关系"或"关系本身"。这种说法忽视了"关系本身"必然包含着双方,缺少任何一方,"关系"将不复存在。

"弱关系"指居于二方之间的一种特定的关系,而不是其他关系。弱关系还不是"弱关系人",也不能还原为弱关系人。既然"弱关系"存在于二方之间,与二方直接相关但不等于双方,因而在声称"从个体角度讲,弱关系作为重要资源,可以为个人创造流动机会"的同时,完全可以再声称"从个体角度讲,弱关系中的每个人,都可以为自己创造流动机会"。因为这里所说的弱关系既指关系人之间的关系,又包括弱关系人。"弱关系的优势"命题中所说的"弱关系"本身并不是"弱关系人",然而格氏在论证中时常不自觉地混用"弱关系人"概念,这是其论证中的不当之处,甚至是不自觉地犯的逻辑错误。

所谓"弱关系人"不是"弱关系",而是已经处于"弱关系"之中但同时又相对独立存在的两方行动者,且两方行动者之间的"这种弱关系"还未必等同于另外两方行动者之间的"那种弱关系"。① 如果一方离开了"此种弱关系"中的对方,或者在与对方相处时未遵循应当遵循的规范,那么"此种弱关系"对于对方来说意味着不存在,但是双方未必都清楚地知道这一点。这类似于说,虽然家长"与孩子在一起""陪伴孩子"的时间较长,但未必是真正的陪伴,因为他很可能一直刷微信而不顾孩子的感受,没有与孩子有真正的沟通和交流,没有进入孩子的心灵深处,而家长本人未必清楚地知道用"心"陪伴的重要性。在此意义上,此家长在他自己的"父子关系"中就是缺失的。师生关系与此类似。

---

① 实际上,"弱关系"的意义对于不同人来说还是不同的,"弱关系的优势"命题却不关心这一点。

当然,即便认识到投入时间用心培养或教育孩子的重要性,家长也面临具体沟通中的智慧问题:亲子关系具体怎么处理比较好?如何进行语言交流?话语还可能伤人。例如,且不说家长批评孩子说"你真笨"会产生不好的结果,即便表扬孩子,用语不同,效果也不同。例如,家长对孩子说"你真聪明""别人家孩子行,你也能行"对孩子产生的效果,通常不如说"你很努力""有你这样的孩子,爸爸感到很幸福"等话语所产生的效果,后者对孩子的激励作用更大。然而,从教育孩子角度讲,并不是每个家长都知道如何鼓励孩子。例如,在时间紧迫、忙忙碌碌的生活中,家长无暇照料孩子,朋友之间也没有更多时间相互陪伴。如前文所说,大多数人生活在钟表时间或生产性时间之中,对于生活时间、衷情时间认识不够。另外,不同质的关系也需要不同的相处之道,投入不同质和量的时间,并且投入关系之中的方式和方法也需要因关系而异。对于上述例子中的孩子来说,家长只是一个生物学意义上的家长,还不完全是家庭、社会意义上的家长,因为此父亲没有真正承担起父亲的责任。此家长对于其孩子来说甚至并不存在,或者说非但不存在,反而可能成为负面存在,因为他的行为会伤孩子的心。

总之,格氏并未辨析"关系"、"弱关系"与"关系人"等概念及其相互关系。例如,能够促进社会凝聚的是"关系",还是关系中的"关系人",抑或是关系人之间传递的异质性信息?如果社会凝聚在概念上已经包含了"关系",那么可否单独抽出"关系"并声称"关系"促进"社会凝聚"?换言之,"关系"或"弱关系"首先是关系人(包括信息传递方和信息接收方)之间的一种存在,并不是关系人及其本身。

作为关系人的现实人以及研究者未必明确地认知到这一点及其深刻的意义,很可能误以为"关系"与其自身可以无关而外在地存在。现实中的关联者一般需要长期而痛苦的教化过程才可能认识到这一点。实际上,很多学者的关系理论和经验研究都预设了"关系"相对于个人或群体的外在性,其研究因而只是在表面上研究关系,并没有深入"关系"的实质或其关系性,没有真正将它作为自在自为的对象,而只是外在地考察关系的不同方面(互动、沟通、传递信息、影响、能动性、凝聚)。

探讨了"关系""关系人"等的差异之后,我们理应清醒地认识到,尽管常人在求医问药时常说"找关系",学者也经常声称(强、弱)关系有各自的优势,但这些说法有一定模糊性或误识。常人在说"找关系"时,把"关系者"误识为"关系",因为所谓"找关系"实际上就是找"关系中的关系人",而并不是找"关系"或"关系本身"。学者也无意之中将本来不能割裂的"关系"与"关系人"割裂开来,误以为可以撇开关系人单独探讨"关系"的优势或作用。为了便于分析,下面用符号来表述。

两个人 a 和 b 之间的"关系"(relation, ties, connection, correlation)可表示为 R(a, b),它存在于 a 和 b 之间,依赖于双方但不同于任何一方。它将 a 和 b 关联起来,但不能还原到任何一方,不是任何一方,但双方又缺一不可。同样,"弱关系"(weak ties)也类似。就 R(a, b)来说,关系中的双方内心已经潜藏着互助的责任和义务。对于其中的 a 而言,当他声称 b 有用时,实际上意味着 a 事前拥有的、与 a 本人有不可分割关系的关系人 b 可帮助 a。然而,b 不是一般他人,而是已经处于关系 R(a, b)中的 a 的对方,可表示为 $b = b_{R(a,b)}$。因此,所谓 b 帮助 a,就相当于 $b_{R(a,b)}$ 帮助 a。然而 $b_{R(a,b)}$ 中已经蕴含着 a,因此,所谓 b 帮助 a 在某种程度就意味着说 a 帮助 a,或"自己帮助自己"。这看似很不合理,但是恰恰符合现实,其意义既深刻又浅显,它大致对应于事物的"内因"或"内在目的论"思维。这种思维事实上广泛存在于生活世界,却几乎被社会科学所遗忘。常人甚至学者都忘记了,正是行动者自身在某些方面的努力,才使得自己得到了"关系人"的帮助。就此而言,如果说"关系"有用,那也首先说

明了"自己帮助自己",而不完全是"关系人"的功劳。从逻辑上讲,他人帮助我的前提是我的先在,没有我的先在,他人无法帮助我。至于我的先在如何存在,那是另外一个存在论问题。总之,关系中已经包含了双方,常人所说的"关系有用"在某种程度上就意味着"自己帮助自己",尽管常人并不自知。"自己帮助自己"或"自助"具有基础性意义,它涉及人的自我保存和自在的目的性,更关乎人的主体性和自由等关键议题。

即便不谈关系人,而单独谈论关系人之间的"关系",很多说法仍然可以深究。它相当于说:a事前拥有的与b不可分割的"弱关系"(而非弱关系中的关系人b)对a有用,即可帮助a。同样,这仍然意味着R(a,b)可以帮助a。然而还是由于R(a,b)中已经蕴含a,因此,这在很大程度上仍然相当于说a帮助a,即"自助"。如此看来,所谓"关系有优势"仍然在很大程度上相当于说"自己帮助自己",这是一个无需言说的前提。它仍然对应于事情本身的"内在目的论",即依据事情本身的内在自否定逻辑来解释事物自身发展,而不是依据外部因素来解释。这种"自助"的实践和学理意义都比仅论及"$b_{R(a,b)}$帮助a"更大,因为这里存在一个超越a和b并存在于a和b之间的关系。极少数a会具备超越性的思维,认知到这种关系的超越性,即能从作为超越性的概念或理念的整全"关系"上看待问题。

这种"自助"思想中外早已有之,只是它被当代流行的线性思维遮蔽了,也被社会科学界遗忘了。被遗忘不等于不存在,不等于不重要。

道教声称"我命由我不由天":只要炼出金丹,就可长生不老,不由天主宰自己的命运。这种立场值得赞赏,但它只抓住了命运的一个维度,仅看到了"我"的维度,忽视了我本身并不是抽象的存在,而是必然处于世界的各种关系之中,而很多现实和关系并不是由我决定的。换言之,"我命由我不由天"与"我命由天不由我"同时并存，可称为"我命由我又由天"。当然，这样说仍然有些抽象，对于现实人的启发仍然不太大，哪些部分由我决定？哪些部分由天决定？这里仍然预设了天人对立。更深的理解还须考虑理性、知识及人的教化和启蒙过程中具体的细节和痛苦。如果再深究很可能发现，并不是"我命由我又由天"，而是我命既有我决定不了之处，也有天决定不了之处，更有我和天都决定不了之处。因此，按照佛教般若中观的双非思想，就可以说我命既不是由我决定，也不由天决定，或可谓之"我命非由我非由天"。"我命"本身甚至被佛陀学说空去，而空去后，可能得到佛教哲学意义上的至善，而这种至善却是不可名相的，对常人来说也难以理解。

　　上述对"自助"的说明还主要限定在"理论"层面和现代社会中，它预设了我他之间、我它之间有明确界限，然而在中国传统社会中，现实情况却有相反的表现。如果说西方近现代文化的深层意识强调在权利空间中明确地界定人与人之间的关系，西方社会科学也都围绕界限明晰的权利展开，那么相比之下，传统中国文化历来缺乏个人"权利意识"，或者说个人权利一直受到压抑，这是因为传统中国社会是关系社会或伦理本位的社会，在此种社会中的个人并没有独立的自我意识和独立人格，也没有明确的公私观念，而首先有家的意识，个人的"我"就是家庭伦常关系中的我，而家庭伦理对于经济、政治、宗教都有影响，所谓"伦理本位者，关系本位也"（梁漱溟，2005：194）。从"个人"角度说，每个人仍然有其"自我"，不过这是"关系中的我"，不单是伦理中的我，还是家庭中的我、集体中的我、国家中的我等。因此，中国社会中的关系以及中国人所说的"关系"不同于西方人讲的关系（relation, ties, connection 等）。"自我"、"社会"、"市场"与"国家"之间的关系将长期是中国的时代大课题，因为真正"现代"的中国毕竟离不开真正独立的个体和独立人格，并且如果换一种视角看问题，那么在中国传统社会中是存

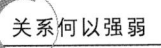

在人格的。例如,《伦语》讲"三军可夺帅也,匹夫不可夺志也"。《大学》将修、齐、治、平落实到具体个体的言行举止之中,体现了即世间即天道、极高明而道中庸的智慧。孟子更是宣扬"富贵不能淫,贫贱不能移,威武不能屈"的"大丈夫"精神。当然,真正实现了这种理想的知识分子一直是少数,并且自秦朝以来,儒家知识分子更置身于"大一统"政治与社会背景之下,大多丧失了个体性,少许的例外发生在魏晋时期,那时候的士人不媚强权。

随着家庭少子化、老龄化时代的到来,当代中国也与发达国家一样,正在经历百年未有之大变局,个人"权利意识"在增长。这意味着,虽然伦理本位关系至今依然明显,但是由于家庭小型化,中国人的人格越来越从人伦关系中脱嵌开来,但又重新嵌入权力体系之中,因此达不到超越意义或理念意义上的人格。从另外的方面讲,中国表面上正在经历社会巨变,但是背后仍然保持着一定的超稳定结构。"中国社会深层组织方式一直没有变,这就是社会的整合建立在人们对某种统一意识形态的认同之上,我们称之为意识形态与社会组织一体化。"(金观涛、刘青峰,2011:导言第 3 页)如果把超稳定结构放在对外开放条件下审视,那么其典型行为模式就不再是王朝周期性崩溃与修复,而表现为"传统一体化结构解体——意识形态更替——新一体化结构建立"(金观涛、刘青峰,2011:导言第 10 页)。

社会工作的理念"助人自助"在一定程度上蕴含着"自助"之意,然而它有一定前提或可以追问之处。首先,"助人自助"中的"人"指的是案主,即帮助案主并使之"自助"。换言之,案主本人的"自助"不是首位的,而是要在社会工作者引领下自助。这里预设了案主不能自助。其次,得到了社工帮助的案主如何真正持续性地自助、自立、自强,或者说案主如何真正"存在"起来?由于案主也是"关系人",嵌入各种关系之中,或者恰恰是因其各种复杂关系的存在才造成案主出现各种问题而需要帮助。也就是说，很多情况下问题并不单出在案主本身，而是出在难以破解的系统性关系之中，因为需要采用系统方法对相关人士的观念进行干预，但是效果通常不佳，因为人们的观念是极难改变的。最后，该理念预设了社会工作者本人无需"自助"，也不提及社会工作者本人如何自助，而这恰恰是一个问题，社会工作者如何有资格干预案主，这个问题较少被关注。

虽然多数学者忽视了"自助"，然而在日常语言中却有很多蕴含着"自助""内因"等意义的词语，如自作自受、咎由自取、自食其果、自取其祸、自取灭亡、作茧自缚；善有善报、佐饔得尝、作善降祥等，这些词无不体现出内因、自助的重要性，然而很多学者进行了选择性无视。① 这些词语背后蕴含着自我意识，而自我意识因不符合形式逻辑同一律而几乎被排斥在关系研究甚至社会科学之外。例如，"自助""自己帮助自己"之类的观点在社会网、社会资本和关系社会学研究中几乎是昏话，学者普遍谈及如何得到他人的帮助或者如何帮助他人，几乎不谈论"自己帮助自己"，认为"自助"是不需要论述的。然而，"自助"并非没有意义，而是意义重大：人的自我保存是首位的。某些社会表面上倡导个性自由，实质上压制人的个性（福柯，2019）。在一个良好的社会状态中，"人们能够无恐惧地有差异"（休恩编，2018：334）。

"弱关系的优势"之一在于关注社会凝聚等宏大议题，有一定"宏观"意义，但对于具体关系人来说意义不大。关系的作用是大还是小，上升还是下降，有正作用还是反作用？相关研究结果并不是针对具体"个人"而言的，而只是"类"均值思维的体现，因为研究依据的是统计均值，更因为作为命题的研究结果变成了共相性命题，即必然脱离现实情境。同理，强、弱关

---

① 当然，自助不可能完全是自身独立的行为，任何自助都离不开外部条件的支撑。有时候外部条件恶劣，使得人无法自助。

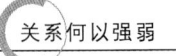

系研究的结果实质上也是类比,与"强、弱关系本身"几乎毫无关系!

格氏对"禁现三方关系"的分析有一定意义,它是"弱关系的优势"命题得以推出的不可或缺的环节。然而,这仍然是"形式分析",缺乏具体的实质性内容,格氏对此也心知肚明。为了更深刻地理解"禁现三方关系",有必要考虑"内容"。正如一些学者所言,"即使是最简单的三方组结构中所蕴涵的多方面的意义,也意味着我们需要将更多的注意力放在探究这些关系所发生的情境上。比如,我们所考察的个体可能从 A 那里获得建议,同时又向 B 提供建议,但是,如果不知道这些关系所发生的具体情境,我们就无法破解这一个体正在扮演的是至少五种可能角色(联络员、代表者、守门人、经纪人、协调者)中的哪一种"(奇达夫、蔡文彬,2007:152)。

就"三方关系"来说,可以关涉的"内容"非常多。例如,可以考虑三方行动者各自的各种属性,如各自的性质、性格特征、人力资本、成本、收益、自控力、未来期望等,还涉及任何两方行动者之间"关系"的"质"与"量",更涉及由此形成的整个三方结构的内容(例如三方是一家人、一个任务小组,相互敌对的三个人,还是一对亲人加上一个熟人,还是既相互合作又相互竞争的三个国家,等等)及其对每个行动者的言行和二者之间的关系可能带来的影响。所以,还应考虑在网络中传递的"东西"是信息、资源,还是影响、权力,或是面子、人情、忠诚、保护等。这里更没有考虑时间和空间因素。如果将这些因素或内容都考虑到,整个三方关系的具体结构将发生多种变化,即出现众多类型的三方关系。可以想象,如果考虑其中的某些"内容",那么"禁现三方关系"很可能不再成立。如果每个社会行动者是群体,那么群内关系与群外关系的性质也不同,不可简单比较。

关系本身也不是独立存在的,它与"社会"概念息息相关,或者说关系也嵌入更大的关系网或社会之中。按照格兰诺维特的观点，弱关系的优势在于它将不同群体关联在一起，或将整个社会关联或凝聚起来。这个洞见或发现虽然似乎已经成为定论或重要贡献，但是真正的问题仍然潜藏在背后。要想更加深刻地洞悉此论断中的问题，仍然需要辨析其中的关键概念。例如，什么是"社会"及"社会群体"？"社会"是有别于"国家"和"市场"的第三领域，其实质内涵就蕴含着各类"关系"（当然绝不仅限于人际关系、朋友关系等）。社会的实质就是各种"关系"，社会本身就是"关系场"，"太初即关系"，"关系"不独立存在于"社会"。"关系"不是作为一类外在物品而嵌入社会之中，关系就是社会得以建立的前提。无论社会的定义是什么，只要离开了其中行动者之间的各种"关系"，那就像沙堆一样，变成相互独立的行动者之间的外在聚集，这种堆积已经不再是社会了，而变成外在聚集的一堆人。换言之，关系本身并不独立于"社会"之外。可以将"社会"视为时空中的各类关系及其结构的特征及变化的机制。多纳蒂（2018：72，73）认为，关系的本质特征、结构、内容、关联、功能和变化刻画了社会实在的特征，它们都是居间的实在（reality in between）。不过，笔者希望再强调关系之间的结构、关联、变化等方面，它们不单属于关系层次。

包括格氏在内的学者受语言表达的局限，将"关系"视为"自我"的产物或对自我的外部约束，这种理解并没有把握住"关系"的实质：关系不是派生之物，而是具有涌现性的社会实在。至于哪些因素真正构成了世界的"社会关系性"，该问题仍然晦暗不明（多纳蒂，2018：序 xi，xv）。社会并不承载关系，社会本身就是"关系场"，"社会就是关系"（多纳蒂，2018：前言第2页），"社会事实本质上是一种关系之物"（多纳蒂，2018：1）。如果说社会关系是人类行动的产物，那也意味着它是作为一种涌现的、不可还原的关系现象或关系实在而存在的，它拥有其独立的特征和力量，不能还原到其构成成分上。"弱关系将不同社会群体关联在一起"

这个说法是常识,然而常识非真知,学术研究通常要突破常识。①
该说法预设了"弱关系"外在于社会群体而存在,或"社会是由
群体构成的"。它让人们以为有个实物叫作"弱关系",它将双方
或相互离散的群体联系起来,类似于作为实物的桥可以将两岸连
接起来一样。这种说法还类似于将人体"关节"单独切下来观察,
发现它们将身体各部分关联起来,因而得出结论"各关节将人体
的各个部分凝聚在一起"。殊不知,切割下来的"关节"已经不再
是"关节",而是"僵死物"。当然,关节本身是比较复杂的,它
包括:由关节两端骨头的骨面形成的关节面,连接骨头的关节囊
(包括韧带、外侧的纤维组织),关节面和关节囊腔隙的关节腔,
以及其他(如滑膜组织、血管、神经、脂肪垫等)。这里姑且关注
其中的韧带。关节之所以为"关节",恰恰是依存于其所关联的骨
骼等。关节因其不可分割地连接各部分而被称为关节,单独拿出
来就不是关节了,因为切割下来的"关节"不再行使"关节"功
能,因此不应该被称为"关节"。关节的比喻还不恰当,因为毕竟
有关节这个实物,而关系不是实物。本书所说的桥不是实物,而
是两个人在某些方面的共性,也是交集。这里涉及关系逻辑和关
系概念问题,下面辨析关系逻辑。

二 关系之关系逻辑

在当代社会科学研究中,形式逻辑思维占据优势,格氏名篇

---

① 学术研究或追求真理在很大程度上就是要突破常识,智慧往往隐藏并表现在现象之中。很多学者提出虚假的学术问题,却有学者尝试回应虚假问题而不知道该问题及回应可能是虚假或错误的。好的学术应当关怀人的生命,激励人的理想人格。需要注意的是,学术研究与现实生活不可能一一对应,学术研究的目的未必是直接描述和解释当下的现实。学术研究有其自身的逻辑,未必完全观照当下现实。从表面上看,学术研究可以是超功利的、无关当下现实的纯粹研究,从长远则是关注"现实"的。反之,如果学术研究的目的或目标只是解决或回答现实问题,甚至努力给出政策建议并希望立刻见效,这就是"有问题解决问题"的线性思维或知性思维,同时也是短视思维。

第五章 关系之超验意义

背后也坚持形式逻辑。实际上，除此之外还有更基础的逻辑，如康德的先验逻辑、黑格尔的逻辑学或辩证逻辑①，弗雷格等人的数理逻辑、皮尔士和德·摩根等的现代逻辑学，以及语义学中的关系逻辑（logic of relations），以及百姓日用而不知的日常生活逻辑等，然而它们在社会科学中不受重视。各种逻辑有各自的逻辑，内容复杂。下面从关系逻辑角度探讨格氏名篇中的思想粗糙之处。

关系逻辑是美国实用主义哲学家皮尔士（Charles S. Peirce, 1839~1914）和英国逻辑学家德·摩根（Augustus de Morgan, 1806~1871）分别独自创立的（Merrill, 1978）。前者在 1866 年，后者在 1859 年分别提出了"关系逻辑"，后者甚至被称为"关系逻辑之父"。德·摩根认为，亚里士多德坚持的逻辑太单一了，不能涵盖人类关系思维的丰富内容。他用自创的符号研究了关系的种类和性质，包括关系的对称性、传递性等。皮尔士的关系逻辑研究则稍晚几年，但他在多个场合声明自己虽然于 1866 年开始发表关系逻辑成果，但是他对关系逻辑的思考独立于德·摩根，且在 1866 年以后才收到并参考德·摩根的著述（Michael, 1974: 73; 张留华, 2012）。如他所说，"我从德摩根教授发表于［1860年］的一篇报告（他现在寄给了我一本）中获悉，他也已经在这方面做了相当多的探索，只是路径有所不同"（皮尔士, 2020: 171）。

皮尔士的关系逻辑是他在 1870~1882 年提出来的，是对"二元"关系的性质和操作进行形式研究。直到 1883 年，皮尔士才明确地提出量词（quantifiers），发现单个对象、类、关系是性质不同的三类实体，此时关系逻辑的发展才呈现出新局面，因为它包括了三元关系（triadic relations）（Martin, 1976: 229）。后来，阿尔弗雷德·塔斯基在此基础上，最终于 20 世纪 40 年代开创了关系代数和

---

① 一般认为，黑格尔的本体论、认识论、方法论、逻辑学是统一的，这种说法有一定道理，但是这种说法隐含着"逻辑学"是单独科目之意，这是黑格尔不同意的。对黑格尔来说，逻辑学就是形而上学，就是哲学本身，根本不是与形式逻辑、符号逻辑并列的又一种"逻辑"即辩证逻辑（张汝伦, 2007: 3）。

关系逻辑，研究了一些特殊关系的形式性质（formal properties），如传递的关系、非对称的关系或某些类型的关系顺序，并对关系实施并、差、笛卡尔乘积、投影、选择等基本操作，以及交、连接、自然联结、除法等组合操作，也包括关系的逆运算、乘积等，这就是关系演算（calculi of relations）。

从某种意义上讲，对关系的逻辑学讨论通常将关系视为集合或性质的特例。关系逻辑首先追问一个哲学问题：如果关系的性质的确存在，那么"关系"是否是实在的。一方面，唯名论者和个体主义者都不认为关系具有实在性，即不认为"关系"存在着一般的属性，因为他们不承认有一般的性质。同样，这种观点与形式语意学有重要的关联，后者认为关系只是表征了（关系）述谓罢了。因此，关系虽然对于现代逻辑和语义学来说不可或缺，它们相对于一般性质来讲更重要，但是关系在当代逻辑中很少有独立的价值。另一方面，实在论者认为关系具有实在性。多数实在论者会拒绝唯名论，尽管它具有一定的历史重要性（例如在柏拉图、布拉德雷的著述中）。然而，按照辩证逻辑，关系既具有实在性，也具有建构性。

皮尔士则认为，唯名论和实在论的解释似乎是仅有的两种可能的关于实在的解释，这里所谓的实在指的是独立于你我的所思而存在的事物。瓦尔却认为，唯名论与实在论的这种二分是错误的，他将皮尔士关于实在性和外在性（externality）的观念结合起来，认为这里可以有三种选项，而不是皮尔士所区分的两项（瓦尔，2021：38~53）。所谓外在性，即事物外在于人对它的思维而存在。某物可能是实在的，即独立于我们对它的思考，但它可能没有外在性，即意味它不独立于我们怎样想。尽管具有外在性的事物都是实在的，但是反之未必成立。因此，实在性（reality）不同于外在性（externality）。当我们将自己思维的某种产物看成是实在的时候，外在性问题更可能出现；这种产物可能是实在的，但未必外在的，未必不独立于一般的思想。如此看来，便有三个选项：①所有的实在都外在于全部思想；②某些但不是全部实在是外在于全部思想的；③没有什么实在会外在于全部思想。区分实在性和外在性有助于突破唯名论和实在论之争。然而，笔者认为，可以深入探究外在性概念本身，因为既然思想外在于实在，那么思想如何可能进入"实在"，即实在如何可知？

也有很多学者认为，皮尔士在其职业生涯早期就坚持实在论，随后稍有改进但一直坚守实在论。然而，费驰（Fisch，1967）向这种公认的观点提出了质疑。费驰指出，①皮尔士曾经是一位唯名论者，这与上述公认看法不矛盾，但也不是公认看法的一部分；②皮尔士对唯名论与实在论问题的思考存在着重要的历时性发展。不过，也有学者认为第二点比较令人信服，第一点的证据似乎不足（Roberts，1970：67）。

形式语义学（formal semantics）不太关心这些基础哲学问题，而关心语言单位的意义，或者关注语词和句子的意义。形式语义学发端于20世纪70年代，其本身的内容很复杂，包括函数抽象描述、操作语义学、指称语义学、公理语义学、代数语义学等。形式语义学从语义学角度出发，将关系视为对"n－个体组的述谓"（predicates of n-tuple individuals），并在程序设计中得到了应用。形式语义学认为，关系通常代表了（关系）述谓（predicates）。述谓分析是由英国语言学家杰弗里·利奇（Geoffrey Leech，1936～2014）提出的一种用语法分析句子语义的方法。语法分析的基本单位是句子或述谓，句子或述谓由主语、谓语或论元（argument）和谓词（predicate）构成。所谓论元，是一个述谓的逻辑参与者，大致对应于一个句子中的一个或数个名词性成分。谓词则是关于论元的陈述，或说明一个句子中论元之间的逻辑关系。例如，"He jumped"是由论元he和谓词jump构成，可以写作：he（jump）。句子的语法形式不影响述谓。

在英语语言学及形式语义学中，根据一项述谓结构中包含的论证项目的数量，可以区分出四种述谓。空位述谓（no-place pred-

ication）指的是没有论元或逻辑参与者的一种关系，如"天真冷"（It is cold），"It is snowing"中有 be（snow），因此它也是空位述谓结构。一位述谓（one-place predication）指的是单个个体与其自身的一种关系或表达单个个体的某种状态，如"小王病了"（Wang is ill），"Is the baby sleeping?"这个句子也有一位述谓结构，句子中包含 baby（sleep）。二位述谓（two-place predication）指两个个体或项目之间的一种关系，如"小王在找工作"（Wang is finding a job），"The man sells ice-cream"句中包含 man、ice-cream（sell），因此这个句子包含二位述谓结构。三位述谓（three-place predication）指三个个体或项目之间的某种关系。例如，送给、传递、保证等谓词大致表示三位述谓关系，如"我向他传递职业信息"（I sent him job information）。在关系逻辑中，所谓"关系"指的就是二位或多位的性质（如爱、居间等）。

实际上，形式语义学的思想也来源于皮尔士，他在1885年就试图简化康德的范畴表，提出了关于思想的三个基本范畴。他指出，"我们发现，有必要认识到逻辑中有三类性状、三类事实。首先，有一些单性状可用单个对象来预测，如我们说某物是白色的、大的等。其次，有一些双性状关乎一对对象，所有相对的词语如'情人''类似于''其他'等都有此意。再次，有一些复合性状都可以还原为三字符（triple characters）而不能还原为双性状，就此而言，不能用任何分别关于 A 和 B 的描述来表达这样的事实，即 A 是 B 的恩人，为此须引入一个关系项。……这三个基本的事实范畴是，关于单个对象的事实、关于两个对象的事实（关系）、关于多个对象的事实（综合事实）"（转引自 Atkin，2016：237）。可见，皮尔士这里引入了三类逻辑关系：一位关系如"__渴了"，它指向单个对象；二位关系如"__比__个子高"，它指向两个对象；三位关系如"__将__给__"，它指向三个对象。这里存在着"第一性"（firstness）、"第二性"（secondness）、"第三性"（thirdness），它们分别对应于一位述谓、二位述谓和三位述谓。

这里的重点在于,"第一性""第二性""第三性"是独立的三个范畴。所谓第一性指的是这样的范畴,即"作为一种样式,它说的是任何东西都会自为存在,无关任何其他东西,因而尽管其他任何东西都不曾存在或不可能存在,也不会给此东西带来任何影响。如果行动者认知到自己本身作为生命有超越性,有自在自为的各种无限可能性,就不会轻易地因在生活中遭遇各种烦心琐事、网络暴力等而自杀。这样的一种存在样式只能理解为感觉样式(mode of feeling)。……第二性可以界定为对某一主体存在状态的改动。这种改动其实是另一不同主体的存在状态。更精确地说,第二性说的是:两个绝对分割的孤立主体,它们彼此构成一对,……每一主体的此种第二性相对于该主体的内在第一性来说一定是第二位的,完全不会取代其中的第一性。……对于它们的第二性来说,最为关键的一点是:它们一直都是两个东西。……因此,第二性是一种偶发情况。它是发生于两个主体之间的一种盲目反应。……第三性……能改变一个作为第二性样式的主体的存在状态,只要它能改动第三个主体"(皮尔士,2020:168~169)。简言之,第一性指的是某物只是自为地存在,完全不指向任何其他东西,第二性指这样的存在形式,即"由于它的存在,它对于另外某物有影响,而它相对于此物是第二的,但与任何其他的事物无关。……这样我们就有了第三个范畴。这个范畴是这样一种存在形式:它的本质特征是完全从把两个东西互相联系起来的关系里派生出来的"(瓦尔,2003:18~19)。这就是第三性,"它包含着至少三个因素:连接着的对象和对象之间的联系。……由于第三性把两个事物联系起来,因此没有第二性的第三性是不存在的。由于不出现就没有对抗,因此没有第一性的第二性是不存在的"(瓦尔,2003:32~33)。

皮尔士自认为这三个范畴是普适的、完备的和不能还原的,后一个范畴不能还原为前一个范畴。例如,三元关系不能还原为二元关系,并且不可能用更简单的关系来定义三元关系,而所有具有四项或更多项的关系却都可以被还原到更简单的关系。这意味着用第三性来表达的事项完全不同于第二性所表达的事项，是在两个第二性范畴基础上涌现出来的新范畴。"__将__送给__"、"__将__传递给__"或"__向__保证__"等所表达的意思就超出了第二性，即并不是三个二元关系的组合。例如，"她向丈夫保证不再出轨"这种"保证"关系不能被还原为一组三个二元关系。又如，"同事向他提供了招聘信息"也有新含义，它不是"同事提供招聘信息"，不是"他得到招聘信息"，更不是"此人与他有同事关系"，而只是他和同事在特定时空就招聘信息而言的一种特定的传递信息关系，而不是其他关系，更不是一般关系。也就是说，某人A向某人B传递职业信息属于第三性，不能还原为第二性，这里涉及信息传递关系等本身的涌现性，后文将有所论及。然而，当下社会学中的求职研究、传播学中的相关研究却进行的是还原工作，这实际上犯了逻辑错误，当然，相关研究者并不知道自己犯错。传递信息之类的关系甚至对于二人来讲不具有普遍性，更别说推广开来。更重要的是，这三种二元关系只是建立了三个关系的共存状态，还不能够把它们线性地并列在一起成为单一的事实，而需要一种非线性的融合，才能形成全新的关系状态。同理，"约翰给玛丽苹果"也不是三个二元关系的简单组合。"仅仅从三个二元关系成立的事实，我们不能得出结论——约翰给玛丽苹果。"（瓦尔，2003：22）同理，只要两个人之间传递了职业信息，这种传递本身就只是发生在二者之间的一种特定关系，这种关系是不普遍的。就此而言，对关系进行调查和统计的研究路子并不科学。

集合论对关系的探讨不同于形式语义学的探讨，尽管二者有相通之处。与关于语句的形式意义不同，集合论更关注集合中各要素在某种关系R上的表现和性质。在集合论中，"关系"R（relation）指的是有序对的类（classes of ordered pairs）或有序对的集合（set of ordered pairs），也可以指有序三方（ordered triplets）的集合，但是它们都被集合论还原为有序对，这一点不同于形式语义学，也因此在思想高度上可能不及后者。就此而言，这种关系可视为形式语义学所说的二位述谓结构。构成关系 R 中的各对成员，即 R 所连接的各项称为 R 的关系项。其中，R 中所有第一个关系项构成的集合或取值范围叫作 R 的定义域（domain），第二个关系项构成的集合或取值范围叫作值域（range）。按照 R 所关联的关系项的数目和 R 本身的性质，可区分出多种关系，如反身关系、对称关系、非对称关系、传递关系、非传递关系、自反关系、反自反关系、顺序关系、对等关系（equivalent relations）等。

关系逻辑也探讨这些关系的形式性质，或针对关系的不同性质进行操作。在关系逻辑中，"关系"有多种表现或性质。根据关系在一方自身、二方之间、三方或多方之间的表现，可以分别考察关系的对称性和传递性等。

一元关系的反身性。如果对于所有的 a 来讲，aRa 都成立，则称 R 是反身关系，或者有反身性。反身关系类似于同一性，是每个事物与自身的关系。某些类型的述谓关系对于任何个人自身都适用。例如，"爱"的关系通常被理解为两个人之间的二元关系，如"A 爱 B"。"爱"很少被看成是一个人对自身的一元关系之爱，即"A 爱 A"。然而，如果一个人连自己都不认同自己，不爱护自己，甚至自暴自弃，他怎么可能赢得他人的爱或尊重。就此而言，"爱自己"则是一种反身关系，它非常重要，可惜在现代社会没有受到应有的重视。现代人的自我意识较强，但是未必真懂如何爱自己。同理，"帮助"关系也如此，如果一个人自己都不"帮助"自己，即不积极上进、自我进步，反而一味地希望得到他人的帮助，其结果是他不大可能获得他人的长久援助。就此而言，"自助"之类的反身关系虽然非常重要，但也没有受到应有的重视。当然，至于在革命战争或社会巨变年代，就不应简单地说一个人自己帮助自己了，因为个人可能无能为力，僵化而暴虐的时代大潮会无情地裹挟个人，每个人都要与动荡的时代一起风雨飘摇。

二元关系的对称性。在两个对象 a、b 之间，如果 a 对 b 有某种关系 R，则称 a 和 b 是 R-相关的，记作 aRb。如果 b 对 a 也有某种关系 R，也称 b 和 a 是 R-相关的，记作 bRa。那么根据 a 对 b 以及 b 对 a 是否有同样的关系 R，可分出三类关系：对称关系、可能对称关系和非对称（不对称）关系。

（1）在 a 和 b 之间，如果 aRb 成立，bRa 也成立，则称 R 为对称关系。同学、同乡、同事、邻居、亲属、朋友等大致是对称关系。

（2）如果 aRb 成立，但 bRa 既可能成立也可能不成立，那么 a 和 b 之间就是可能对称关系。例如，佩服、相信、帮助、认识、喜欢、支援、爱恋、传递信息等。小刘向小江传递信息，小江未必向小刘传递信息。小江未必认为小刘是自己的朋友，小刘却认为小江是自己的朋友。如果这样细分，那么朋友就变成可能对称关系，但很少变成非对称关系。

（3）如果 aRb 成立，bRa 一定不成立，a 和 b 之间就是非对称关系。例如，小于、大于、之上、之下、在前、在后、父子、夫妻、上下级等都是非对称关系。单相思、单恋通常也如此。

三元关系的传递性。在三个对象 a、b、c 之间，如果 a 对 b 有某种关系，b 对 c 有同样关系，那么根据 a 对 c 是否也有同样的关系，可分出三类关系：传递关系（通过关系）、可能传递关系（可能通过关系）和非传递关系（不通过关系）。

（1）如果 aRb 成立，bRc 成立，aRc 也成立，则称 R 为传递关系或通过关系。例如，小朱比小王早到，小王又比小韩早到，小朱就比小韩早到。"大于""早到""在前""相等"等属于传递关系。

（2）如果 aRb 成立，bRc 也成立，aRc 可能成立也可能不成立，则称此关系 R 为可能传递关系或可能通过关系。例如，"认识""传递信息""相邻""朋友"等关系。小李喜欢小江，小江喜欢大刘，但是小李未必喜欢大刘。

204

(3) 如果 aRb 成立，bRc 也成立，但 aRc 一定不成立，则称 R 为非传递关系或不通过关系。例如，a 是 b 的父亲，b 是 c 的父亲，但绝对不能说 a 是 c 的父亲，即该关系是非传递关系（参见 Audi，2015：920；Lane，1999）。如果考察的是三方组关系（triplets），则可以还原到多个对子（pairs）（参见 Bunnin and Yu，2004：599）。

如果将关系的"对称性"和"通过性"各自的三种情形结合起来，即可能形成九种具体关系情形，如表 5 - 1 所示（参见王元化，2019）。

表 5 - 1　九种具体关系

		通过性		
		（1）通过	（2）可能通过	（3）不通过
对称性	（1）对称	(1, 1)	(1, 2)	(1, 3)
	（2）可能对称	(2, 1)	(2, 2)	(2, 3)
	（3）非对称	(3, 1)	(3, 2)	(3, 3)

例如，"亲属关系""同事关系""同学关系"等大致居于（1，1）格，因为它们对称且可传递。"朋友关系"居于（1，2）格，因为它虽是对称的但只是可能传递的。"帮助关系""熟人关系"通常居于（1，3）格，因为它们通常是对称的但不能传递的。这也表明，熟人关系的性质不同于朋友关系，格兰诺维特没有认知到这一点。如果历时地看，"同学关系"也可以居于（1，3）格，因为它是对称的但不能传递，你的高中同学不是大学同学。"亲子关系"居于（3，3）格，因为它既不对称也不可传递。"上下级关系"可以归到（3，1）格或（3，2）格，因为它不对称，但可能是传递或不传递的。可见，如果考虑细节，则某种关系具体属于哪一格，会随着时空情景的变化而变化。例如，"雇主—雇员关系"也居于（3，3）格，因为它不对称且不传递。

关系 R 还可以有内外之别。通常认为，只要 a 的一个本质属性存在于与 b 的某种关系 R 之中，就称 a 与 b 有一种内在关系 R，否则 a 就处于与 b 的外在关系之中，或者说关系 R 是外在的。如果 R 取决于 a 和 b 相互依赖而存在，R 就是内在关系。当然，内在和外在之分是相对的。按照内在关系来说，某物的本质在一定程度上包括其与他物的关系，即某物的存在离不开他物。例如，空间中的某点与空间、手与身体，以及亲子关系都具有内在性质。既然如此，严格地说就不能讲"妈妈帮助了我"，因为我与妈妈之间具有本质的关联，"妈妈帮助了我"也在很大程度上相当于"妈妈帮助了她自己"。相比之下，"帮助""传递信息"等关系有很大的外在性。

在上述分类的基础上，如果再考虑关系自反性的两种情形，就会有 18 种具体的关系情形，而这些情形仍然没有涉及多个元素之间关系的性质。另外，这些还只是形式意义上的关系，至于信任关系（翟学伟，2022）、朋友关系、强弱关系、传递信息关系等往往是在上述现实关系的基础上形成的复合关系，因此，更不容易简单地将它们进行归类了。例如，信息传递关系如果可能对称但不能传递，则可以居于（2，3）格，如果可能对称也可能传递，则可以居于（2，2）格，如果它不对称但能传递，则可以居于（3，1）格。另外，每一对行动者都会随着时空的变化而在信息传递方面有不同的表现，二者之间的关系因而更难以确定地归类。又如，"夫妻关系"只是特定的一种二方关系，它不对称，但也不涉及通过性，因此很难归到上述任何一类。另外，如果集合中元素数量超过三个，那么建立其上的某种关系会有更多的性质。

以上只是将关系的两种性质（对称性和通过性）结合起来考察，还没有细致地辨析每一种关系本身中可能蕴含的丰富意义。例如，近些年离婚率逐年攀升，其中原因固然有多方面，青年人对夫妻关系的理解和认知不深刻是一个重要的认知原因。青年人没有充分经历夫妻生活中的柴米油盐、养家糊口、赡养父母，没有深刻地体验异化的工作与家庭之间可能的紧张关系，没有耐心地陪伴孩子学习的经历，没有为孩子将来和马上到来的升学而焦虑的经历和苦闷等。另外，受到社会流行的工具性婚姻观念和契约型婚姻制度的影响，很多夫妻坚持功利思维，目光短浅，相互不信任，其"夫妻关系"也就是抽象的，婚姻生活质量也不会高。实际上，"夫妻关系"概念本身或理想的夫妻关系并不是抽象的，而有很多内涵，例如，夫妻之间经常沟通、相互理解、求同存异、平等相处、性生活和谐、相互信任、不猜忌、平等对待双方老人、赡养父母、在孩子面前不吵架、相互给对方面子、尊重孩子的意愿、不对孩子发脾气、不经常抱怨对方、合理支配金钱即不做金钱的奴隶、不揭短、忍让、宽容、不记仇、不打骂人、不分居、不出轨、不欺骗对方感情、关心对方及其家人、不被无理的亲戚破坏夫妻情感等。如果将这些品质中的每一个都细分，并将这些品质组合在一起，就可以发现夫妻关系在现实中又有非常多的表现。例如，将夫妻"脾气"（A）、"是否尊重孩子的意愿"（B）和"是否赡养父母"（C）简单地二分，即分别分成（1表示脾气好；2表示脾气差）、（1表示尊重；2表示不尊重）和（1表示赡养；2表示不赡养），那么三者组合在一起（A、B、C）可以形成八类夫妻关系情形：（1，1，1）、（1，1，2）、（1，2，1）、（1，2，2）、（2，1，1）、（2，1，2）、（2，2，1）、（2，2，2）。例如，（2，2，2）指夫妻存在"脾气差、不尊重孩子、不赡养老人"的情形。当然，针对这种具体情形，还可以再细分，比如夫妻中哪一方脾气差、哪一方不尊重孩子、哪一方不赡养老人。如果每一种情形都再三分（比如丈夫不赡养老人、妻子不赡养老人、双方都不赡养老人），那么（2，2，2）这种夫妻之间的情形又可区分出 $3 \times 3 \times 3 = 27$ 种情形，其中最差的一种情形是"双方脾气都差、双方都不尊重孩子、双方都不赡养老人"，这样的夫妻培养的孩子也不会有教养，这样的家庭大多会解体。当然，针对这种最差的情形，还可以再细分。如果再考虑亲子关系，则夫妻关系以及家庭关系的表现将更复杂，而每一类关系后面都跟着酸甜苦辣、悲

欢离合。悲欢离合后面又蕴藏着甚至连当事人都没有意识到的自身认知的局限。换言之,撇开制度的、社会的影响不谈,当事人本人的有限思维和有限认知恰恰可能是产生苦恼或苦楚的原因。

集合中的多元关系。除了针对单个行动者、两个行动者、三个行动者之间的关系之外,对于建立在某集合上的某种关系 R 来说,R 还可以有自反性、反自反性、对称性、反对称性、传递性等性质。具体而言,集合论专家通常基于某个集合 U = {a, b, c, d……},考察其笛卡尔积(Cartesian product)U × U(U 上全部有序对的集合)上的某个子集 R。除了考察关系 R 的分类,还要探究关系 R 的性质。

对于任意 x 属于 U,如果总有(x, x)属于 R 或者 xRx 都成立,则称 R 在 U 上是反身关系或有自反性。如果任何(x, x)都不属于 R 或者 xRx 都不成立,则称 R 有反自反性,或者说 R 是反自反的。当然,如果集合 U 只包含一个元素,自反关系就是前文所说的反身关系,可以理解为每个人都首先为了自身而生存和生活。"<"即"小于"关系是反自反的,而"≤"即"小于等于"关系不是反自反的。又如,"="即"等于"关系是自反的,因为 a = a。这在形式上也是形式逻辑第一定律,即同一律。当然,a = a 如何可能成立,或者说 a 如何可能变成 a 自身,这变成一个现实之人之如何成就自身的关系问题,要有事情本身内在的辩证逻辑。由此概念可以扩展到"自反性现代化"等理论,则更有现实关怀。要想判断 R 是否为自反关系,需检查 U = {a, b, c, d……}在某种关系 R 上的关系矩阵对角线元素,如果它们全为 1,则关系 R 是自反关系;不全为 1,则 R 不是自反关系;全为 0,则 R 是反自反关系。关系有可能既不是自反关系,也不是反自反关系。

对于 U 中任意两个元素 x、y 来说,如果(x, y)属于 R,总有(y, x)属于 R,则称 R 有对称性;如果(x, y)属于 R,而(y, x)不属于 R,则称 R 有非对称性。如果(x, y)属于 R,(y, x)一定不属于 R,则称 R 有反对称性。如果关系矩阵主对角线两侧对应的元素完全相同,则关系是对称的,如果两侧元素完全互补(一侧是1,另一侧是0),则关系是反对称的。对称关系与反对称关系互斥,在现实中只能出现一种情况,而不像自反与反自反可以同时满足。对于非空集合 U 上的关系 R 来说,如果 R 是同时自反的、对称的和传递的,则称 R 为 U 上的等价关系(e-quivalent relation)。如果 R 是自反的、反对称的和传递的,则称 R 为 UA 上的偏序关系(partial order relation),记为"≤",即"小于等于",同时将序偶{A, ≤}称为偏序集(partial order set)。

以上阐述表明,形式逻辑中的蕴含关系只是众多可能关系中的一种,而上述朋友关系、同事关系等所包含的反身关系、对称关系、传递关系等也比蕴含关系更加丰富。格兰诺维特在其名篇中提到了朋友关系、强弱关系、同事关系、雇主关系(格兰诺维特,2007:67,69,78,82),也涉及熟人关系(acquaintance)、高中同学关系、信任关系、亲属关系、邻居关系、亲戚关系等多种关系(格兰诺维特,2007:79,86,87,79)。这里既包括现实中实存的基础关系,如亲友关系,也包括据此建构的关系,如弱关系、信任关系、信息传递关系等。然而,前文对关系逻辑的分析表明,基础关系之间在质上的差异很大,基础关系更不同于建构的复合关系,更不能直接将两者进行比较。按照上述分析,"亲属关系""同事关系""同学关系"大致居于(1,1)格,它们不同于"朋友关系",因为朋友关系是对称的但只是可能传递的。"帮助关系""熟人关系"在性质上又不同于朋友关系、同事关系等,因为它们对称但不能传递。格氏还提及高中的"同学关系",然而这种关系可以表现出不同的性质来。至于他提及的亲属关系中可能包含"父子关系"等,这些关系既不对称也不可传递。然而,格氏没有深入辨析这些基础关系在性质上有何差异,也没有分析这些基础关系与建构的关系(如强弱关系、信任关系等)之间的联系,以及建构的关系在性质上的异同,而是混用这些关系或视之为一类,直接用它们探讨信息的传递。显然,这种做法既缺乏思想高度，也缺乏现实基础。

除了探讨关系的类别和性质之外，还可以进行关系的运算，包括关系的加法、减法、乘法、并集、交集、补集、逆运算等操作。同时，笔者认为还可以赋予每一种关系及其运算以一定的个人生命意义或社会治理意义，这可谓是社会学意义上的关系逻辑，不是关系逻辑学者所关注的运算。例如，关系的乘积表示关系的传递性，空关系可以暗喻空、无、虚无、缘起性空或生命无意义等。

德·摩根和皮尔士超越形式逻辑三段论而提出关系逻辑，研究了关系的表现和性质等，在笔者看来，德·摩根和皮尔士的工作让我们对关系的性质和运算有了更深的认识。然而，德·摩根和皮尔士的研究有其局限。首先，关系逻辑仍然局限于线性思维。德·摩根和皮尔士的关系研究虽然在一定程度上考虑了关系的内容，但是仍然坚持知性思维，没有将关系的形式和内容有机地结合在一起。他们所考察的关系的性质还并不完全是关系之所以是其所是的质（quality），即不是某类关系之所以是某类关系的规定性（determination）。比如，他们即便研究"朋友关系"的传递性，也只是从表面上研究朋友关系在不同人之间的传递，而不关心作为概念的"朋友关系"可能拥有的"为朋友两肋插刀""互帮互助""互为知己""肝胆相照""托付生命"等更高境界。另外，关系的质还离不开量，否则就是抽象的质。例如，亲子关系是人世间最亲密的关系，然而亲子之间往往因各种因素而难以沟通，甚至反目成仇，这要求在沟通过程中注重各种细节，例如双方设身处地考虑对方的感受、理解对方等。然而，恰恰在这些方面，忙碌的现代人往往做不到，甚至在此方面无知。换言之，仅仅知道亲子关系之"亲"，却不知道如何算真正的亲，毋宁说这就不真正是亲，而只是抽象的"亲"。关系的形式和性质等也不关心事物自身自在而自为地存在的自否定性辩证关系，即仍然没有触及关系本身。

第五章 关系之超验意义

其次，预设了语言与世界的二分。形式语义学、集合论中的关系逻辑研究存在的问题还在于，它们都预设了语言与世界之间有直接指称关系，语言表达式的意义来自这种关系。然而，后期维特根斯坦、奥斯汀、塞尔、达米特等人的"语言和意义的社会建构论"对此提出批评。这种理论倡导用"语言、人（语言共同体）和世界"三元关系取代"语言和世界"二元关系，因为：①语言本质上是一种社会现象，其首要功能是交流而非表征；②语言的意义来自人与外界的互动以及人际互动，受到语言共同体意向的约定；③语言和意义随着语言共同体的交往实践而变化。（陈波，2014：121）不过，维特根斯坦引入了生活形式和语言游戏规则概念，其目的不是否定语言与世界的关联，而是强调不存在纯粹的客观世界和主观世界，即强调语言所反映的世界是受生活形式和语言游戏规则制约的世界，同时也是打上了人的社会实践印记的一元世界，这种世界里可以有三元关系（张庆熊，2008：34）。当然，语言本身就是逻各斯（logos），逻各斯是近代理性主义的一种表现，而现实世界本身还有众多非语言可以表达的领域，这些领域不可说，但也很重要。就此而言，语言的世界仍然不是现实世界本身。现实世界自身有黑格尔所论的哲思过程，这种哲思不是发挥"主观能动性"的主观之思，而是"略去特殊的意见和见解，让自己受事情本身支配"的思想，这样的思想不单纯是认知者的思想，同时也是事物本身的自在东西。黑格尔重视的这种作为逻各斯的思想与后期海德格尔"让事情本身支配"的表达非常一致（张汝伦，2007：4）。反观形式语义学所关注的语言及其关系研究，会发现它遮蔽或遗忘了上述思想，尽管它非常重要。

最后，无视关系的动态性。虽然德·摩根和皮尔士的研究论及关系的自反性、对称性、传递性等，但这些性质在很大程度上仍然是抽象的性质，他们的研究没有触及关系概念背后更深的关系动态过程。对于现实中的具体个人来说，这一过程恰恰就是其

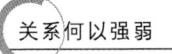

生存和生活的酸甜苦辣过程，是组织中的个人之间相互沟通、博弈的过程，是个人与制度博弈的过程，以及制度安排被破坏和完善的过程等。比如，在现实中，A = A 可以理解为一个人 A 终其一生不断认识自己，追求其自行设定或为社会接纳的理想 A 的过程，这个过程可能充满了艰辛和苦难。当然，集合论、形式语义学、离散数学、符号逻辑等基本上不关心这些更有人生意义和价值的重要问题，不过这无可厚非，因为这本来就不是这些逻辑所关注的任务。另外，这些逻辑与黑格尔逻辑学相去甚远，也与佛教哲学的双非思想有很大差异。因此，有必要从哲学上继续探讨关系的更深层思想，包括亚里士多德的关系范畴、洛克的关系观念、莱布尼茨的实体关系学说、康德的关系三范畴、黑格尔对关系本质的论述以及海德格尔的关系思想等等。显然，这些思想非常高深，更超出了本书的主旨，需要笔者另著专论。下面只分析关系概念的三个重要性质，并给出关系概念本身的可能谱系。

三 关系概念及谱系

概念可以分为纯粹概念和经验概念（康德，2004：60；黑格尔，2002：298）。"概念要么是经验性的概念，要么是纯粹的概念，而纯粹概念就其仅在知性中（而不是在感性的纯粹形象中）有其来源而言，就叫做 Notio。而一个出自诸 Notio 的超出经验可能性的概念，就是理念或理性的概念。"（康德，2004：274~275，A320/B377）这里所说的拉丁文 Notio 即表示"思想""概念"，相当于康德所说的纯粹知性概念即范畴。所谓"纯粹"，指撇开任何经验或感觉内容（康德，2004：26），纯粹概念就是不包含任何经验内容或感性内容，而只包含一个对象的思维一般形式的概念，如（质性研究中的）质、（量化研究中的）量、关系、模态、是、一、因果性等。当听说"这位求职者是一个单亲妈妈"时，观察者或听众只了解到她是一位求职者、单亲妈妈（并且这种了解还要有前提，即听者与说者处于共同语言环境或共同意义系统之中,这样才可以理解每个字和每个词在共同语境中的含义,因而才可以理解整句话的含义)。然而,"求职者""单亲妈妈"是概念或共相(universal),可以指代全世界任何一位求职者和单亲妈妈,不可能特指"这个"作为单亲妈妈的求职者。可见,"这位求职者是一个单亲妈妈"一旦被说出来,就立刻变成普遍性的判断,使得"这位求职者"立刻变成了"一类人",而并不特指"这个人""这个求职者"。这清楚地表明,人们用语言根本不能确定其"亲眼看到"的那个实实在在的具体个人,能够确定的只是看不见、摸不着的"求职者""单亲妈妈""一"等经验概念和纯粹概念。可见,纯粹概念是不能被直观的,我们无法看到或观察到概念。(丁三东,2012:71)

概念辨析不同于经验分析,它深入作为理念(或概念)的概念进行讨论,这种讨论恰恰需要深思和思辨。概念辨析不是经验性、观察性、实证性的工作,而是从作为理念、概念的概念本身入手,分析概念或事物本身。概念辨析不能依靠抽样调查、实地研究、直接观察、感官体验、归纳总结等社会科学研究方式和方法进行,其结果也不能通过这些方式而获得,但可以通过一定的理智直观、本质直观方式而领悟到。这种理智直观式的"领悟"不是直接的社会观察,而是要运用理智进行智识性深察,而这对于坚守计算理性的人来说是很难想象的。

实证学者通常认为,一项研究如果没有得到什么确切的结论,就不是好的研究。殊不知,这种寻求确切结论的观念本身就有问题。他们意识不到,一旦确定或验证了某个研究假设,它就立刻变成僵死的命题或共相。更深入或更接地气的研究应关注细节(机制、条件、结构、边界及事情本身的逻辑等),考察事物得以成立或起作用的条件及可能性等。命题的局限性在于它在两个关系项之间建立的是外在联系,认识到这一点本身就是一种思维上的进步,认知者和读者由此会清醒地认识到语言的边界,从而对每天都离不开的各种"话语"保持警醒，使自身的思想澄明。当然，即便通过考察细节而作出了判断，这一判断也可能如黑格尔（1979：14）所说的那样仍然是僵死的论断，因为它毕竟对事情本身所说不多，且仍然只是共相性的结论。

在研究中必须利用很多概念或范畴，这也决定了研究结果不是纯客观的。正如康德所说，研究者"必须凭借他自己根据概念先天地设想进去并（通过构造）加以体现的东西来产生出这些属性，并且为了先天可靠地知道什么，他必须不把任何东西、只把从他自己按照自己的概念放进事物里去的东西中所必然得出的结果加给事物"（康德，2004：第二版序第12～13页）。换言之，研究结果本身已经被概念、知性范畴加工和综合了，因而不再是什么常识意义上的客观物，而就是研究者在很大程度上构造的结论。也如胡塞尔在其晚年著作《欧洲科学危机和超验现象学》中所说，他一生最首要的突破在于洞悉经验对象与被给予方式之间的先天相关性："以为每个人所看到的事物和世界都像它们展示给他的那样，这种单纯的自明性，如我们所认识到的那样，遮盖住了一个巨大的，特别的真理的视域，这些真理从未在它们的特性和系统联系中进入哲学的视野。世界（我们所谈论的世界）与主观被给予方式之间的相关性从未引起过哲学的惊异，尽管这个相关性在前苏格拉底的哲学中，在诡辩论中已经明确地显现出来，但它仅仅是作为怀疑论论证的动机而显示出来。这个相关性从未引起过特有的哲学兴趣，以致它从未成为一门特有的科学课题。人们始终停留在这种自明性上，即每个事物在每个人看来都是不同的。"（转引自洪汉鼎，2009a：32～33）

"关系"一词既可以指上百种人际关系，也可以指群际关系、族际关系、社会关系、国际关系、经济关系、数量关系（如相关关系、回归关系）中的各种具体关系。关系也有各个层次，如微观与宏观的关系、语言和现实的关系、思维与存在的关系、人与自然的关系、身心关系、思维和存在的关系、上帝与世界的关系等。这意味着,尽管具体学科和日常用语中都存在"关系"一词,但是其含义注定各不相同。换言之,人们对关系的理解不同。例如,对于某些数学家来讲,"关系"指的就是集合论之关系理论中的关系,他所说的"关系理论"也是集合论中的关系理论(Fraisse,1986)。对于关系社会学家来讲,"关系"也指关系理论中的关系,但这种关系理论是社会意义上而不是集合论的关系理论,这里的"关系"也是人际层次或社会层次上的关系(多纳蒂,2018;克罗斯利,2018)。数学中的关系与社会学中的关系几乎无关(不过笔者认为可以在二者之间建立关联,例如,集合论中的序关系完全可以对应于社会生活中的秩序、排序、偏好等议题,本书第五章第二节也在一定程度上展示了二者的关联),然而研究数学和社会学中关系的学者都声称研究的是关系和关系理论。可见,"关系"研究本身绝不限于某个具体学科领域,不限于中国人际关系研究,不指向任何特定的关系研究。把所有这些可能的关系研究中的"关系"一词进行抽象,"关系"就变成一个哲学性的"概念"或范畴,其本身的具体含义因语境而变,须在语境中才能得到确认。哲学的对象是超验的,关系范畴作为哲学的一个对象也是超验的,需要进行概念辨析。格氏所说的关系及关系人都是经验性的概念,尽管关系本身作为概念既有经验性,更有超验性,但是经验学者通常意识不到这一点。严格地说,更应该探讨的是"弱关系"的优势,分析弱关系及其本身作为概念如何存在,但这类思辨性的哲学议题没有被作为社会学家的格兰诺维特所讨论,这是完全可以理解的。

一个词的意义可能存在两类"意义漂移":横向漂移和纵向漂移。所谓横向漂移,指的是一个概念的经验意义在不同情境或语境下转移;所谓纵向漂移,指的是一个概念的经验意义向下转向到此概念的哲学意义或纯粹意义中。当然,不同性质的概念拥有的经验意义程度不同,菠萝、水果、食物、职业、事业、志业、因果、一、是、无、存在等不同层次概念有不同层次的经验意义

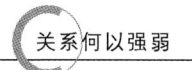

漂移，总体上讲，层次越高的概念，其经验意义越来越少。同一个概念在不同思想层次上有不同的漂移。同样，"关系"概念在不同学科中的含义不同，在社会科学和生活世界的不同语境下含义也不同，这就是关系概念意义的横向漂移，也是在经验层次上的漂移。相比之下，哲学家探讨的关系概念则是一类范畴，他们关注的不是其经验意义，而是范畴意义或哲学意义，这是关系概念向深处的漂移，即纵向漂移。常人经过教化后可以认识到一个概念在其经验意义之间的横向漂移，但常人很难认识到概念的经验意义向哲学意义的漂移，更几乎不能认识到概念在其哲学意义之间的漂移。

从概念上讨论"关系"，就是考察"关系"概念所关涉的存在、质、量、本质、模态、根据、现实性等很多思辨性议题，还可以考察作为概念的关系的独特性质、可能性、偶然性、必然性等，它们同时兼具本体论、认识论、逻辑学和方法论的内容。另外，在探讨"关系"概念及其定义时，还应分析"关系"的规定性、属性、意义、价值等本质性的界定。可见，对作为概念的关系的研究是相当复杂的工作，而这样的研究工作在国内外关系研究领域很少见。

虽然关系概念在不同学科中有不同的含义，也有定量和质性的争辩，但并不是所有学科都会辨析关系概念本身，多数学科只简单地界定了关系的含义，甚至很多关系研究不给出关系的定义，而用对关系的测量代替对关系的定义，这是不可取的，因为"在关于定量及其承载的标准逻辑规则的这场混辩中，我们简直忘记了，概念的建构先于定量"（格尔茨、马奥尼，2016：163）。纯哲学或形而上学对"关系"进行了深刻思辨，其他学科在探讨"关系"时也应首先明确"关系"概念及其含义。对关系概念的辨析要比对关系的定义性研究更深刻，对关系的定义性研究也不同于对关系的测量，它比对关系的测量更接近事情的真相。社会科学的关系研究比较关注"关系"一词的定义、对关系的测量，将关系看成是自变量或因变量，这些都是经验意义上的关系研究，而不是对作为纯粹概念的关系的研究。很多学者沉溺于关系的经验研究，无视关系的概念辨析。即便在关系社会学领域，学者对"关系"的探究也主要是经验性或理论性的，也很少探讨"关系"范畴。关系社会学、社会网分析、社会资本研究、社会心理学的人际关系研究等都是经验层次的研究。经验层次的关系研究是表象性的外在研究，不是范畴意义上的关系研究。很多关系研究并不是对"关系"概念的研究，而只是对关系"属性"的研究。就此而言，对作为概念的关系进行概念辨析的研究工作在社会研究中已经被遗忘。同样，关系强度这个概念也不同于对关系强度的定义和测量。例如，关系的强度可以有多类，可以多元并存，关系强度的哲学意义可以是柏拉图式的爱欲，即爱的理念。关系并不是绝对的，如中美之间的关系既是合作关系又是竞争关系，因此根本不存在非此即彼的关系。

就"关系"概念来讲，不同类关系拥有不同的质，其中的行动者也属于不同类行动者，他们的质也不同。因此，具体的研究需要结合关系的质，单独研究关系的量或形式就是抽象的。所谓经验概念指的是具有经验内容，在现实生活中可以找到其对应物的概念，如人、马、桌子、求职者等都是经验概念。当然，同一个概念既可以是纯粹概念，也可以是经验概念，植物、社会、国家、关系等概念即如此，它们也有一定的纯粹性，不过它们的"纯粹"程度各不相同。关系概念既可以是纯粹概念，即哲学家探究的纯粹概念，也可以是经验概念，即各门具体学科（包括社会科学）研究的关系概念。

不同的关系研究路数有不同层次的意义或重要性。常人在说出"关系有用"时，会默认"关系"的含义，不会深究"关系"概念及这句话背后更深的含义。听众在听到这样的言语时也不会深思，因为这就是常识，无需深思。然而，学术研究不应限于常识，不能仅论证常识性结论，而应突破常识，反思常识背后习而不察的预设及其问题。学科越是分化，学者就越会忽视概念辨析

的重要性。受专业训练的影响和限制,社会学者虽然认识到"关系"的重要性,但是很少从哲学上思考"关系"范畴。

哲学家的关系研究主要是基础性、思辨性的研究,这恰恰是社会科学家所忽视的,但是哲学家的关系思想通常不会引起社会科学家的注意。哲学从"概念"上研究关系,辨析"关系"概念的内在含义,并不直接探究各种现实关系,尽管对关系的概念辨析离不开对现实的关系的探究。哲学家用"关系"范畴来探讨观念世界和现实世界,很少用经验性的关系概念。如果说作为"经验"的关系的形式与内容可以分离,那么作为概念的"关系"以及"关系本身"则既是形式又是内容。笔者认为,如果不深究哲学家如何分析"关系"概念,探究哲学意义上的关系的深刻含义,那么关系的实证研究就不可能深入,也不可能对关系人具有真正关乎其生命的启发意义,这样的关系研究也未必接地气。

在哲学领域,对"关系"概念或范畴的研究文献众多,柏拉图、亚里士多德、奥古斯丁、托马斯·阿奎那等古代哲学家,以及洛克、休谟、斯宾诺莎、莱布尼茨、康德、费希特、谢林、黑格尔等近代哲学家,以及胡塞尔、海德格尔、列维纳斯、马丁·布伯、怀特海、维特根斯坦等当代哲学家都对关系范畴有各种不同的深刻论述,这些论述虽然都不易理解,却洞察了世界的关系性,也辨析了关系的断裂。到目前为止,本书的某些内容或许已经超出了某些读者可能想象的"弱关系的优势"批判,而诸多哲学家的复杂而艰深的关系范畴更超出了本书的内容。因此,以下不再分析哲学文献中的关系思想。然而还要强调的是,哲学家对关系范畴的洞察恰恰可以扩展社会科学领域对"关系"的认知。下面仅辨析关系概念本身拥有的相互关联的三个性质。

(一) 关系的"关系性"

人际关系所关联的对象是有能动性的人,可称为关系人。其他类关系所连接的对象是物而非人,可称为关系项。关系人和关系项可以并称为关系者。无论是怎样的关系,"关系"都不是其所关联的关系者,但与关系者有不可分割的关系。

在提及 A 与 B 之间关系的时候,"关系"是处于两个行动者 A 和 B "之间",即它是居间的存在。这意味着"关系"不同于关系者 A 和关系者 B,也离不开二者,且拥有自身的性质。就此而言,我们便说关系有"关系性"。如果画出关系图,可以用两点之间的线来表示两点之间的"关系",那么似乎意味着"关系"是独立存在的或者"关系"是第三方,而这种图示本身是有问题的,因为线的存在依赖于点。所以,关系研究顾名思义应先关注"关系"或"关系本身",而不是由关系所关联的"关系者",或者不能只关注"关系者"而不关注"关系"。然而,现有的关系研究恰恰关注关系者。就"弱关系的优势"命题来讲,关系性概念意味着,谈论"弱关系"时,弱关系本身已经包含其中的双方,是双方共在的环节,这是一种特定的关系,且关系人双方都或多或少理解这种关系本身的含义和意义,包括对这种关系的性质的了解,关系的边界何在。如果认为"从个人的观点来看,弱关系在创造可能的流动机会时,是很重要的资源"(格兰诺维特,2015:70),那么考虑到"弱关系本身"已经包含了己方、对方和双方,这意味着"弱关系"在某种程度上就是自己为自己创造流动机会的资源,自己就是资源的一部分。这种"自助"思想几乎已被遗忘,本章第一部分对此已有论述。既然如此,在声称"弱关系在创造可能的流动机会时,是很重要的资源"时,就有一定的同义反复。即便修改成"弱关系人在创造可能的流动机会时,是很重要的资源"也有问题,因为对方"弱关系人"是因己方弱关系人的存在而存在的,二者本来已经处于不可分割的关系之中。研究者应清醒地认识到,"弱关系"也有关系性,它是两个"关系人"之间的一类特定"关系",并不等于"弱关系人"。关系与关系项之间相即不离,不能从关系项中单独抽出"关系"来研究,也不能从关系中抽出"关系项"单独研究。

按照概念，格氏所谓的"弱关系的优势"，指的只是"弱关系"的优势，而不是"弱关系人"的优势，更不是"弱关系本身"的优势。可见，格氏的很多看似明确的表述都蕴含着常人意想不到的概念问题，这些问题使得"弱关系的优势"等判断本身存在着内在的逻辑难题。格氏在论证弱关系的传播信息效应时也有问题，因为他预设了可以将关系人从其所在的不可分割的关系中抽离出来而变成无关系的，极端地说，这甚至不再是弱关系研究了。所谓认识到关系的"关系性"，即意味着不能脱离一方单独讨论另一方的"作用"或"影响"，否则就不是严格意义上的"关系"研究，而变成属性研究，甚至可能变成抽象的、僵死的研究。当然，具体现实中的关系人未必深思这些，这也是很多悲剧发生的原因之一。反过来，谈论关系人时，谈论的就已经是处于关系中的人，这意味着双方已经各自拥有维持"关系"的责任和义务，其中包括提供有价值的信息。

要想理解关系的关系性，首先应考察社会学至今是如何对待"社会关系"的。首先，现代社会学有一个预设，即关系是人的存在方式，会被建立、维持、发展和毁灭。这个预设既有认识论意义，即认为社会关系是从"主体"中生成的产物，也有存在论意义，即认为人本身即存在于各种关系中。当然，认识论意义上的关系占据主流地位。尽管很多社会学家都关注社会关系，也依据"社会关系"来界定社会学，然而其分析社会关系的范式是多种多样的，有的范式甚至坚持还原论，没有看到社会关系本身的存在。多纳蒂认为，社会学一直用还原论方式对待"关系"，将"关系"视为附加在行动者之上的派生物。"社会学家并没有把它当成主要的分析焦点，只当成生成性的结果罢了。"（多纳蒂，2018：3）关系研究者多数从认识论角度研究关系，比如关注 A 如何支持、影响 B 等，没有考虑二者之间关系的关系性。因此，"具有讽刺意味的是，思想变得越来越具有'关系性'，但与此同时，社会关系本身却丧失了。……社会学的研究对象既不是所谓的'主体'，也不是社会系统，更不是对等的一对对范畴（结构和能动、生活世界与社会系统等），而是社会关系本身"[①]（多纳蒂，2018：5）。多纳蒂（2018：72，73）认为，社会关系的本质特征、结构、内容、关联、功能和变化刻画了社会实在的特征，这些特征是居间的实在（reality in between），不能被还原。

关系是居间的存在，反过来讲，关系项（关系人）恰恰是因"关系"的存在而成为关系项。换言之，关系中的一方因对方的存在且因与对方处于特定关系中而成为这种关系中的一方。没有对方，也就没有这种特定关系中的己方。反之亦然，己方作为相对独立的存在者固然是存在的，但是己方作为某种特定关系中的己方，恰恰是由于此关系的存在而成为此关系中的己方。也就是说，对方与己方恰恰在"一种"关系中统一起来，然而这"一种"关系如何可能将"两个东西"统一？这需要在二者之间先验地存在着某种联系。正如黑格尔所说："实际存在着的东西不是抽象的孤立的，而只是在一个他物之内的。唯因其在一个他物之内与他物相联系，它才是自身联系；而关系就是自身联系与他物联系的统一。"（黑格尔，2009：264）就陌生的两人建立某种"关系"来说，由于二人都是有意识之人，因此双方在建立此关系之前就已经对"某种关系"有各自的预期，已经按照某种关系的概念来理解和行动。当然，具体的关系还会有变化，比如亲子关系会因两代人的年龄、自我意识、阅历、智慧、时代等变化而变化。这意味着，在关系建立之初、变化之中、衰减之后，处于具体时空中的关系人会按照其所理解的关系的意义来选择言行。在理想情况下，各方按照某种"关系"的理想型来理解自己和对方，终其一生才可能对理想的、美好的关系有些许领悟。

[①] 多纳蒂所说的"社会关系本身"还不是本书所讨论的社会关系本身，下文将论及这个概念。另外，"主体"似乎理所当然意指"人"，实际上，"主体"作为一个历史性概念并非自始就与"人"相关，直到很晚的时候，"主体"才被定位在"人"之上（参见张志伟，1996：66~68）。

关系的关系性可以体现在关系的反身性上，因为关系中的行动者会反思性地监控自身的各种言行，并在言行之前有与自身的内心对话（internal dialogue）或内心会话（internal conversation）。不过，笔者认为常人的反思是有局限的，但是常人自己未必认识到这一点。皮尔士将内心沉思看成是自我的不同阶段之间的对话，后续自我将先前自我看成是客我，将未来自我看成是"你"（Bakker，2005）。阿切尔认为，人的心灵中有反身性沉思，促使人们监控和修正自身，调节其所嵌入的社会。阿切尔将内心对话看成是三阶段序列的重复，即先在的自我限定着既存的筹划，这些筹划又界定了我们是谁。换言之，我们会考察自己所处的各种情境，不断追问和回答自己应如何在各类情景中实现自己的关切。当不同部分的自我就所筹划的行动进程达到内心的一致，即达到主观筹划和客观环境之间的整合时，内心对话便成为结构和能动性之间的沟通桥梁，其结果是社会的再生产变成了能动者的自我实现。阿切尔通过访谈了几十人，了解他们的内心对话过程，追问他们的心智活动（计划、预演、犹豫、决定）、当前关注点（对他们来说什么最重要：他人、工作、自我发展等）和生活计划，有一些新的发现：人们进行不同模式的反思，这些反思与他们的不同社会立场有关联，并且以相当独特的方式调节着社会—文化的限制性和促动性。阿切尔区分了三类反身性：沟通的、自主的和元反身的反身性。沟通的反身性是外向的、喋喋不休之人的特点，是一种积极的内心对话，这类人最关注家庭和朋友。自主的反身性是孤独思想者的特质，他们的内心对话主要是目标导向的，先思考后行动。他们的关注点通常是工作：努力工作，发现有利因素和不利因素。元反身的反身性是理想主义者的特质，蕴含着自我意识。他们批判地反思自己的反思（因而是元反思），思考又思考。他们的内心对话追求精神自我，自我批判和提升。具有元反身性的人既不关注对家人和朋友的依附，也不关心与工作关联的成就，而是关心个人的理想或筹划（Archer，2003）。

这里可以继续讨论的问题有，反思性监控的程度如何？换言之，反思性监控能够做到多大程度上反思自己或认识自身？行动者的内心对话能否超越自身实现与共同体的对话？按照海德格尔的说法，此在有两种存在方式：非本真状态与本真状态。在非本真状态中，人是沉沦的。日常生活中，此在并不作为自身而存在，而作为烦忙的存在者而存在，即总是被当前的"什么"所规定。此在要在操劳（besorgen）和操持（Fürsorge）中与他人打交道，他人是作为自身或作为烦忙的存在者与我们照面，既然如此，此在如何可能真正反思性地监控自身？所监控的自身又是怎样的自身？人们看似能监控自身，获得对自己的真知，实则沦于"常人"统治。每个人也都怕破坏规则，都逃避本己的责任，不特立独行。一旦遇到需要有人站出来承担责任的时候，常人却从未现身。当然，这里所说的"常人"是"众人"或"一般人"，而不是具体人。如果关注具体的某个常人，那么其内心的对话过程和结果恰恰可能与道德、伦理、责任以及义务等分道扬镳（海德格尔，2014a，147～148；McMullin，2013：141～183），因为现实中具体常人之所以为常人，恰恰在于他无论怎样反思都不知道自身的局限。

除了有学者探讨内心对话之外，也有学者从语言学角度分析关系，多纳蒂（2018：85）即如此，他用三种语义学来描述关系的关系性。他认为，在传统的符号代码中，身份被视为一种物质或质料，它作为实在只同自身相联系，与其他事物无关联。换言之，每个事物都坚持同一律"A = A"：事物的身份直接存在，无需中介。在现代的符号代码中，身份则要通过否定来确立：A 被定义为对其对立面或非 A 事物的否定，即"A = 非（非 A）"。在这里，统一体是辩证的或二元的。然而在现代后符号代码中，A 的身份就是在 A 和非 A 之间的关系，即"A = r（A，非 A）"。它是一种整合—分化，要通过 A 与非 A 之间关系的中介：任何事物都是关系性的。这三种语义学如表 5 - 2 所示。

表 5-2 三种语义学

经典语义学	现代语义学	现代后语义学
一元论	二元论	关系论
A = A	A = 非（非 A）	A = r (A, 非 A)

多纳蒂对这三种语义学的分析很有启发意义，它让我们更清晰地认识不同思维下的关系性身份及其表象。笔者认为，这三种语义学对应于逻辑上并存且循环上升的三个发展环节。针对他的洞见，笔者补充几点并提出质疑。

首先，事情本身的辩证法。多纳蒂认为，在现代的语义学中，统一体是辩证的或二元的。这是对严格意义上的"辩证法"的误解，没有达到思辨的高度。[①] 严格的辩证法并不是二元的，而是事情本身的不断发展、不断自否定的过程。黑格尔认为，逻辑思想就其形式来说包含三方面，即抽象的或知性的方面、辩证的（the dialectical moment）或否定理性的方面、思辨的或肯定理性的方面（the speculative or the positively rational），它们是每一个概念或逻辑真理的三个环节。就知性思维来说，它坚持着固定的规定性和各规定性之间彼此的区别，以便与对方相对立。知性思维将每一有限的抽象概念当作本身自存或存在着的东西。在辩证的阶段，这些有限的规定扬弃它们自身，并且过渡到它们的反面。在思辨的

[①] 对辩证法的理解有多种，甚至误解很常见。布劳所说的辩证法不是黑格尔的辩证法。他认为，社会结构包含四个方面：整合、分化、组织和反抗（布劳，1988：357，375）。他把社会结构的变化设想为辩证的变化，即它不是直线的进步，也不是循环的圆圈，而是沿着不同路线的周期性社会再组的交替模式（布劳，1988：384）。这种辩证法是由许多矛盾的力量支配着，结构的变化采取的是一种辩证形式。"在社会结构的许多水平上，反复地打破平衡和恢复平衡的力量被反映在结构变化的辩证本性之中。"（布劳，1988：387）这不是严格的辩证法，即不是黑格尔意义上的辩证法。黑格尔的辩证法实质上是自否定。对于阿多诺来说，辩证法指这样的事实，即"对象无法不留一点残余地进入它们的概念之中"（休恩编，2018：59）。与黑格尔的辩证法不同，否定的辩证法是无止境的，即并不终止于调和或扬弃。

阶段或肯定理性的阶段，有限的规定在对立的规定中认识到它们的统一，或在对立双方的分解和过渡中，认识到它们所包含的肯定（黑格尔，2009：170~178）。换言之，常人所理解的辩证法只对应于黑格尔所说的思维的第二阶段，并不是将第三阶段包含在内的真正思辨辩证法。

其次，线性发展历史观。这三种语义学是按照历史顺序编排的，即传统的、现代的和现代后语义学，这似乎意味着进入现代和后现代后，传统语义学就过时了，这还意味着这三种语义学之间还蕴含着线性发展观，这是笔者不赞同的。笔者认为，基于黑格尔的辩证逻辑，我们可将这三种语义学视为事情本身在自我发展、自我扬弃和自我保存过程中同时并存地不断经历的三个环节，这里的时间就不是线性时间，而是逻辑时间或生命的绵延时间。

具体而言，传统语义学坚持同一律，这可以对应于辩证法第一个阶段，即事情本身自在存在的阶段，这个阶段也是人（特别是幼儿）自在地存在的阶段，他对自己的生存所知甚少，无忧无虑同时又无知地生存着。随着年龄增大、阅历增长，人越来越发现自己处于各种外在的二元"关系"之中，此时人处于自为的阶段。在这个阶段中，人以外在标准要求和塑造自己，最终可能发现这并不是他自己本真期望的生活，于是可能经历痛苦的反省和反思，进入第三个阶段，即自在且自为的阶段。

再次，关系有一定抽象性，可以被赋予一定内容。例如，按照福柯（1999，2019）的洞见，现代人大都生活在权力支配的各种规训状态之下。按照这种理解，关系所关联的关系项就不同质，有权力或地位差异，其中的受训方处于弱势，与强权者有本质的差异。然而，从另外方面讲，关系项之间必须有一定同质性，否则二者之间无法建立关联。

最后，在关系"之上"还有没有更高的、超越性的"绝对"？换言之，即便对于现代后语义学对 A 身份的确立即"A = r（A，非 A）"来说，关系项 r 如何分别与 A 和非 A 更本真地关联？A 即便认知到自身的关系性，A 本身又如何可能认识自我？进而言之，如果说 A 通过各种关系确立其自身的身份，那么 A 本身如何自我保存？自由存在的 A 作为"关系中的自我"如何保留一些其自身的成分？这些重要议题没有被追问。

总之，尽管多纳蒂揭示了"社会关系"的关系性，但是他仍然局限在知性思维之中，没有认识到作为"概念"的关系本身拥有其内在的生命力量。另外，他关注的只是"社会关系"而非"关系本身"，仍然没有深入"关系本身"，并且他所论及的内部与外部之分实际上也是一种人为的设定。

（二）关系的"涌现性"

关系与关系项是隶属于不同层次的社会实在或社会构念（construct），前者通常高于后者。"关系"概念拥有从两个或多个关系项之间的交互作用中涌现出来的新性质，这种新性质不能还原到任何一个"关系项"，在此意义上，我们称关系本身有"涌现性"。例如，论证 1 + 1 大于 2 或小于 2 的过程就是涌现的过程，所得结果就是涌现的结果。这种涌现的过程不是 1 + 1 = 2 之类的线性叠加的过程，而是推陈出新的非线性、不可还原的过程。

关系的"涌现"需要时间，但这种时间主要不是现实中实存的线性时间（如先有 1，后有 2，相加得到 3；或行动者在思维中先想到某物 A，后想到某物 B，最后建立 A 与 B 之间的某种关系；再如两个陌生人先是陌生的，后随着时间推移而建立某种关系），也不简单是现实中实存的非线性时间（如行动者有整体性思维，在言行之前就已经将未来和过去纳入现在来考量，从而得到或涌现出其当下的言行），而包含日常生活及其逻辑、思辨逻辑以及事物本身内在固有的自否定发展等意义上的时间。

"涌现"现象早已被研究，很多学者探讨了现象涌现的表现、种类、形式、过程等，或从复杂性角度考察社会现象、社会系统的非线性涌现过程（Fromm，2004）。齐美尔也认识到，社会实在就是具有关系性、涌现性的实在，它不能还原到物质因素（马克思）、个体力量（韦伯）或"功能因素"（涂尔干）等。后现代主义者虽然坚持主体和系统都不可还原，但是较少关注"关系"的涌现性。他们或者将关系还原为交往或沟通（哈贝马斯），或者考察社会关系的结构化，即结构和能动之间的交互作用（吉登斯），或者阐述社会关系的释义学（亚历山大）或社会关系的形态发生学（阿彻）等，或者像现象学社会学那样希望借此研究"主体间性"，然而其中悬置"与他人的关系"的做法恰恰导致无法研究关系了。

任何关系式物品（relational goods）都拥有关系性、涌现性、不可还原性，都不可被分割成各个部分，分割恰恰会破坏该物品的社会关系。如果探讨"关系"在哪些情景下有怎样的作用，那么这种探讨仍然有一定的外在性，它忽视了"关系"本身的关系性和涌现性。"关系"处于二者"之间"，属于"主体间性"（Schutz, 1970），这同时也意味着它有涌现性，即与所关联的两方都有联系但又都不同，不可还原为两方中的任何一方。

多纳蒂认为，先前的关系研究都忽视了社会关系的存在论地位，即没有认识到社会关系是自成一类、具有涌现性的过程性实在。因此，他坚持关系本体论或关系存在论（relational ontology）（多纳蒂，2018：14）。关系的"涌现性"思想对于常人来说也有重要意义。比如，看到一对男女领着一个孩子在游乐场欢声笑语，你可能脱口而出："这一家人真快乐！"问题是，你看到的明明是"三个人"，为什么却说他们是"一家人"？为什么预设了这一对男女是一对夫妇？"三个人"如何"涌现地"变成了"一家人"？由此例可见，人们通常用"关系"来思考并用语言描述，能够"看到"并描述具有涌现性的"关系实在"，这种实在既超出了被观察的个体，也超出了研究者本人：家庭就是一种涌现的特殊关系及其结构。然而，常人自己通常不知道这种涌现性。

在家庭中，"丈夫"这个具有关系性、涌现性的概念低于"夫妻","夫妻"概念低于"家庭"。至于"家庭"是否低于"组织"和"国家",则取决于时代风尚或治理机制,但是家庭与国家仍然处于不同层次。例如,在资本主义社会,家庭概念的地位较低,因为资本必须打破家庭"枷锁"才能将人们解放出来,使人变成劳动力。然而中国传统社会是家族本位的社会,家庭概念的地位较高。在现代化的当代中国,家庭甚至让位给了资本或官僚制度。

除了先天的亲人关系之外,后天的关系在很大程度上是双方"共建"的结果,因而是至少两方交互作用而"涌现"的结果,该结果本身不取决于任何一方,不可还原到双方。这同时就意味着,"关系"本身的建立不符合或不遵循非此即彼的形式逻辑,而遵循非线性逻辑、生活世界的逻辑或辩证的逻辑。当下的关系研究大都坚持线性思维,但形式逻辑、知性思维或线性思维几乎不能用于研究"关系本身"。如果坚持线性逻辑,可能会得到诸如"关系助益求职"等结论或发现,而这些发现只是给出规律性的结论,同时也是学术工业的产物,其缺陷在于脱离了关系本身及其动态性、交互性,不会对理解关系有实质性帮助,对常人认知自身也没太大意义。一个组织在招聘员工时,几乎不会不考虑员工是否具有基本职业素质,而单单因其有强或弱关系就招聘他入职。求职者也几乎不可能不具备任何条件和能力,单独依靠其"关系"就找到工作。求职结果也是多种因素共同作用而涌现出来的新结果,根本不能还原到"关系""人力资本"等独立的要素。当然,如果某位求职者缺乏基本职业素质,某单位却因其父母是高官或高管而招收他,那么这样的单位也不是什么好单位,因为这里可能存在权钱交易,影响社会公平和正义。社会治理者更面临错综复杂的局面,不可能参照这个命题进行社会治理。

特别需要强调的是,上述阐述不只是认识论上的阐述,更是存在论意义上的阐述。这种阐述表现出期望现实之人(如家庭成员、社会治理者、读者）切实意识到"关系实在"的不同层次及各自的涌现性，从而在言行中体现"整全关怀"。

（三）关系的"超越性"

"关系"概念在其关系性、涌现性之上，还终将高于或超越于其所关联的关系者，这便是"关系"概念的超越性。换言之，"关系"概念本身是更高层次的存在，它作为关系项之间交互作用涌现出的新结果，超越了关系项，更无所谓强、弱之分。有关"关系"的超越性，有几个要点需要阐释。

第一，"关系"范畴的超越性。"关系"一词虽然可用于表达各种关系，但不特指任何具体的、特定的关系，毋宁说超越了任何关系，而变成了范畴。

第二，"关系"超越了关系项。"关系"范畴也不指代特定关系中的任何特定关系项，而超越了关系项。然而，辩证地讲，"关系"相对于关系项而言既有外在性，也没有外在性。关系既外在于"关系项"，又离不开"关系项"，必须以"关系项"为基础。这种"既是A，也不是A"的思维不再是线性思维或形式思维，而是辩证思维，辩证思维才更接地气。另外，任何具体的"关系"又超越了其关系项。

第三，"关系"概念的共相性。即便关注具体的人际关系，然而一旦说出"关系"或"人际关系"，"关系"或"人际关系"便立刻变成共相性的概念，即不特指任何具体的关系和关系项了。这是因为，虽然人们在生活世界中可以谈及"找关系"，可以直接面对一个活生生的个人，甚至可以用双手紧紧抓住此人即确定此人，然而一旦说出"找关系""我们的关系好"等话语时，"关系"等词就立刻变成一个概念，即立刻超出了他直面的具体实实在在的个人。这一点恰恰是"词不达意""道可道，非常道""言不由衷"等深刻哲理的体现，常人甚至学者通常没有认识到这个十分令人惊奇的现象。认识不到这一点，对关系的研究最多只能在经验层次上进行，无法深入关系本身。也正因此，"关系"概念本身恰恰不能被实体化、实在化、概念化和测量，因为它并不对应于现实中的任何"对象"。但是要注意，"关系"概念本身是存在的，然而多数关系研究者将关系视为实体，即预设了"关系"是一个实体性概念，因而无法洞悉关系概念的"形式"或"理念"，也就很难深入生活的核心，无法给人以心灵的引导。

第四，关系概念的教化性。关系本身需要内化到每个关系项之中，让每个关系项都内在地认知到关系概念本身的超越性，而这就是一个痛苦而漫长的教化过程，且对于具体个人来讲还未必有成效。如果说经验意义上的关系对于现实人来说非常重要，那么一般意义上或作为概念的"关系"甚至更有用，只是未必被人认知到罢了。如果认为弱关系对于某事项的作用或效用很"强"或很"弱"，那是因为学者在认知到效应强弱之前，已经潜在地认知到了关系以及弱关系的概念，否则他连"弱关系"这个词都说不出来。当然，潜在的认知还不是有明确意识的认知，即自己还没有认知到自己有这样的认知。正因如此，作为理念的关系可以引领作为实践的关系，并真正指导人们的关系实践。因此，关系议题是实践而非理论。关系中的关系者如果能够认知到关系的超越性，就可以再次超越"关系"，洞悉自身是身处"关系中的自身"，而不是完全孤立、独立的存在者，这里存在着超越之超越，即双重超越。实际上，现实世界中的行动者、存在者都是处于各种关系中的行动者、存在者，既已经"关系"起来，又需要不断再"关系"起来或行动起来。这中间仍然必须经历不断教化的酸甜苦辣过程。

从概念逻辑上讲，关系与关系者之间的关系既可以是逻辑上先有某种关系，后有关系中的行动者；也可以是先有行动者，后有二者间的某种关系；更可以是在超越于关系和行动者之上存在的第三方保证了行动者之间存有某种关系。所谓"先有某种关系，后有关系中的行动者",是说人们在日常生活中已经对某种超越性的关系概念有所理解(但人们通常不知道自己对超越性的关系概念有自己的理解),然后基于这种理解建立与他者的某种关系,虽然任何理解都可能存在"偏颇"。所谓"先有行动者,后有二者间的某种关系",是说超越性的关系的建立离不开人们在交往中的具体互动和在互动中体验到的酸甜苦辣,正是处在具体交往过程中才对某种关系概念有越来越深刻的理解,才能基于自身对自己与他者的某种关系的理解,建立与他者的新的超越性的关系。无论如何,"先有某种关系,后有关系中的行动者"与"先有行动者,后有二者间的某种关系"二者本身就是行动者之间动态互动过程不可分割的两个方面。之所以这样讲,一个重要目的在于消除常识对关系的线性看法,挖掘关系概念未被认知的内涵,包括关系性、涌现性、超越性等。如果再联系格兰诺维特的名篇来思考,我们发现,(弱)关系拥有自身涌现的特征,高于其所关联的行动者,格兰诺维特未注意这一点,更未论及。

当然,这样说可能引起误解,即使人误以为存在着一种叫作"关系"的现实东西,以为它像绳子一样实实在在地将两个人系在一起。从另外一个角度讲,作为纯粹概念或绝对物的"关系"的确存在,但它不是作为实物或有限物而是作为概念存在。另外需要注意的是,不能把有限物与绝对实体放在一起思考二者的关系,因为绝对实体有绝对的内在性,绝对地内在于一切有限事物,但同时也是对有限事物的超越,因此不能谈论二者之间的关系,关系一词在这里是不恰当的(卿文光,2018:40)。也就是说,"关系范畴"与"关系表现"处于不同的层次。

关系的超越性并不是对关系者的压制,而恰恰观照到了关系者,关系者也恰恰因关系的存在而成就其自身,这不同于社会学中的结构主义。"关系"概念的超越性意味着它关乎其关联的"双方",但又不同于并且超越各方,正如"夫妻"既非丈夫亦非妻子一样。① 因此,"关系"超越于任何一方而又不能还原到任何一方。各方经过教化后也会超越关系,即将关系内化到自身的心灵之中。

当代社会学过多地关注结构,忽视了结构中的行动者。结构社会学关注结构,其研究结论与具体个人的关联不大。如果说社会学对"具体个人"有作用,那么它首先应该帮助社会学者进行自我教化和启蒙,这里就需要第二次启蒙(王治河、樊美筠,2011)甚至第三次启蒙。这里所说的启蒙并不是启蒙运动中的启蒙,因为那个启蒙的认识工具是抽象,其结果恰恰是"与所抽象出来的东西相脱离,从而成为同一的东西,物化为独立的东西,那么对这个结果的认识和推论形式,本身就是对客体的一种统治。要求客体成为理性规定的东西,仅此就仅仅是已知之物的一个象征、一个案例或者一个样本"(休恩编,2018:28)。这样的启蒙追求"有用性""实用性",它的价值交换体系使得所有对象都成了商品;它否认他者的生命,同时也将自身物化。随着"社会进步",人们的生育意愿却在退步,这证明基于理性化的现代制度恰恰不可持续。当然,具体的社会学者也要关注社会结构和变迁。

具有涌现性的关系超越了关系者,二者是不同层次的实在。上述辨析也表明,关系是分层次的,概念层次的关系看不见也摸不到,需要关系中的各方在自身生活中去体验、感悟或洞察。参照批判实在主义(critical realism)(多纳蒂,2018:78)和现象学社会学,可将"关系"按照分层实在论来探究,即将关系实在

---

① 日常生活中的夫妇通常认识不到"夫妻"概念的重要性:"夫妻"作为一种关系具有超越性,超越于夫妇双方。认识到这一点,夫妇各方就会在日常言行中观照夫妻关系"整体",并基于这种"整体"进行沟通,而不再一意孤行,造成恶果。当然,能够认知到这一点并努力践行的夫、妻很少,因为大多数人的认知都非常有限,更多的夫和妻仅从个人角度出发看待夫妻关系,这实际上降低了"夫妻"关系的超越性,甚至降低到低于个人的层次,否则不至于出现离婚以及高离婚率现象(这里不讨论离婚的其他原因)。同理,其他类"关系"都有涌现性或整全性,但是关系者通常并不自知。在此意义上,"个人启蒙""社会治理"等任务相当艰巨。

(relational reality)分为不同的层级。在巴斯卡(Bhaskar, 2008: 56)看来,本体论领域可以有三类,即经验域(empirical)、实际域(actual)和实在域(real),它们构成本体论地图(ontological map)。经验域指人们直接或间接地体验到的领域,它包含各种"数据"或"事实",且总是负载着理论,而数据都是在与某种理论相关联的事件基础上生成的,学者不可能以任何方式直接体验到事件。然而,经验主义却声称人们可以直接体验到事件,这种观点实际上具有一种独断论性质,因为经验数据总是受到理论观念的中介,因此人不可能直接体验到事件。就此而言,"经验世界"概念从根本上说是误导人的,它是一种认识的谬误(epistemic fallacy),因为它将三个层次的实在还原到经验层次。实际域是人们不管是否体验到都会发生的实际事件领域,或者说该领域是由现实中发生的事项构成的领域,它的确存在,但不能直接用任何语言将它全盘描述出来。实际发生的领域与人们体验到的领域是不同的。实在域属于第三层次或最基础的层次,它又不同于实际域,实在域是促使事件发生的机制的领域,可隐喻地称为机制域(mechanisms)。对实在域的观测是批判实在主义有别于其他实在主义的关键。总之,"实在"至少可分为三个层次,科学研究应该探讨各层次实在之间的关系,即我们"在世界中所体验的、实际发生的以及事件背后内在的机制之间的关系和非关系"(Danermark et al., 2002: 32)。这是因为,实在的各个层次都有自己的性质和机制,当然不同层次机制的解释力也不同。机制起作用的方式独立于调查、访谈或实验。批判实在主义没有继续讨论以下问题:机制是事情本身的内在动力,还是与研究者的视角有关联?这种动力是什么?正如测不准关系原理所表明的,研究者的实验等是否会干预事物的机制?

按照分层实在论,也可以将关系分为类似的三个层次。经验层次的关系是各种关系数据,它体现在问卷、实验和访谈当中;实际层次的关系则是社会行动者在交往互动中实际开展的关系运作，它很难用数据表达出来；实在层次的关系则是实际的关系运行背后起促进作用的机制。认识到关系的不同层次，对于具体个人来说也有很大意义，这类似于孔子对不同人讲"仁"时坚持不同原则，即对拥有不同资质或理解力的人讲不同方面的仁，这样会使得拥有不同资质的人都能理解仁的含义，尽管理解的层次有深有浅。

不过，在笔者看来，关系的层次还可以再细分为四个层次，从而扩展巴斯卡的分层实在论。我们认为，首先关系实在的最高层级是作为概念或理念的关系，它属于概念域而不是实在域（机制域）、实际域，也不属于经验域。其次是作为机制的关系，即促进关系得以运行的各种关系机制，包括民情、制度及人际层次的互惠等。再次是作为现实实存的关系，即现实世界中正在发生的各级各类关系事件。最后是体现在数据中的抽象关系。例如，同样是"家庭"，它既可以是表现在调查或统计中的家庭各个属性数据（如家庭人口、结构等）（经验域）；也可以是一家三口在日常生活的实际互动，如相互关心、为钱而吵、在赡养老人方面意见不合等（实际域）；也可以是在这些意见背后、控制或引导家庭各个成员的观念，是造成观念之间的一致或冲突的深层机制，如有关家庭的地方性知识、家庭伦理、婚姻制度等（实在域或机制域）；更可以是超越性的家庭概念（概念域）。同理，对于家庭及其中各个成员来说，这里也有概念层次的差异。对于黑格尔来说，现代的国家要高于家庭，因为家庭毕竟会解体，并且家庭教育子女的一个重要任务就是将子女"赶出家门"，即将子女培养成为独立的、能够参与社会公共事务的合格的公民。然而，对于中国传统来讲，儒家倡导修身齐家治国平天下，在观念上倡导家国一体。在现实生活中家庭和国家如何可能真正融为一体，二者的边界何在，这是儒家并没有认真思考的议题。现代国家已经变成民族国家或政治国家，有别于市民社会，更不同于古代国家。

撇开国家不论，仍就家庭来讲，作为自成一类关系的"夫妻"

之所以高于"丈夫"或"妻子",是因为"夫妻"这个概念本身由丈夫和妻子有机地构成,但又不是任何一方,即"夫妻关系"是一类更高的关系实在。同理,夫、妇、子作为个体居于一阶层次;夫—妇关系、母—子关系、父—子关系是居于二阶层次的概念;父—(母—子)、母—(父—子)、子—(父—母)、夫—家关系、妇—家关系、子—家关系等是三阶层次的概念。严格地说,不同层次的实在之间固然有关联,但是不可简单地比较,因为它们拥有不同的"质"。因此,"家庭"这种关系及其结构要想"如其所是"地那样存在,就必然涉及上述三个层次,更涉及现代社会的诸多方面:现代社会的家庭制度、婚姻制度、生育制度、生育政策、家庭伦理、家庭结构内含的至少三个层次共十几种关系 [夫—妇—子;夫—妇、妇—夫、父—子、子—父、母—子、子—母;亲—子、子—亲;父—(母—子)、母—(父—子)、子—(父—母);夫—家关系、妇—家关系、子—家关系等] 及其实质内容,涉及相关当事人如何理解、认知和体验这些关系(比如家训、家规、宗族、家庭伦理、鸡娃教育、宗教性的家庭观念、婚姻观念),涉及家庭各成员如何看待并处理与学校、工作的关系等,间接涉及学区房、子女教育焦虑等诸多复杂的面向。所有这些都关乎"家庭"的超越性。所以,家庭成员和相关的家庭制度等如果不能很好地处理家庭关系及其结构,如果完全按照社会上流俗的意见建设家庭,恰恰可能使得家庭无法"如其所是"地存在,而是可能走向偏斜。比如,"不能输在起跑线"的家庭教育恰恰可能让某些整日补课的孩子失掉了快乐的童年生活,因为这样的孩子连玩游戏、与小朋友一起玩耍、欣赏大自然、自然地成长、得到父母陪伴等的时间都被占据了。可见,家庭作为一种独立存在的关系结构,它本身也嵌入社会大环境中,深受社会环境的影响。家庭不能还原到任何成员,任何成员都不能代替它。例如,夫妻关系就是一种涌现的关系,它不能还原为纯粹个人感受或利益计算等,而必须视为一对男女之间的交互(transaction)关系,

"它在内容和形式上都有更多意涵和不同之处。这意味着一种相互的、有意义的行动,这种行动超出了由所涉及的两个个体做出的贡献"(多纳蒂,2018:74)。独居者一般不叫一个家庭,一对夫妇即便是一个家庭,也是不完整的家庭,只有核心家庭才是"标准"的家庭。在现实生活中离婚率之所以提高,一个重要原因在于家庭成员深受计算思维、理性思维、局部思维的污染,看不到"夫妻""家庭"等关系及其结构的超越性,只局限在自己的线性思维当中,看不到对方,看不到超越双方之间关系的多样性(夫妻关系同时涉及情感、本能、规范、体谅、忍让、迁就、相敬如宾等意涵)及其涌现性。例如,对于妻子来讲,如果认识不到"家庭"高于妻子和丈夫,就会"自己挣钱自己花",实行"AA制",也会不管不顾"家庭"的未来,只顾眼前的算计,甚至在孩子面前与丈夫争吵甚至大闹。有此类言行的丈夫或妻子就是短视的,如果因自己的短视而带来家庭的不幸,这也是咎由自取。可见,这样的认知有益于具体个人的安身立命,有益于治理者的治理,这样的社会学也是接地气的社会学。现代人很难理解这种"超越性",因为这需要超越性的思维。然而,不理解"家庭"的涌现性或超越性,家庭关系和结构就不会牢固,这是现代人及其家庭的一个难免的悲哀。

因此,作为概念的"夫妻关系本身"必须同时有夫有妻,二者缺一不可。但是,在现实中,夫妻关系各自的角色却可能是缺失的,例如一个家庭的丈夫或妻子没有扮演应扮演的"角色",在家庭中是缺位的。这种对夫妻关系的说明是存在论意义上的说明,不是认识论意义上的深究。这意味着,夫妻关系本身有不简单是夫和妻之间的性质,即不简单是主体间性,而是超越了主体间,达到了超越性的理念或概念的更高层次。换言之,认识到作为超越性的概念或理念的"夫妻关系",现实中的夫、妻就会深深地思考各自的角色,并从高于每个人且高于二者之间夫妻关系的角度考虑问题。当然,由于人的认知能力有限,或由于人们受到各种物质条件和观念的约束,夫妻可能都很难认知到这一点。例如,

第五章 关系之超验意义

金钱对于很多人来说都很重要，一些家庭因金钱妻离子散、家破人亡、老人无人赡养等。然而，多数情况下并不是金钱本身导致人间悲剧，而是单个人对待金钱的态度导致悲剧，更是二人或多人对待金钱"态度"上的"差异"导致悲剧，读者不难找到这方面的例子。

师生关系亦然。"那种没有在内在的联系中与志同道合之人为信念和理解最重要之物而度过共同努力的时光的人，不算享受过学院生活。"（谢林，2019：66）理想的师生关系的建立并不简单。"对青年来说，这位教师并不是朋友，而是试着让他们学着悲天悯人、心忧庙堂的人，而青年则必须在此间首次赢获主导心志和信念的力量。"（谢林，2019：66）按照这种概念性的洞察，"家庭关系""同事关系""师生关系"等"关系"概念本身作为可内化于行动者的超越性"理念"，能够将关系者长久地凝聚起来。这种超越性的理念已经不简单是涌现性的概念了。

格兰诺维特并没有深究"关系""弱关系"等概念的超越性，且误将"弱关系人"视为"弱关系"。① 我们认为"关系"或"关系本身"有"超越性""涌现性"。关系的关系性、涌现性、不可还原性及超越性等涉及深层的思想，这些思想彰显了格氏等人知性思维的局限，也表明他们的研究结论看似合理、符合常识，实

---

① 前文没有从概念上指出"关系"不同于"关系人"，之所以在这里才指出"关系"概念及其与"关系人"的异同，理由主要是先遵循常识思维，因为常识语言中常常讲"找关系"，并没有考虑到"关系"并非关系人。换言之，本书本身带有一种自我教化、自我启蒙的写作思路，某些基本概念的含义会随着本书写作的推进而变得更加深刻，更加深入常识背后的思维问题。换言之，随着分析、辨析的深入，我们对事物本身也有更深入的认知，最终在理想上达到整全性的绝对认知，这也是黑格尔《精神现象学》的写作思路。这个过程是痛苦的自我启蒙过程。不经历生活的苦难和痛彻的反思，没有一定勇气和志气，常人就不会走上这条追问事情本质的概念辨析的真理之路，其生活因而也就很可能由自己的无知而陷入困顿。常人也不要指望通过接受高等教育得到精神上的教化，因为当代高等教育多数是专业技术性教育，甚至哲学都已经变成专业，绝大多数专业并不致力于教化人的心灵。当然，只有极少数人愿意接受真正的哲学熏陶，再经历艰苦练习，走向真正求真之途。

际在方法论上却未必成立。就此而言,所谓"关系的功能"之说也不太恰当。首先,此说指向与某人有联系的另外一个"关系人"的功用,忘记了如果没有"此人",另一个"关系人"相对于此人也不复存在。其次,它忽视了这种功用并不是"关系人"独有的属性,而是嵌入"关系本身"之中的。换言之,它无视关系的超越性和涌现性,误以为没有"此人","关系人"照样可以有用。"关系人的功能"之说更合理,但是也有问题:仍然遮蔽了"关系本身"的超越性和涌现性。

关系至少发生在两方之间,而关系之间还有关系,由此形成关系的结构。笔者希望更强调关系的结构、关联、变化等更高维度,因为这些不单属于"关系层次",更属于"结构层次"。因此,我们可以将社会看成是时空中的各类关系、关系结构的特征及变化的机制。例如,排除机制而非关系强弱决定了交换网络中的资源分配(刘军、David Willer、Pamela Emanuelson,2011)。又如,六度分割或小世界研究发现,你最多通过五个中间人就能认识任何一个陌生人。然而,1967年斯坦利·米尔格拉姆做了连锁信件传递实验,其结果显示,160封信件中只有44封信到达了股票经纪人的手里,比例只有27.5%,其余的信件传递链都失败或断裂了,即没有传递到股票经纪人手里。由此我们可以说,六度分割理论忽视了大部分的情况,超过70%的传递链的断裂能说明很多问题,包括传递的不可能性,这意味着我们完全也可以说多数人的社会世界并不是六度分割的世界。因此,仅说"六度分割"的意义不大,它遮蔽了大多数情形。

(四) 关系之谱系

对关系的关系性、涌现性和超越性的上述阐释只论述了关系的性质,虽然已经触及关系概念的规定性,但是仍然未能充分论及"关系"概念本身及其可能的表象。对关系的哲学辨析会更加深究"关系"概念和范畴及其可能的诸多表象,据此得到更加细分的关系概念谱系,这样的辨析会让我们洞见到很多关系研究的对象并不是关系本身,而只是关系项、关系表象或关系数据等,从而也让我们对关系研究有更清醒的认知。同时,这种思辨也助益现实中具体个人清晰地认知"关系",进而正当或合理地对待、处理并建设其切身的关系。

关系概念有多个层次,即可以分为多个谱系,每一种谱系的依据不同。例如,围绕着关系概念可以区分出几个相关的概念,包括关系项。"关系"不同于"关系项",这二者构成一种区分关系的二分谱系。关系项之间处于动态互动关系之中,关系项本身因关系的存在而存在,同时也影响着关系,关系也因关系项的存在而存在,虽然关系本身有其涌现性。不过,这种二分不完全是针对"关系"概念进行的区分。将"关系"与"关系项"分开来研究的做法是不合理的,这只是在"关系"概念表面滑来滑去,关注的只是"关系人""关系项",而无法深入关系本身,因而毋宁说并不是对"关系本身"的研究。这种关系研究没有进一步思考如何探究"关系"及"关系本身",甚至不知道存在着不同于"关系"的"关系本身"这样的概念。在此意义上可以认为,这样的关系研究是无"关系"的关系研究。这是一种特殊的关系研究,它缺乏对"关系本身"的思考,这种缺乏是一种特定的"缺乏",没有对关系范畴的思辨。

上述对关系四个层次(经验层、实际层、实在层和概念层)的分析也是一种关系分层谱系,但这种分层是从描述和解释关系所涉及领域的角度进行的分层,还不是紧紧围绕"关系"概念进行的区分。除此之外,按照现象学社会学,常人的世界已经有建构性,是一级构造的世界,学者对常人构造的世界进行再构造,得到的是二级构造的世界或构念(construct)。参照这种思想,可以认为存在着一级构造的关系(如常人理解的关系)、二级构造的关系(如学者刻画的某种具体关系)、三级构造的关系(如某种具体关系的数据)甚至四级构造的关系(如计算关系数据得到的

"均值")。不过,现象学社会学所说的构造强调的是建构的维度,较少关注事情本身的不被人建构的客观维度,即仍然没有深入建构背后的概念维度。总之,对关系概念的辨析既应有因视角而变的维度,也必有其不可变的方面。

笔者认为,如果紧紧围绕"关系"概念并大致按照抽象程度渐增的顺序,则可以再细分出多个相关联的概念,它们组成多层次的关系概念谱系,这个谱系可以包括:"关系参量""关系统计量""关系属性量""关系属性""关系图像""关系对象""关系现象""关系表象""关系显象""关系共相和关系殊相""关系共性""关系本身"等,它们的抽象程度看似越来越高,实质上越来越低。例如,关系参量作为一个数字,是很抽象的。关系数据看似很具体或形象,实则也相当抽象。例如,如果用"1"代表"亲人关系",那么"1"这个数字几乎不可能表达亲人关系的丰富内涵。相比之下,"关系本身"虽然看不见摸不着,看似不可捉摸,实则相当具体,或者说是具体的抽象。当然,如果再围绕"关系"所关联的"关系项"再细分,则可以有更多概念,如"关系项数据""关系项属性""关系项共项""关系项表象""关系项本身"等。下面仅辨析围绕"关系"的诸多概念构成的谱系。

(1)关系参量。人们的言行必然有一定的参照,而所谓"参照"既可以指外在的对象或量,也可能是内在的心灵或质。因此,对关系参量可以有两种理解:统计学意义上的和理念意义上的关系参量。在推断统计学中,对应于总体的某个量就是参数,它是学者基于总体而建构的某个想象之量,通常不能实际测得。例如,如果将某个城市的全体市民看成是全体,那么他们的人均月收入就是一个参量。当然,这个量通常不可能被观测到,但可以将一次调查所得到的人均收入数据作为此量的估计值。参照这种理解,我们认为关系研究所对应的总体中的参数就是关系参量。例如,在个体网研究中,被调查者总体中每个人的个体关系网规模的平均值就是一个关系参量。

240

第五章 关系之超验意义

关系参量是抽象的量，通常计算不出来。还有一种关系参量涉及关系的理想或形式。无论在日常生活中还是在学术研究中，人们经常听到这样的愤慨之言，"他真不是人！""这个国家怎么变成这样！"实际上，说话者在这样说话时，心中有一个理想意义上的人或理想意义上的国家，尽管他未必自知。例如，理想意义上的人应当赡养父母、诚实守信、不卑不亢等，理想意义上的国家应当尊重其国民的人格、其代理人的权力应当被限制、应使居民老有所养等。正是由于一个人看到某个人不赡养父母，才说"他真不是人"，也正是由于某人的人格在其所生活的国家中得不到尊重，他才说"这个国家怎么变得这样！"如果言说者心中根本就没有类似这种作为形式或理想的人或国家的概念，他就不可能说出来上述言论。当然，现实中任何具体言说者心中的理想人或理想国家都是其自身所理解的人和国家，通常是不能突破的底线层次上的人和国家，还不是理念意义上的人和国家。很多思想家、哲学家都对理念意义上的人和国家有深刻论述，理念意义上的人和国家是无法被说出来甚至被想象出来的，但是它的确可以作为人们言说的参照物。总之，理想的或形式的人（或国家）是他言说时的参照物，它都是关系性的，因而就是一种关系参量。可想而知，这种意义上的关系参量对于现实之人可以起到引导性的作用，其要比统计意义上的关系参量更重要，也更基础。当然，学者更熟悉统计意义上的关系参量，而不熟悉理念意义上的关系参量。

（2）关系统计量。为了估计总体的参数，需要从总体中抽取一个样本，计算样本中每个案例的特征值的汇总量，由此得到一个统计量，它是对总体参数的估计量。例如，在个体网研究中，假设调查者样本中每个人的个体关系网规模的平均值是3.6，这个3.6就是一个关系统计量，样本中每个人的个体关系网在某个方面的异质性也是一个关系统计量。关系统计量是实际计算出来的量，是对关系参量的一个估计值。关系统计量不是关系参量，不能将二者混淆。需要注意的是，无论是关系统计量还是关系参量，由

于二者来自大样本或总体,因而看似具有"普遍性",实则二者都是研究者自己关注的特定量,因而恰恰不具有普遍性。

(3)关系属性量。社会行动者或样本中每个个案都有其在某种关系上的某种具体属性,这种属性可称为关系属性,对关系属性进行测量所得到的某个指标就是关系属性量。例如,在样本中,每个人的个体关系网规模实际值(比如1)就是此人的一个关系属性量。需要注意的是,虽然此人的关系网规模是1,然而1本身是一个抽象的量,其他人的关系网规模可能是2或3等。这意味着,研究者只是依据人们的关系网规模这个特定属性对人们进行归类罢了。另外,所得到的数字1只是对"个体网规模"这个属性的代替。然而,代替也就是归类,而一旦归类,此人作为此人的其他性质就被遮蔽了。就此而言,这个属性就脱离了此人,而变成一个抽象的属性。同理,关系统计量特别是统计意义上的关系参数更是抽象的量,更远离了活生生的人本身或关系本身。在此意义上,甚至可以说对关系属性的量化研究也是"无关系"的关系研究。

(4)关系属性。每个个案在其某种关系上的某种属性,即其关系属性。测量关系属性所得到的关系属性量就不再是关系属性了。例如,每个人的"个体关系网规模"这种属性就是此人的一个关系属性,它不是研究者测量它实际得到的值(比如1),而只是一个属性。又如,朋友关系的属性可以是强或弱的,"强"或"弱"就是二人之间朋友关系在"强度"这方面的具体属性,不是朋友关系的其他属性,也不是其他关系的属性。不能将关系属性等同于关系属性量。总体上讲,对一个社会行动者的关系属性描述得越多,越可能揭示一个内容丰富的行动者。但是,需要注意的是,任何属性及其集合都不能代替此行动者本身。换言之,仍然不能认为对对象的关系属性描述得越多,越接近被调查对象的关系全体,因为任何观察得到的关系属性及其集合都是观察者自然所得到的属性集合,并不是被调查的行动者全体。当然,关系属性要比关系属性量更接近对象本身。

（5）关系图像。在研究过程中，可以用一个点来表示行动者，用两个或多个点之间的线以及线之间的关系图（如人际关系图或社群图）来表示两个或多个行动者之间的关系和关系网络。需要注意的是，用点、线、图所表示的一定是某些特定点的某个特定方面、某些特定点与点之间的某种特定关系以及这种关系构成的特定网络，而不可能是这些点的各个方面、各个点之间的多种关系以及各种关系构成的网络。因此，画出来的关系图注定是在特定方面的关系图，它看似丰富甚至具体，实际上是抽象的，因为它遮蔽或抽象掉了相当多丰富的内容。也就是说，这样绘制、想象或画出来的关系图远离了关系属性、关系属性量，更远离了关系本身。

（6）关系对象。以下对显象、现象、表象和对象的进一步区分借鉴了康德、黑格尔等哲学家的思想。康德（2004：第二版序言第20页）指出，物自体、自在之物或对象本身不能被认识，却能够被思维。对象本身不同于对象的表象即现象，更有别于经验对象。对象不是物自体，也不是图型。参照康德等哲学家的洞见，如果一项研究将关系作为研究的对象，则将关系的特定方面称为关系对象。例如，如果研究人们的个体网规模与其精神健康之间的关系，研究的对象表面上是个人，但不可能研究个人的全部内容，而只能研究个人的"个体网"这个特定方面。因此，个人的"个体网"才是"关系对象"，但可以研究的只是该对象的很多属性，包括个体网规模、异质性等。需要特别注意的是，研究结论作为命题已经变成了具有抽象普遍性的陈述，因而并不是针对单个人来说的，而是针对单个人所属的类而言的。换言之，研究结论所针对的只是关系对象的类，而不再是单个关系对象，但是研究者通常误以为研究结论适合于每一个被研究者。另外，研究结论虽然离不开关系对象，但是必然经过了研究者的建构，这种建构本身与被研究的关系对象可以无关。因此，研究结论主要是研究者自己希望得到的结论,可以脱离单个关系对象而存在,甚至与被研究的关系对象无关。

(7) 关系现象。当一个人面对某种事物,并用关系性的描述项来描述它时,所描述的事物就变成关系现象。例如,在游乐场里,你看到有三个人在一起欢快地玩耍,其中有两个大人和一个孩子,此时你很可能说"这一家人玩嗨了"。你明明看到的是三个人,却说他们是"一家人",即用"一家人"这个关系性描述项来描述这三个人,整个观察、思维和言说过程已经经过了你的大脑加工,即将这样显现出来的事物用关系性描述项描述成了关系现象。

(8) 关系表象。关系本身无法被说出来,说出来的只是对关系本身的某类描述项。这些描述项可统称为"关系表象",它是对关系本身的描述、表征或表象。在德国古典哲学中,所谓表象(representation)指的是,"一切为意识所知的东西,意识所指向的一切东西,一切显现在意识面前的东西,甚至意识本身亦可说是一种表象,因为它亦可成为意识的对象:意识反思自身,以自身为对象"(卿文光,2018:52)。关系表象的含义极广,举凡人们心中想到的、说出来的、描述的、画出的、写出的、计算的各种关系都是关系的表象,形式逻辑、现代科学、抽象观念(如柏拉图所说的美本身、善本身、存在本身)也都是表象,一般人不知道这一点。就此而言,关系表象就是对"关系"所能描述或言说出来的一切,甚至是无需言说而仅在心中针对"关系"所默想的一切,关系表象可以包括多个层次,其中最高层次是"关系表象"本身,低层次包括用数字0、1、2等所描述的关系,即关系数据,因为关系数据本身只是量,从中看不出关系表象的丰富含义或质的规定性。

例如,弱关系人在何时、什么条件下有怎样的优势?在什么情况下根本无"用"?什么是"有用""无用"?"关系人"难道是用来被"使用""利用"的吗?"无用"的关系人就不再是关系人吗？对于谁来说不再是关系人，对于谁来说恰恰是重要关系人？如果说关系人"有用"，那么又在哪些时刻、在哪些方面有用，在哪些方面又"无用"？在追问这些问题的时候，不知不觉会想象问题中的情节，这些都是表象。简而言之，常人能够问出来的问题大都属于表象层次的问题，各种常识性的知都是表象层次的知，而不是真理，即"熟知非真知"。又如，关系的性质不同，其重要性程度也有别。对于个人来说，与亲人（父母、伴侣、子女、兄弟姐妹）的关系相对重要，与朋友、同事的关系次之，而最重要的是与自己的关系。当然，在不同时空下，不同类别关系的重要性会变化，比如对于某人来说，与某位同事的关系可能比与兄弟姐妹的关系更重要。另外，关系的属性通常也是不对称的。父母对待孩子的态度通常和孩子对待父母的态度不同。父母可能一辈子担心子女，子女却未必始终担心父母，甚至未必赡养父母。无论如何，当下关系研究很少关心这种意义上的关系。固然心理学领域有很多研究，但是缺乏社会学视角和整体关心。所有这些对关系的描述都属于关系表象的范围，都没有认识到关系本身及其存在，这是因为这些描述都只是表象思维所带来的，即坚持的是表象思维，而表象思维是一种朴素思维，它对所意识到的一切都采取朴素的信任态度而不会怀疑。实际上，几乎所有科学（包括社会科学）都坚持朴素的表象思维，而表象思维恰恰没有真理性，因为它所认定的东西并没有得到论证和证明，然而表象思维自身并不知道这一点，甚至以为认定的东西就是真理。另外，表象思维还默认了意识与对象不相干或对象可以脱离意识而存在，这也是朴素的唯物主义思想。

（9）关系显象。本书对现象、显象的区分借鉴了康德的思想。康德认为，"显象"不同于"现象"，显象与物自体是相应于先验感性论即感性的概念，现象与本体是相应于先验分析论即知性的概念。这种区分是为了解决知识的普遍性、自由和形而上学问题，为此要放弃知识符合对象的观念，从而主张对象须符合主体的先天认识形式，这就是康德的"哥白尼式的革命"。既然事物需要通过认知者的认识形式才能被认识，那么事物就具有两个方面：受到认识形式限制的"如其所显"的一面，即显象（Erscheinungen，appearance）；认识形式之外不受限制的"事物自身"，即物自身或自在之物（Dinge an sich, things in themselves）。我们只能认识事物向我们显现之物即显象，不能认识事物自身。后者虽然不可知，却是显象的外在原因，因为显象总是某物的显象（张志伟，2005：91~92）。事物对我们的显现即显象，它是通过直观而被给与我们的杂多表象。显象只是在感性阶段的物自体的显现，它还不是对象。显象也不是现象，现象则是这些杂多表象经过范畴通过想象力的综合统一而形成的经验对象，这意味着"现象"是感性与知性结合的产物。按照康德的思想，可以认识且形成知识的只是事物对我们的显象，物自体本身是不可知的。因此，可以讨论的只是认识的对象而不是物自体（张志伟，2005：93）。

参照这种思想，我们可以区分关系显象、关系现象。所谓关系显象，指向研究者显现出来的事物，它本身有关系性，但是研究者或认知者还没有从关系性上来认知它，即类似于拥有潜在关系性的感性杂多物，还没有经过范畴加工或者是在范畴加工之前的状态。经过范畴加工之后，即认知者将关系性范畴系统与关系显象物结合之后，关系显象就发展成为关系现象，而关系显象是作为思维或研究的关系对象而存在的。例如，在游乐场里，你看到有三个人（两个大人，一个孩子）在一起欢快地玩耍，是因为这三个人出现在你的眼前或向你显现出来。在你将他们思考加工成"一家人"之前，他们向你显现的就是一种关系显象，它是在你想到了"这是一家人"之前的那种认知状态。又如，一个博士生希望研究"母职"，作为关系中的一种，"母职"在刚被他了解时只是一类关系显象（母职向他的显现），还并不是一类关系现象（母职现象）。只有当母职得到了进一步研究，其具体表现、影响因素、职能压力、产后抑郁、照料婴儿等要素都得到一定的思考和研究设计后,母职显象才演变为母职现象,也才变成了研究的对象。研究对象是已经由研究者思考并设计的对象,有一定主观成分在其中,因而既有研究者的范畴加工(加入了研究者的视角),也有一定的客观性(无论怎样加工都不应该离开母职概念本身)。又如,"朋友网络"可以作为关系显象而存在,对它的测量或说明则是一类关系现象。针对同样的显象,不同的学者会给出或描述出不同的现象和表象。

(10)关系共相和关系殊相。前文已经指出,"关系"一词可以用于相当多的场合,绝不仅限于用来表述人际层次的关系。就此而言,"关系"一词就具有了普遍性,它也就变成了共相(universal)。关系共相既存在于关系殊相之中,也在殊相之中获得其具体意义,同时又作为概念而独立存在,即成为各行各业人士拿来使用的一个概念。常识意识不到关系可以作为共相而存在,而总是预设了它是某类具体的关系。常人局限在具体关系之中,很少看到关系整体,即认识不到关系还嵌入关系网络之中。例如,在一个核心家庭中,孩子的妈妈通常认识不到自己对待孩子爸爸的态度会影响到孩子,否则不至于经常在孩子面前批评孩子爸爸。但是,学术研究却不能停留于常识,否则关系研究不能进入思想层次,也缺乏解释力。

关系作为共相可以有层次之别,但离不开殊相和内容。关系作为共相是一个概念,它有一定的抽象性,因为它本身只关涉关系的形式,很少涉及关系的内容。然而,完全无内容的形式是不存在的,形式必须寓于内容中才是形式,形式中越是富含内容,越可能达到理想的状态。例如,人际"关系"中的"关系"可以指人际层次的各级各类关系(如嫉妒、羡慕、恨、爱、冲突、告密、打击报复等),这种意义上的关系是人际层次的关系共相,还不是一般意义上的"关系"共相。

(11)关系共性。前文所讲的"关系共相"中的共相是一种普遍(universal),这种作为共相的普遍是一个概念,是任何特殊性本身都隐含的,因而可以说是百分之百成立的普遍,是无例外的普遍。除此之外,还有另外一种普遍即 general,与 universal 不同,general 这种普遍关注的是事物在概率意义上的普遍,或者说关注事物在表象意义上的普遍,可称为共性。例如,我们说"找关系现象太普遍了""次生灾害很普遍",这里所说的普遍就是 general。我们也可以说,"每个人普遍拥有两个耳朵",这里的普遍也是 general,而不是 universal。耳朵不能作为人之为人的本质,思维、整体观等才是人的本质,对于人来说才有普遍性(universality)。同样,关系既可以以共相方式存在,也可能以共性方式存在。人们在找工作时普遍使用关系,这里的关系就是一个共性,即关系共性,而不是关系共相。而关系一词可普遍用于诸多场合,就变成了"关系共相"。现有的关系研究主要关注的是关系共性而不是关系共相。而共性问题往往只是外在的表面的问题,还不是实质问题。

(12)关系本身。上述关系谱系的各种体现还都不是关系本身,还没有真正进入或朝向事情本身的内在逻辑。笔者对关系本身的追问受到了黑格尔、胡塞尔现象学追问事情本身的启发。当然,事情本身对于不同哲学家来说有不同的含义。黑格尔认为,康德仍持知性思维,这种思维仅能获得关于现象的认识,还不能认识自在之物,这好像只是说对象的种类不同。"一种是自在之物,诚然为认识所不能及,另一种是现象,则是为认识所能及的。这正像说一个人具有正确的洞见,但又附加一句说他不能够洞见任何真的东西,而只能洞见不真的东西。假如这种说法是荒谬的,那么,说一种真的认识,不认识对象本身如何,那也同样是荒谬的。"(黑格尔,2015:27)黑格尔认为,不能预设世界本身是分裂的,不能认为物自体不可知;真相、真理是全体,事情本身就是整全的概念,概念有自身自我否定、自我发展的各个环节。事情本身在黑格尔著作中有两种用法,即适合于某些论述的特定用法与适合黑格尔哲学全局的核心用法,两者是统一的。后者有两个特点：事情本身以外在推理为前提但又否定该前提，即克服内容与形式的对立；事情本身以哲学的开端作为初始条件，在开端处自我运动业已发生，通过扬弃直接与中介之差异的自我运动，事情本身成为整体的内容与方法的统一。循着事情本身的过程，黑格尔使得辩证法成为"内容自己的灵魂"，成为概念本身与概念自我运动方法的统一（高桦，2020：10）。

"事情本身"对于胡塞尔来说是意向性，因为他指明了"事情本身"与意向意识的关联性，现象学要回到"事情本身"，而非回到"经验事实"或"实在事实"。然而，意识行为的"意向性内容"何以能够激活非意向性的"感觉材料"或对象，这是一个难题，因为自我仅凭其我思是不可能完全到达事情本身的，"这恰恰是现代主体的真正命运"（李猛，2009：141）。对于海德格尔来说，事情本身就是生存性，因为海德格尔以此在替代了胡塞尔的先验意识，阐明"事情本身"与此在的生存性相关。对于伽达默尔来说，事情本身就是历史性，因为伽达默尔把"事情本身"理解为在存在中并通过存在展现自身的东西，由于存在是语言，所以"事情本身"就是展现自身于语言中并作为"观"的东西（洪汉鼎，2009a，2009b）。

基于黑格尔的思想，并尝试与上述哲学家关于事情本身的思想勾连起来，笔者给出关于事情本身的如下认知：事情本身首先是一个表征着事情自我发展、自我否定的理想型概念，它有其自身的此在生存和意义整体，而这种整体存在于事情所在的共同体之中；因此，事情本身并不是认知者用某种认识工具对事情进行切割得到的切片，而是有其本身的历史性以及与人的认知相关联的历史性；同时，事情本身也离不开人的认知，即离不开其与意向意识的关联，又由于人的认知离不开语言，所以"事情本身"同时也是通过语言而存在并自在自为的东西。

之所以追问事情本身、性与天道或宇宙秩序等"道"，目的在于说明当下很多关系研究的对象恰恰不是关系本身，而只是关系

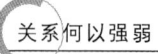

的各种表象,更在于要回应道术分裂、秩序混乱、上帝死了、虚无主义盛行等时代困境。"关系研究"如何可能朝向"关系本身"即成为重要议题,而这就需要辨析与"关系"有关的概念。

参照对事情本身的追问,我们也要追问"关系本身"。"关系人"通常指处于"关系"中的具体个人而并不是"关系","关系"既可以指两个行动者之间表现出来的"关系",也可以指这种关系连同其得以成立的背景条件等,即"关系本身"。关系本身是一个哲学性概念,要比"关系"更有存在论意义。对"关系本身"固然可以有多重理解,我们参照上述对事情本身的解读来理解关系本身这个概念,即关系本身指关系所关联的全体事项及其涉及的意义全体。关系本身首先作为一个概念,是关系按照其概念在自行发展、突破自身边界的过程。关系本身有其自身的质的规定性或意义场,而这种规定性存在于关系所在的更大关系共同体之中。因此,关系本身不完全是研究者研究得到的结果,而是有其内在客观的存在。与此同时,这种客观的存在同时也因人对它的认知而存在,即同时具有主观性。

例如,"夫妻关系本身"作为一类特定的关系,蕴含着夫妻双方以及夫妻关系的多层意义全体,具体包括夫妇都在概念上认识到自身及对方如何是丈夫(丈夫的责任、义务等)、如何是妻子(妻子的责任、义务等),如何是夫妻关系;认识到如何是爸爸(爸爸的责任、义务等)、如何是妈妈(妈妈的责任、义务等),如何当好家长;认识到互敬互爱、忍让、相互支持、赡养父母、照料子女等的意义,懂得什么叫爱情坚贞、相互厮守、坚守家庭伦理、传承家风家训;认识到家庭关系注定会解体,认清家庭与社会、国家的关系;等等。包括所有这些的全体才有资格称为"夫妻关系本身",而认识这一全体显然是一对夫妇共同生活在一起、相互磨合的整全性过程,并且该过程与社会风尚、国家治理等息息相关。这一过程是夫妻不断社会化、相互教化的过程,并不存在于现实世界的任何一对夫妻中。

第五章 关系之超验意义

"关系本身"是一个关于关系的整全性概念，它不同于关系的"定义"及测量，不同于"关系人"概念，也不同于现实中具体关系人。关系本身或作为"关系"的关系可视为动名词，即如何"关系起来"或"联系起来"的过程，即"关系"不断扬弃自身的本质与现象的二元对立而达到整全性的关系概念的过程，这不简单是对关系的"认识论"问题。换言之，"关系本身"首先是作为一个存在论而非认识论的概念而存在的。"关系本身"是关系项的存在方式，任何人的生存和生活都离不开"关系"。这是存在论问题，而不简单是认识论或方法论问题。因此，从存在论或本体论上讲，不应当认为关系只是生命的一部分，而应认为生命本身就是关系。无论学者是否认识到这一点，人们都是如此这般"关系性"地在世存在的。

关系本身是不可以用语言描述出来的，但是可以用语言来说。它的这种不可描述性使它类似于柏拉图所说的理念，看不见摸不着，但是它的确存在，也类似于"道"，因为"道可道，非常道"，或者类似于黑格尔逻辑学的开端即"纯有"，所谓纯有即纯粹的有，也就是脱离了任何经验内容后剩下的有，也就是什么都没有，从而变成了纯粹的无，即纯无。换言之，纯有=纯无。不过，笔者所说的"关系本身"这个概念类似于海德格尔所说的"存在"这个概念，即"存在的意义整体"，笔者所说的"关系本身"是意义丰富的整体，是"关系"得以存在的意义系统或意义整体、大全。换言之，我们认为关系本身就是关系的关系存在的全部意义。然而，就现实中的某种具体关系来说，如果某人对它的具体意义、可能表现等没有任何观点，此时我们说这种关系本身对于此人来说恰恰变成了作为纯有或纯无的关系，即变成纯粹抽象的关系，但是言说者自己通常不知道这是抽象的关系。一个人对另外一个人说"我爱你"，但如果他就爱的具体意义说不出来任何感受，说不出来什么是爱、如何可能去爱，那么这种"爱"关系就是抽象的。这种抽象的话语几乎每天都能听到，比如"我爱×"。

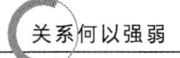

上述关系谱系包含了从最抽象的关系参量到最具体的关系本身，它们构成了关系概念的一个可能的谱系。之所以如此细致地区分与关系有关的诸多概念，主要是为了弱化关系研究的抽象性或不接地气性，探讨关系研究中的真问题。无论是在学术研究还是在日常生活中，人们都必然对各种关系有所理解，必然也必须描述各种关系。然而，无论人们是否说出来或写出来，只要他心里想着"关系"，"关系"就不再是关系本身，而已经是对"关系本身"的某种切割；进而言之，人们能够说出来或写出来的关系一定是某类具体的关系，而不可能是作为概念的关系本身。因此，只要他心里想着"关系"，关系就已经是"某种关系"，即已经是对"某种关系本身"的切割，而不再是"某种关系本身"，更不是"关系本身"。至于对社会关系的统计研究，其结果更是远离了关系本身，而变成与具体行动者几乎无关的关系研究。这种对关系本身的解释非常不符合常识或常人在日常生活中理解的关系。因此，这种解释并不容易被常人甚至大多数学者所理解，因为大多数关系研究者仍然按照常识思维来理解关系，无法达到概念思维的高度。作为关系的关系是需要"关系起来""联系起来"，也就是存在起来或是起来的过程。这是一个痛苦的是其所是的过程，其中关乎伦理、道德、人性、生活实践等，要破除重重阻力。不过，一个现实之具体人即便认识到"关系本身"这个概念，也不要指望这种理念一定能为自己带来幸福安康，因为生活还充满了各种不确定性，更因为认知"关系本身"这个概念与中国人所说的家庭幸福生活是无关联的。不过，一个人是否认识到作为概念的关系，或许是判断此人是否拥有超越性思维或是否能实现一种超越性的生存和生活的必要标准。

按照这种观念，格氏名篇中与受访者关系强、弱的那个关系人还并不等于"强关系本身"、"弱关系本身"以及"强关系人本身"、"弱关系人本身"。"强关系本身"可以指存在于两个"行动者"之间的那个强纽带关系的各种表现及其意义过程，并不指该纽带所关联的任何行动者。而"强关系人本身"可以指这种强关系所关联的任何关系人本身，它不是此关系人的属性及属性集合，而是此关系人作为人而在人世间安身立命的整体性存在。就此而言，无论强关系命题还是弱关系命题，其所针对的并不是"关系本身"，而只是单个"关系人"的少数属性及其发出的某类"关系"的某种属性的片面论述。

总之，上述关系谱系分析是一种哲学性分析。然而，对"关系"的哲学研究路数还有很多，包括儒家关系研究，关系逻辑、形而上学、佛教哲学乃至自然科学哲学中的关系研究。例如，有学者认为，"实体"是逻辑分析的对象，"关系"是根据相关的实体来确定的。因此，在以"实体"为中心的理论架构中，"关系"处于从属地位。这种状况到了19世纪末开始改变，物理学开始从"物质实体"转向"关系实在"（罗嘉昌，1996：178~185）。同样，关系社会学中有很多对关系的描述（克罗斯利，2018；多纳蒂，2018），这些见解多数只是从"可对象化""可实在化"意义上来讲的，没有达到概念的高度。如果换一种理论架构，比如就"非对象化"、"非实在化"或者就不可道说、不可名状的关系（包括"认识你自己"即人与自身的"关系"）的架构来思考，我们可以认为对"关系"的思考古已有之。至于对诸多哲学家的关系范畴的辨析，则更超出了本书的范围。

总之，本章首先指出了关系本身蕴含着自助助人的可能性，不能把关系人与关系分开来研究。接下来分析了关系逻辑，并借此批判了格兰诺维特混淆使用各种性质不同的关系，因为这是无思想的表现。最后对关系概念进行辨析，给出关系谱系的多种可能的表现，这种分类可让读者更清晰地认知自己的"关系"思维和关系研究在关系谱系中居于哪个层次，从而为走向关系本身奠定思想基础。

行文至此，本书的主体内容已经论述完毕。然而，为了更清楚地把握关系研究乃至一般研究中所给出的命题或判断的实质，

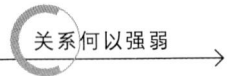

还需要进一步阐释事情本身（而非人为给出）的概念、判断和推理。因此，下一章在简要总结本书观点之后，将给出命题得以成立的几种条件集合，从而洞察统计命题的局限，再结合黑格尔的概念、判断、推理等思想，考察它们对社会科学的启示，旨在阐明概念性思维的优势。

第六章　迈向概念性推理

本书开篇就指出，从宏观经济、政治、文化等方面讲，当今世界是紧密联系的全球化世界，而从人心、思想、精神等观念角度说，当今世界同时也是人与人之间、人与制度之间等相互无关、相互隔离甚至相互敌视的世界，常人在这样的理性化世界中感受到的更多是冷漠、无关、无情和受制。关系可以有多种类型，如人与自然、人与社会、人与他人、人与自己的关系。在个人与社会之间，还存在家庭、群体、组织等。不同类别的关系抽象程度不同。有的关系比较具体，当事人对此有切身的感受，例如家庭关系；有的关系则比较抽象，在这种关系中相关行动者只是抽象地存在着，例如个人与国家的关系。国家是抽象的存在，具体个人通常感受不到国家的存在。当然，并非所有当事人都认识到现代国家的抽象性，在某种舆论力量下，人们的思想多数会受到控制，有的甚至将本来理性的现代国家拟人化。随着全球化的推进，随着工具理性、计算理性越来越向生活世界渗透，现代社会的个人也越来越具有同质性，人的特殊性、个别性越来越受到压制。就此而言，关系研究、关系学或关系社会学应当直面这个既紧密关联又冷漠无情的关系世界，回应时代大问题，既探究个人在时代大潮中的可能命运及可能的解放，也深究社会建设、国家治理中的各种关系建构和断裂问题。诸如此类并存的多元关系也应当是关系学研究的对象，而关系概念本身更应当是关系研究的对象。

因此，关系社会学研究从微观上讲旨在启蒙个人，从宏观上说旨在促进社会发展。当然，学者对启蒙有多重理解。康德认为，人只有依靠自己摆脱不成熟状态，而不能依靠别人。而对于多数人来讲，这样的启蒙是不可能实现的，但不能据此否认启蒙本身的重要意义。启蒙是一种批判精神，它不仅涉及个人的思想解放、自己为自己立法，也让人们学会相互尊重。然而，福柯认为康德并没有意识到工具理性（先天综合判断）在支配自然与社会的过程中内含着非法性，而力图使主体理性统治转变为"纯粹理性"状态，这是一种更精巧的臣服技术，它服务于资产阶级新型统治和社会治理的需要，其启蒙思想已从解放的话语反转为支撑新型奴役的技艺（张一兵，2015）。不过，笔者认为，福柯的这种批判对于某些中国人来说太超前了，因为思想不成熟是常人的常态。对于处于具体关系中的社会行动者来说，他们如何增进思想，如何相互尊重、相互承认，这既是重大的理论议题，也是迫切的现实问题。

关系社会学不只关心具体的现实关系，更关注现实关系及其背后隐含和遮蔽的思维和理念。因此，关系社会学的对象就不简单是具体关系现象，而更是关系的观念或概念。不过，作为概念的概念是看不见摸不着的，作为概念的"关系对象本身"是作为整全而存在的。然而，大多数既有的社会网研究、社会资本研究、关系社会学研究等只局限在技术、理论层面，未触及关系概念本身可能蕴含的"意义"、"价值"、"家庭伦理"（周飞舟，2018、2021）[①] 以及

[①] 不过，仅从家庭伦理、父子关系、孝等方面入手来理解中国社会关系和社会结构或许还不够，因为中国古代社会中也蕴含着以天或神为本的社会意识。然而，在已经实现了现代化的当代中国社会，官僚制、资本逻辑却占据了主导地位。孝是基础"公德"和众德之本，以"孝"为本的社会伦理体系如何落实到当代现实，规范理论怎样有效地发挥实际的社会作用，则不再简单是孝、家庭理论的问题，况且这样的秩序之"孝"也离不开社会行动者、社会制度环境以及时代精神等诸多要素。当然，如果认识到忠孝立国思想仍然在当代中国的教育、政治、体育、日常生活中有残存势力，就可以理解"孝道"在整合社会的同时，对个体自由依然有限制作用。

"道德—伦理"等更重要方面，而这些"存在""意义""价值"问题与人的生活世界和真正网络的关系更大，因而甚至不是简单的方法、理论、价值等经验性问题，而变成哲学性问题。换言之，关系社会学可以对具体的求职、拜年网、社会凝聚、人情、面子等方面进行研究（翟学伟，2021），但不应局限在这些特定的经验性的方面，更应扩展开来探究关系背后更基础的哲学根源。这样的关系研究要突破既有的研究范式（包括批判的和诠释的范式），特别是实证研究范式，在已有范式的基础上走向思辨逻辑意义上的整全范式，这种范式可以澄清基本概念和思维逻辑，为关系社会学研究奠定思想基础。

然而在关系研究领域，多数学者都基于功利思维进行研究，例如将"关系"看成是求职中利用的对象、微信拜年的对象、认知和交往的对象等。无论将关系视作工具性关系、情感性关系，还是混合性关系，无论对关系怎样分类，这都属于认识论范围，而没有认识到关系本身的存在论意义，即没有认识到关系对于人生存和生活的重要意义，关系就是人的生活所在。也就是说，关系研究领域也是断裂的，并且多数学者都缺乏对关系本身逻辑的尊重。本书结合格兰诺维特的名篇《弱关系的优势》，进一步辨析关系研究领域中的线性思维。

格氏名篇的核心观点是，弱关系因拥有异质性信息而在很多方面表现出优势：帮助求职者找到工作，促进信息快速传播，将不同社群之人凝聚起来，提供最有效的"微观—宏观"桥梁等。格氏名篇是在一定学术背景下产生的，它有其不可磨灭的学术贡献。该文虽然被引率极高，但深究后却发现格氏并未真正论证其观点，他只得出未经严格论证的常识性结论。甘斯与格氏就弱关系的优势有所争论，二者坚持的逻辑是不同的：前者坚持集合论思维，后者坚持统计学思维。然而，二人的争论都未涉及弱关系概念本身及其存在，即没有抓住更实质的问题。格氏也仅将关系视为工具物，没有深察关系的关系性等性质及作为人存在根据的关系的存在论意义。

格氏虽然声称"弱关系成为最有效的桥",但是他没有给出真正的证明。要想论证这个命题,需要辨析"弱关系"是否是桥以及它是否为最有效的桥。要想论证它"最"有效,更需要考察还有哪些"桥梁"起沟通微观与宏观的作用,并通过比较它们的异同来证明"弱关系"在这些桥梁中最有效。然而,格氏并未这样证明。另外,格氏要证明的并不是"关系"充当桥梁,而是"关系人"充当"桥梁",他还不自知地预设了关系与关系人的分离,即关系可以脱离关系人,关系人也可以脱离关系而存在,但这种"二分法"恰恰难以成立。如此看来,格氏命题并不真正成立,也不是什么真理。

本书重点从"弱关系促进社会凝聚"这个命题的预设或前提出发,批判"弱关系的优势"命题的不足。我们认为,学术批判应从前提开始批判。就此名篇来说,"弱关系的优势"命题的前提在于关系具有传递性,因此本书探讨了关系传递的前提、"传递"何以可能,多元时间观、线性时间观在社会生活中是否成立,传递者自我意识的悖论、线性同一性等内在困境,表明关系传递模型有内在矛盾。

本书证明了能够影响社会凝聚的因素有很多,关系只是其中之一罢了,并且未必是重要因素;同样,关系本身又会产生很多影响,其中之一才可能是社会凝聚,并且社会凝聚未必是重要影响。因此,即便格氏坚持认为关系可以促进社会凝聚,此命题的本质只是在关系与社会凝聚之间建立了一种外在联系罢了,因为该命题既不关注还有哪些因素影响社会凝聚,关系本身又会产生哪些影响,又没有论证二者之间如何可能有必然的联系。更重要的是,"弱关系促进社会凝聚"这一命题与"关系本身"和"社会凝聚本身"都几乎无关。因此,有必要探讨"弱关系"本身和"社会凝聚"本身是"什么"以及如何"是"等更基础的议题。然而,因为离开离散,就不可能有凝聚,凝聚、社会凝聚与离散有相即不离的内在关联,所以讨论事物的凝聚也就相当于讨论事物的离散,离不开对离散的讨论。而事物本身之所以凝聚在一起而不分散开来,关键在于其本身有内在的形式和形式指引。同样,"关系"概念本身有关系性、涌现性、超越性,关系是人的存在方式,对关系的良好认知可以助益人自助、再助人。

应当声明的是,由于"弱关系的优势"命题表现为多个方面,每个方面都只是该命题的一个侧面而非其全部,因此,基于单个方面的批判并不是对其本身的批判。即便批判格氏的这篇名作,本书也没有对其中涉及的求职中的关系等进行深入辨析。另外,本书还未涉及格氏的其他著述。在这个意义上讲,本书的批判注定是有局限的,注定不算是对格氏此名篇的全面批判,更不是对格氏全部思想的批判。格氏后来提出嵌入性(embeddedness)、门槛模型(threshold model)、个人关系在经济中的重要作用、腐败、公司治理、组织形式以及硅谷高技术企业的涌现等众多议题,本书都对这些议题无暇论及。

本书关注的主要是思维逻辑问题。格氏名篇涉及的"思维逻辑"在社会科学中普遍存在,它遮蔽了很多重要问题。弱关系的优势无非只是弱关系在信息传递方面的优势,并不是在其他方面的优势,因此这是一种特定的优势,也只能有一定的普遍意义。如果换一个视角,弱关系可能就不具有优势,甚至可能具有劣势。就此而言,"弱关系的优势"命题说的不是"弱关系本身"的优势,而只是弱关系在某侧面上的优势。同样,社会网通常被视为社会行动者之间的关系网络,这似乎没有什么不当,然而,一旦落实到具体研究,就必然只能研究某种特定的网络(比如拜年网、求职网、相互支持网、朋友网等),即社会行动者之间在某个事项上相互关联的网络,这样的事项可能是实际的实在之事(如借钱、拜年、求职等),也可能是名义的观念之事(如喜欢、朋友、讨厌等),也可能二者兼而有之。它们都不再是"社会网络",而只是"某种社会网络",严格地讲甚至不是"某种社会网络"本身,而只是"某种社会网络"在属性和数量上的某种表现罢了。这里需要提醒学者注意,表面上研究某种社会网络,如求职网、拜年网、相互支持网等,实际上研究的并不是该网络本身。另外,即便网络中的事项是实在之事,其背后必然有其对应的观念,尽管观念往往以物质因素为基础,但"物质"概念本身就是一种观念。就此而言,社会网本质上更多的是观念之网,其中的节点是行动者的各种观念,而不简单是行动者本人。在这样的网络中,每个人都受到观念之网的制约。这种关于社会网的观念很可能不符合大多数网络专家的观念。格兰诺维特所关注的"弱关系"及"关系网"等抽象的关系和网络,只是现实人关系网中的一部分,他对关系强度的测量也是抽象的。当然,任何经验性的关系研究都只能关注"关系本身""社会网本身"的某个侧面,这本身无可厚非。具体人在具体生活中如何处理各种关系,则是一个重要的经验性问题,现实之人如果处理不好日常关系,很可能陷入困顿之中,不过本书无暇涉及这些具体的议题。

上述分析也意味着,研究者主观上想得到什么结论,几乎就会得到什么结论。当然,这样说是有偏颇的,因为所得到的结论不可能是纯粹主观的,毕竟有所谓的"客观对象"作为基础,毕竟研究发现离不开"客观对象"。尽管客观对象本身也离不开思维范畴的建构,但社会世界的所谓客观规律又都离不开研究者的建构。就此而言,任何知识都同时具备主观性和客观性,即同时包含知性概念和感性经验。"研究者"基于"知性范畴",将"关系对象本身"的经验表象杂多综合起来,从而建构成为"社会网知识"。当然,就具体议题而言,情况会多有变化,有的研究发现可能是非常抽象的发现,特别是利用数学工具进行研究得到的发现。

这种情况在社会学实证研究中很常见:研究者在具体调查、访谈之前"构想"了什么样的"研究假设",就会按照这样的假设主动地收集能够验证该假设的数据,从而"真地"验证了自己提出的假设。实质上,这是研究者自己没有意识到的一种误识,即误以为自己验证了研究假设，实际上根本没有验证。毋宁说其研究结论仍然只是"研究假设需要验证"，即研究假设没有得到验证，或验证的只是自己主观上"想验证的假设"，与"对象本身"可能毫无关联，与研究者自身可能也毫无关联。然而，实证科学通常意识不到这些问题，因为实证主义坚持知识的客观性、可靠性等。

社会科学研究特别是实证研究如果离开可以验证的研究假设和命题，简直无法进行下去。对实证研究者来说，学术研究似乎只有一种方式，即实证研究或调查研究。然而，胡塞尔早就批判过近代自然科学及实证主义。他认为，近几个世纪以来，在现代科学中存在一种无法解决的"危机"或无法解答的"主观性之谜"，近代自然科学甚至"遗忘"了这一危机，从19世纪后半叶开始，这种"遗忘"体现得尤为彻底。"在19世纪后半叶，现代人的整个世界观唯一受实证科学的支配，并且唯一被科学所造就的'繁荣'所迷惑，这种唯一性意味着人们以冷漠的态度避开了对真正的人性具有决定意义的问题。它从原则上排除的正是……关于这整个的人的生存有意义与无意义的问题。"（胡塞尔，2001：16）实证主义只关注所谓的"事实"，完全忽视"人"，甚至认为科学的"客观性"完全无关乎人的"主观性"，"单纯注重事实的科学，造成了单纯注重事实的人"（胡塞尔，2001：18）。实际上，科学无非是人类给自然披上的一件"理念外衣"，它最终奠基于"生活世界"这一前述谓经验领域。一切科学的成就都是一种主体性的成就。

社会科学所理解的"实证"是一种相当特殊的"实证"。按照福柯在《词与物》中的观点，"人文科学"是关于人的科学，涉及人在这个世界的方方面面，包括哲学、语言、诗歌等，它类似于中国的四书五经、古希腊德雅兼蓄之学即 paideia，是超越所有学科之上的人文学总体之学，绝不是从某个孤立的角度审视人在世界的存在。福柯认为人文科学就是人的实证性之所是，而这种实证性与经验研究者所说的知识的客观、可靠等实证性、实际验证性并不是一回事（列维纳斯，2020：vii），而要高于后者。另外，一般认为，实证研究就等于量化研究，质性研究与实证研究是对立的。谢立中（2019）教授指出，实证主义不等于量化研究，人文主义也不等于质性研究。实证主义和人文主义研究范式都可以采用量化或质性研究模式，而量化研究和质性研究都既包括实证主义，也包括人文主义。

本书围绕格氏名篇《弱关系的优势》的关键概念和命题，批判知性思维的局限，展示"概念分析"的力量（strength）所在，它能够让我们澄清话语的实质意义，不至于言说无理、言之无物。探讨甚至连名家及名篇都坚持的线性思维及其局限，不单是为了说明"社会网分析""关系研究"的边界或局限，更是为了反思一般命题可能的"遮蔽"之处，这对于深究一般社会科学研究所忽视的方法论问题有很大意义。这种反思展示了思辨的重要性，甚至可以启迪个人的推理智识。

"弱关系的优势"之类的命题之所以有局限，更重要的原因在于人类语言或话语（discourse）及其表达的命题本身就蕴含着有限的、线性的或知性思维方式。为了更清晰地认知其局限，下面首先分析命题的条件集合，旨在从集合论角度厘清结果得以成立的各种条件，从而认清"统计学—概率论"思维的局限。其次，再结合、借鉴黑格尔的判断学说，辨析并反思更基础的议题，指出社会科学研究普遍使用的命题实际上应该改称为判断，本真的判断是事情本身的事情，而并不是认知者外在地对事物进行的分割。最后，指出推理即概念实现。

一　命题的条件集合

社会科学研究中的很多命题都是充分条件假言命题，其背后有充分条件假言推理。在这种推理中，命题的每个前件是能分别独立导致后件的若干条件之一。如果不考虑这些前件之间可能的不可分割的内在关联，那么这种命题可表示为：p、r、s、t 可以分别独立导致 q。既然如此，在没有 p 时未必没有 q，有 q 时也未必有 p（因为 q 可由 r 或 s 或 t 所导致）。

可见，不可通过否定一个充分条件假言命题的前件来否定其后件，也不可通过肯定一个充分条件假言命题的后件来肯定其前件。有多个独立条件可以分别导致后件，肯定一个前件，不意味着其他前件不重要。

就"动用关系可以找到工作"这个命题来说，"关系"通常只是"找到工作"的众多条件（学历、人品、长相、口才、单位需要、熟人推荐、家人意见、职业志趣、养家糊口等）之一。[1] 通常的研究视之为独立条件，然而它未必是独立条件。即便预设其为独立条件，即便承认"关系""关系人"对于"找到工作"的重要性，也不可忽视其他前件（如学历、人品、长相、口才、单位需要

---

[1] 需要特别注意的是，这里所说的"动用关系可以找到工作"只是针对具体的单个求职者来讲的，并不是基于调查研究的统计研究要验证的命题。如果一项研究通过调查研究方式并在统计上验证了"动用关系可以找到工作"，那么这个命题的实质并不是针对具体求职者个人而只是针对两类人而言的，其实质只是认为，与"没有动用关系而找到工作"的那一类人相比，"动用关系找到工作"的那一类人得到了工作，这里根本不涉及或不关心任何个人求职者的求职情况。另外，为了证明严格的因果性（实际上因果性本身都未必存在，不过这里不再辨析），该命题还应考虑"动用了关系而没有找到好工作"的那一类求职者、"没动用关系也没有找到工作"的那一类求职者、"想动用关系但找不到关系"的那一类求职者、"想动用关系并找到了关系但因成本高而放弃利用关系"的那一类求职者、"不想动用关系但他人却主动帮忙"的那一类求职者、"不想动用关系而坚持招聘制度的公平正义"的那类少见的求职者等等。换言之，针对关系有用还是无用、作用大还是小、有正作用还是反作用等问题，众多实证类研究的结果并不是针对具体"个人"而言的，而是针对"类人"而进行的均值思维。在这样的研究中，分析围绕统计均值。因此，格氏的发现对于学者可能比较重要，因为学者通过研究此类现象发表论文得到晋升机会。然而，该命题只关注"社会凝聚"，这对于无视社会关系网络的经济学和个体主义社会学来说或许重要，但是其真正的微观意义和宏观意义都有限，对于关系中的"具体当事人"和常人来说没有太大切身意义和启发意义。当然这不是对此名篇的严格批判，因为它本身就不关心这些议题，常人的生活完全可以与该命题无关（当然，真理的确几乎与常人无关）。

等)的重要性。我们也不可由某人没"找关系"就推测他"找不到工作",也不可由他"找到了工作"而推测他找了关系。

深究会发现,诸多条件对于结果起作用的方式是不同的,因而可以有充分条件、必要条件、充分非必要条件、必要非充分条件、充要条件、非必要非充分条件、充分非必要条件中的必要非充分部分(INUS条件)、必要非充分条件中的充分非必要部分(SUIN条件)等多类条件。不分析这些条件,对社会现象就可能缺乏充分的认知。例如,在当下中国的高等教育界,如果某人拥有"长江学者"头衔,那么他在应聘高校教授职位时几乎不会被拒绝,甚至成为香饽饽。如果不考虑其他情况(比如人品、师德、教学能力等),"长江学者"头衔就是其应聘成功的充分条件。然而,应聘者如果没有博士学位,几乎不可能成功应聘"一流大学"的讲师,因为作为招聘单位的大学要求所有应聘者必须拥有"博士学位"。换言之,博士学位是应聘者应聘成功的必备条件即必要条件。当然,这种分析还是简单的,即只考虑单个要素的作用,没有考虑到一个结果的形成可能是由多个要素共同作用,这是因为现实的招聘或其他社会现象更加复杂,单个因素不大可能完全决定某事项,一个事项往往取决于多个因素乃至多个因素之间不可分割的相互作用和交互作用。下面重点辨析两类条件,即命题的INUS条件和SUIN条件。

(一) 命题的INUS条件

很多自然现象和社会现象通常是复杂的,其发生通常不只需要一个条件,而需要多个条件同时具备。例如,生产一台电脑需要同时具有相当多的要素或零部件,每个零部件(如CPU)本身甚至又包含极多的微小部件,它们缺一不可。换言之,单独任何一个部件都不是芯片,更不是电脑。在社会资本研究中,有学者提出"地位强度命题:初始位置越好,行动者越可能获取和使用好的社会资本"(林南,2005:63)。就此命题而言,"获取和使用好的社会资本"本身就需要有诸多条件,这些条件涉及占据初始位置之人本人的性格特征、为人处世方式、仁义礼智信、世界观、价值观、金钱观;该位置的规范、潜规则;该位置的权力特征、受到的法律约束;社会资源的类型、价值、稀缺程度等。由所有这些条件或其部分条件组合而成的并集或交集才可能构成"获取和使用好的社会资本"得以成立的充分条件。另外,初始位置作为结果并不是随机事件,也受到诸多因素的影响。

格兰诺维特(1973)名篇论及求职中的关系。实际上,具体个人在找工作时,不会仅考虑单个条件,而是必然同时考虑多个主观条件和客观条件,如"距离家近""工资高""待遇好""专业对口""当地气候适宜""房价可接受""子女能接受好的教育""单位人际关系融洽"等。如果其所求职的单位或职位不能同时满足这些条件,求职者要"通盘考虑",甚至对各个条件的优先级进行排序,然后决定是否应聘此职位。至于"关系"则无非只是众多条件中的一项,甚至可有可无。"多个条件"作为"一个集合",就构成"找到工作"的一个"充分条件",但它未必是必要条件。因此,严格地讲该集合是"找到工作"的"充分非必要条件"。而这个集合中又包含多个单项条件,其中每项条件又都是必要但不充分的条件。因此,诸如"关系""距离家近"等单项条件就是作为结果的"找到工作"的一个"充分非必要条件中的必要非充分部分",简称为 INUS 条件。[1]

INUS 条件可表示为 {p、r、s、t} →q,即 {p、r、s、t} 是 q 的"充分非必要条件"。p、r、s、t 中的任何一项都是这个"充

---

[1] INUS 条件一词源自 Mackie(1965:246)的如下所述:对于一个结果来说,所谓的原因只是"该结果得以成立的一个非必要但充分的条件中的那个非充分但必要的部分"(an insufficient but necessary part of a condition which is itself unnecessary but sufficient for the result),可简称为"充分非必要条件中的必要非充分部分"(Mackie, 1965;参见加里·格尔茨、詹姆斯·马奥尼,2016/2008:27)。这意味着"充分非必要条件"并不是单个条件,而是由诸条件构成的一个集合,即它本身又包含多个条件或部分。

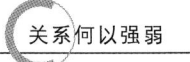

分非必要条件"集合{p、r、s、t}中的一个必不可少的要素,即是其"必要非充分条件"。因此,p是q的"充分非必要条件中的必要非充分部分"。换言之,如果s = "关系",那么"关系"无非只是"找到工作"这个"结果"得以成立的"充分非必要条件中的必要非充分部分",而不是"找到工作"的唯一"原因"。就此而言,"因果性"思维就显得有些简单了。

本书第一章论及甘斯和格兰诺维特的争论。甘斯所关注的"社区组织"得以形成的六个要素中的每一个,都可以简单地视为INUS条件。实际上,在一般的因果研究中,"大多数原因都可以更准确地被认为是'充分非必要条件中的必要非充分部分'(INUS Conditions)"(格尔茨、马奥尼,2016:85)。在甘斯的观点中,建立一个社区组织需要有六个条件构成的条件集合,包括INUS条件。具体而言,"弱关系"可以作为社区组织得以建立的一个INUS条件,但它并不是该组织得以成立的一个充分条件。当然,甘斯本人没有意识到这一点。在社会调查、统计分析中,如果学者关注因变量在具体单个被调查者上成立的INUS条件,就很可能筛掉很多个案,其调查和统计分析的结论很可能不再成立。除了INUS条件之外,还有结果得以成立的"必要非充分条件中的充分非必要部分",即SUIN条件。

(二) 命题的 SUIN 条件

所谓SUIN条件,指的是让一个结果得以出现的"必要非充分条件中的充分非必要部分"(a sufficient but unnecessary part of a condition that is insufficient but necessary for an outcome)。用集合论术语表示,那么一个SUIN条件可以界定为:如果结果Y是X与一个或多个条件合集的一个真子集,那么X就是结果Y的一个SUIN条件(Mahoney,2021:81)。当然,这是集合论意义上的SUIN条件。针对社会现象的生成,则可以换其他方式来表述SUIN条件。

仍然用上述命题来例示,q→{p、r、s、t},即{p、r、s、

t} 是 q 的"必要非充分条件"。{p、r、s、t} 中的任何一项都是这个"必要非充分条件"集合 {p、r、s、t} 中的一个充分但非必要的要素，即是其"充分非必要条件"。因此，p 是 q 的"必要非充分条件中的充分非必要部分"。换言之，如果 s ="博士学位"，那么"博士学位"就只是在大学里"找到工作"这个"结果"得以成立的"必要非充分条件中的充分非必要部分"。同样，现实中某人想获得某个职位，就必须符合某些条件，"关系"就是候选人获得这个岗位的一个 SUIN 条件。因此，关系也不单纯是"获得该岗位"的唯一"原因"。换言之，不同的岗位有不同的要求，因此，"关系"在某种情况下可能是 INUS 条件，在某种情况下则是 SUIN 条件，当然在某些情况下则什么条件都不是。

INUS 和 SUIN 条件的提出基于一种不同于统计学的集合论思维，它针对的是具体个案、事项或行动得以出现的条件，而不是对总体参数的估计。可以想象，在一项社会统计研究中，如果总体或样本中的个案本身的发生需要有诸多条件，但对总体或样本参数的估计却不考虑这些条件，那么总体估计值就因在很大程度上不关心具体条件而有一定抽象性。就此而言，对基于集合论的各种条件（包括 INUS 条件和 SUIN 条件）的分析有重要的意义和价值，可惜这种分析路数一直未引起统计学者和经验研究者的充分关注。

当然，上述对条件的讨论还未涉及很多相关议题，特别是现实性问题。比如，诸多条件未必同质，每个条件相对于结果来说都有其特定的意义，因而需要分别辨析。即便诸多条件有一定的同质性，也存在着不同条件重要程度的排序问题，需要探讨哪些条件相对而言更加重要。即便不谈论各个条件的重要程度，也存在着条件之间的相互关联和相互作用问题。无论是命题的 INUS 条件，还是 SUIN 条件，也都预设了各个条件之间相互独立和相互外在，即预设了诸条件之间不存在联系，无论是直接的还是间接的、内在的还是外在的联系。这种独立性预设是有问题的，因为现实中的诸多条件往往相互关联。这些都是集合论思维的局限之处，

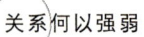

它本质上仍然只是线性思维,无法观照到现实中错综复杂的关系。这里只是指出这一点,而不再继续讨论。要素之间有某种不可分割的关联,关系本身更不能分割,而任何命题都只是分割地描述事物,因此,命题难以描述关系。

(三) 命题难描述关系

在社会科学特别是实证社会科学中,无论研究假设还是研究结论,都必须用命题的形式表述出来,而任何命题都有未说出来的前提条件或预设。正是由于预设的存在,学者才应当清醒地认识到,命题的"真"都是相对的。如果前提条件不成立,命题本身就可能不成立。例如,对于格氏的一些核心命题来说,即便证明了关系可以帮助求职、促进社会凝聚、沟通微观与宏观等,但这些都是有边界条件的。如果换一种条件,研究的结论很可能会颠倒过来,这意味着承认和否认一个命题都有其道理。另外,仅关注关系可以帮助求职,不关注维持关系的"成本",此类命题注定是"静止的""片面的""僵死的",它只是说出了特定的内容,而忽视了众多没有说出来的内容,如求职中的酸甜苦辣,机械化大生产时代、人工智能和机器人时代的大量失业及求职者之间的残酷竞争和内卷,人际交往中的"互惠原则"等。不过,即便是"互惠原则"也不是"绝对"的,至少在真正的亲情(亲子、夫妻等)面前很少讲互惠,而更应该讲"爱"或"情",否则很可能导致妻离子散,人也就失去了人味。另外,即便说"互惠原则"更多存在于朋友之间、贸易伙伴之间、师生之间、上下级之间等,这也不是绝对的,我们更应该分析的是作为表象的互惠背后的机制。比如,在礼物的流动中,表面上是"礼尚往来",坚持"互惠原则",但是背后的权力机制可能是关键。在当代的师生关系中,虽然明显出现了功利化和工具化倾向,但是对于具体的师生关系来说,即便表面上有"礼尚往来"(比如教师指导学生,学生帮助老师搜索文献甚至给老师送小礼品表达谢意),实质上可能是教师自行坚持"职业伦理"和"公民道德"的结果，因为他习得了教师志业的"伦理"，按照"传道授业解惑"来要求自己，而不是按照外在的指标要求自己。这样的师生关系尽管在当代现实中极少，但是更有"人味"或"师生味"。总之，"常识性知识"（如互惠）都有预设，并不是"真知"。同样，社会科学中的众多研究假设及命题都有预设的前提条件，所有这些关系议题都不是可以用简单的命题完整地描述的。

如果认为学术研究是为了探索真理，并认为真理是全体而不是抽象理论、符合事实、客观存在等，那么或许出乎多数人意料的是，命题和判断都不足以用来描述关系真理。首先，命题或判断不足以表达全体。在传统三段论逻辑中，"某些 s 是 p"或"某些 s 不是 p"等形式的命题被称为特称命题（particular propositions），而诸如"所有的 s 都是 p"或"所有的 s 都不是 p"等形式的命题被称为全称命题（general propositions）。无论怎样，命题都可以一般地表达为"A 是 B"的形式，它们都不适合于表达全体，因为命题只关注两个事项 A 和 B 之间的某种特定关系，不可能观照到二者之间的全部关系。关系之所以为关系，离不开两项或多项之间的相互作用和交互作用。任何单项都不是关系，任何单一命题也只能描述事项的特定方面，不可能描述事项本身，更不能描述关系本身。多个命题的组合也不足以描述关系，因为关系本身不是静态的有待描述的对象，而是动态发展的自我否定的事情本身的关系。例如，"张三是求职者"这个命题只说出了张三是求职者，除了是"求职者"之外，对于张三还是其他"什么"，一概未说；对于张三不是"什么"，一概未说；对于张三将来可能是什么、不是"什么"，有可能是"什么"，更是一概未说。简言之，对于由张三本人如何求职，如何在求职中感受到酸甜苦辣，如何工作、生活，如何随着时空而存在等构成的"全体"，"张三是求职者"这个命题都未涉及，也无能为力。

其次，命题一旦被说出来，就立刻变成僵死的共相，即立刻脱离其现实的情境。例如，"求职者"作为一个概念，指的是一类人而非单个人。因此，"张三是求职者"这个命题就把张三这个特定的人归结到"求职者"这一类人当中，将张三这个活生生的人抽象到类人的高度，而舍弃了张三本人的个性、特殊性等。因此，这种高度看到了"类"，但它也是抽象的，毋宁说也将张三降低了高度，因为该命题将一个拥有知、情、意的活生生个人，变成了求职求生的类人。又如，一旦通过社会调查或各种研究技术发现或证明"中国人更多通过强关系找工作"，该命题就立刻脱离各种丰富的现实情境而变成抽象的命题，它与具体个人在求职过程中的酸甜苦辣、招聘方甚至政治经济环境等都不再有关。就此而言，任何规定下来的经验性结论都是抽象的。即便一项研究不用统计数据及其均值作为依据，其研究结论作为命题仍然是共相性的，即远离具体人本身的生活世界，因为作为命题的任何结论必然也必须用概念来表达，而任何概念都是抽象的。当然，作为概念的概念以及基于这样的概念而给出的判断则不是纯粹抽象的，而是具体的抽象，即有了具体的内容或具体的普遍性。

抽象的概念、命题与具体现实人的关联既可能大也可能小。所谓关联大，指的是现实人的生活既可能丰富又可能单调，但是人的思维通常是抽象的，即只能用抽象概念来思考。所谓关联小，是说现实人毕竟是现实人，其生存和生活又是具体而微的。对于现实的具体个人来说，他无论是否知道格氏的经验性命题，都基本不影响其生存和生活。即便他清楚地了解此命题，也做不到遵照该命题的要求主动地增减其强关系人或弱关系人的数量，因为建立和维持关系等都不是一个人的事情，而至少涉及两方。换言之，增减关系的数量取决于至少两方。① 现实之人也不会按照这个

---

① 至于学生或学者对此类命题做进一步"调查"和"研究"，进而获得相应的学位或利益，那的确与此人"有关联"，但并不是本质的必然的联系，况且此类研究关注的未必是真问题。

命题去安排自己的生存和生活。即便现实之人找关系、求职，也不完全按照"弱关系的优势"命题来找关系和求职，因为现实之人的生存和生活要比命题丰富得多。人们的生存和生活是一个随着时间推移而不断变化的动态过程，其中的生活逻辑要比这个僵死的命题丰富得多。由此可见，如果说此类"关系研究"实现了"微观与宏观的结合"，那也只是在"理论上"而不是"实践上"的结合，由于这种结合有抽象性，毋宁说恰恰未能真正实现"微观与宏观的结合"。总之，命题本身有局限性，它遮蔽众多未言说的内容，即以被否定或被遮蔽的内容为前提，不足以描述关系的关系性、涌现性和超越性。

"吾生也有涯，而知也无涯。以有涯随无涯，殆已！"或许有学者会因此认为，既然人的生命、精力有限，一项研究中提出的命题既然不可能完全"真"，那就不要费心费神讨论命题背后的形而上学问题了。分析哲学一派的哲学家大致持此观点，他们拒斥形而上学。换言之，既然任何人都不可能把握整体和"真理"，就不需要追问真理性问题、宇宙秩序、天人关系等，只需要关注"局部"研究即可。这种观点很常见，从"功利主义""实用主义"指导下的流俗社会科学中来看，这种观点也不无道理，但是有几个问题还是值得讨论和辩护的。第一，求"真"和"整体"本身不是"结果"，而只是一个过程。求不求"真"是一回事，求"真"是一种态度，如何求真是另外一回事。第二，人类有永恒的求"知"求"真"的愿望，即便绝大多数社会人已经不在意"真知"或"德性"，只守护着自己的"专业"或"领地"，也根本不影响作为"公器"的学术进行深刻地"思"和求真。第三，不深入讨论"真知""真理"之类的哲学问题，社会科学见解注定不会深刻。第四，"真""是"等哲学问题已经讨论了几千年，它不是可有可无的问题，而是重要的存在问题，它关乎个人的生命、社会建设、国家治理机制等重要课题。深刻地把握命题的"真"以及"真"的伦理道德含义，可以帮助具体研究者认清自己所做研究的学术"位

置"。第五，最重要的是，每个人都是一个整体或世界，都是一个完满的有生气的人，而不是具有某些孤立属性、性格特征的抽象物。从一个人的生命历程角度甚至从"人类历史"角度讲，单独一个人必然是整体的一个人，个人能分析"片面"思维方式中的问题，对于作为"整体"的此人及作为类的人的知识、智慧或德性都有重要的"好处"。例如，如果认识到自己是一个活生生的、有血有肉的、有情感的人，真正认识到自己是"自由"的人，真正意识到自己的生活充盈着"意义"，就不会轻易地因生活中的小烦恼或大打击而自杀。

上述讨论都提及"命题"，且命题思维对于社会科学来说是非常正当的。然而，命题思维本身存在问题，并且命题不同于判断。在社会科学中，学者会提出很多命题，却很少提出判断。实际上，学者通常没有弄清楚命题与判断的差异，在某种意义上讲，判断更加重要。

二 命题有别于判断

关于命题和判断各自的含义是什么，学术界有一些争议，没有达成共识。在形式逻辑学和语言哲学中，所谓命题（proposition）指的是一种陈述性语句，它是逻辑分析的基本单位，也是反映事物情况的思维形态，因而有真假之分，真假标准则取决于命题是否符合其反映的对象。例如，"黑格尔生于1770年"是一个真命题，而"1+1=3"是一个假命题。但是，如果1个男人和1个女人结婚后组建了1个家庭，就可以说"1男人+1女人=1个家庭"，简写为1+1=1；如果他们生育1个孩子变成3口之家，那么也可以说"1男人+1女人+1孩子=1个家庭=3口人"；因此，也可以说"1+1=1""1+1=3"是正确的。这种将数字赋予意义或内容的命题很重要，但它不再是形式逻辑命题，也很少被关注。

不同学者就命题、陈述和语句之间的关系也有不同的见解。

很多理论家认为命题就是陈述（statement），而二者又有别于语句；有些哲学家则将命题看成是抽象的实体，转而用语句进行逻辑分析。不管怎样，所有的命题都是陈述或用陈述来表达的，正如前文所展示的那样。通常认为，尽管有关斥责、命令或其他形式的语句也有命题性内容，然而只有陈述性语句才表述命题。形式逻辑学家、语言哲学家等常探讨命题的形式、意义和使用之间是如何相关的，语言的和心理的状态如何有命题内容等。

然而，这样理解的命题并不是判断（judgment）。在逻辑学、语言哲学中，有学者认为，"判断和命题经常可以互换使用，尽管判断拥有一种心理学或形而上学的意味，而命题则有符号和质料的意味。所谓做出判断，就是拥有一种心智状态，而它就是一种命题态度"（Bunnin and Yu, 2004：365）。实际上，严格地讲，命题和判断不能相互代替，二者不可混淆。所谓判断（judgment），指的是用来断定或否定某物的一个语句。当然，不同的语句可能表达相同的判断，相同的语句也可能表达不同的判断，并非所有的语句都是判断。一个判断可以像命题一样，通常用来做出真或假的陈述，而判断则用命题语言来表达。至少目前在国内的逻辑学领域，大多数形式逻辑教材将判断与命题混在一起而不加区分。实际上，判断不同于命题。命题作为一种认知，作为对对象的反映，存在着是否符合对象的问题，因而有真假之说，也才需要对命题有所断定。命题与对象的关系是直接的，即命题直接描述对象，但不把自己的主观性强加于对象。换言之，命题旨在陈述对象。判断则是间接的，它以命题为中介来反映事物的情况，旨在对反映对象的命题的真假做出断定。所以，无论是肯定性判断还是否定性判断，都不是对对象的断定，而是对命题是否符合对象的断定。换言之，判断是对命题的真假进行判定的一种思维形态，命题是判断活动的基础。"命题是判断的主要内容，没有命题就没有判断，判断不是凭空产生的，作为思维形态它是以命题作为其断定的对象的。"（刘红，1995：60）因此，有学者建议把判断改称为命题，以避免逻辑矛盾。如果说在形式逻辑意义上可以将判断改称为命题，那么在辩证逻辑意义上则应该反过来，即将命题改称为判断。实际上，在社会科学大多数研究中，学者所提出的命题、研究假设等实际上也主要是判断而非命题。社会学者之所以仍然在研究中声称提出了要研究的命题和研究假设，实际上是误将判断视为命题，但是学者并不自知。后文将对此给出论述。

如何理解心灵形成判断的能力？这也有争议。弗雷格、罗素、维特根斯坦等分析哲学家都有所论辩，康德、黑格尔、胡塞尔、海德格尔等德国哲学家更有自己的判断学说。例如，对于弗雷格来说，所谓判断就是承认一种思想为真，而思想是公共的、客观的东西，不同于思维，因为思维是主观的东西。有学者认为，传统哲学（如康德哲学）区分了分析命题（a = a）和综合命题（a = b），并认为后者比前者提供了更多知识。[①] 例如，"张三是班长"就比"张三是张三"提供了更多知识。但是，传统哲学没有告诉我们为什么如此。弗雷格则认为，这是因为符号的意谓不同于意义。例如，对于一个班集体的同学来说，他们都知道当前的"班长"就是张三，"班长"和"张三"这两个符号表达或意谓着同一个对象，即张三这个人，但是二者的意义显然不同。关于符号、符号的意义、符号的意谓之间的关系，弗雷格有一个经典表达："相应于符号，有确定的意义；相应于这种意义，又有某一意谓；而相对于一个意谓（一个对象），不仅有一个符号。相同的意义在不同的语言中，甚至在同一种语言中有不同的表达。"（转引自张汝伦，2016：170）例如，"生活最幸福的人"这一表达有意义，但是未必有意谓，因为"最"未必存在，或者说"最"的成立需要各种条件。另外需要注意的是，符号的意谓、意义也有别于与

---

① 不过，康德（2014：8~11）区分的是分析判断和综合判断，而不是分析命题和综合命题。这里也显示出学者经常不对命题和判断加以区分，后文将分析二者的差异。当然，奎因后来颠覆了传统哲学对分析命题与综合命题的区分（参见张汝伦，2016：256~258）。

符号相关联的表象。表象是主观的，因人而异，而意谓和意义都是客观的。弗雷格认为，语言哲学最重要的分析单位是句子，因为只有句子才能表达思想。与符号一样，句子也有意谓和意义，句子的意义就是它的思想，句子的意谓则是它的真值，即句子的真假。可见，概念不可以代替对象，而"决定句子真假的，不是对象，而是概念之间的包含关系"（张汝伦，2016：174）。按照弗雷格的观点，社会学中的很多命题作为句子，尽管有其对象（比如调查的个人、组织等）或意谓，但是其意义却不在于具体对象，而在于其中表达的思想。另外，社会学者通常误将概念看成是对象，但是学者往往并不自知。然而，即便不承认一个句子为真，即便不去判断它，人们通常也可以把握住其思想。这意味着仅基于形式来断定语句的真假是不够的，同时也表明判断是有局限的。

以上所论述的主要是基于形式逻辑、语言哲学的判断，它们主要来自英美哲学家。除此之外，以德国哲学家为代表的大陆哲学家（如黑格尔、海德格尔、胡塞尔等）有很多关于判断的洞见。海德格尔认为，形式逻辑脱离了日常生活，需要回溯其原初的形而上学基础来建立逻辑与生活的关联。海德格尔从莱布尼茨那里寻找逻辑学的形而上学基础，而当代数理逻辑学及语言分析哲学却遗忘了这个基础，从而导致无节制的理性主义，社会生活的一切都受逻辑理性的控制，公共生活与私人生活都陷入理性的牢笼（张东锋，2013）。[①]

[①] 马丁·布伯也指出，机构的"它"是行尸走肉，情感的"我"则是不知所去的灵魂小鸟。这两种东西都不懂人；前者是模范，后者不过是对象，都不懂什么是人和共同生活。机构并没有带来公共生活，情感也没有带来个人生活，只有少数人明白这一点。政府把生命各有差别的公民们拴到一起，却没有创造出那种"在一起"，甚至都没有鼓励"在一起"。要想形成真正的共同体，不能仅依靠人们彼此的情感，还需要依靠两种东西。第一种东西是，所有人都与一个鲜活的圆心保持鲜活地面对面的联系，第二种东西来自第一种东西，但第一种东西仅仅是后者的必要条件，即鲜活地面对面的联系包含了情感，却不是来自情感。不过，现代类型的劳动、工作、财产已经将面对面富有意义的联系的痕迹抹得一干二净（布伯，2017：46）。布伯的观点总体上是成立的，当然不排除少数人在现代生活中寻找到自己的意义。

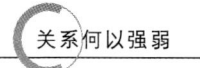

海德格尔在批判心理主义、逻辑主义与现象主义判断学说的基础上，建立了存在论的判断学说。第一，从逻辑主义判断学说中走出来，并解构意义有效性学说。第二，从存在论上澄清判断的本质特征和三种含义：揭示世内存在者，从而使存在者成为一个存在者；对存在者进行述谓规定；让人共同看这个述谓规定的存在者。第三，判断在于真理中，而非反之。第四，判断中的"是"不仅是语法上的"系词"，更有深刻的生活实践根源。第五，通过解释莱布尼茨与康德的判断学说，揭示了传统理性主义隐含着存在论基础，动摇了理性的统治地位。命题逻辑学遗忘了存在，曲解判断的本质，最终导致了知性居于主宰地位，理性成为牢笼。海德格尔的判断学说告诫人们，逻辑与理性脱离了人的存在，不应主宰人类生活，人类生活不应该陷入理性牢笼（张东锋，2017）。

海德格尔的判断学说基于"存在"，即"存在的意义"，这种学说没有完全脱离主体的"心灵"对事物进行判断，它固然远远超越了形式逻辑意义上的判断，但是仍然有一定的主体主义残余，表现为对事情本身的断定、用主体代替对象本身、没有涉及事情本身的逻辑问题。鉴于本书的性质，这里不便继续讨论语言学家、形式逻辑学家如何思考判断，而是借鉴黑格尔的思想，探讨基于事情本身的判断如何有别于主体基于主体本身、基于主体的意识或者基于主客关系而给出的判断或命题。

黑格尔基于辩证逻辑或概念逻辑区分了命题与判断。要想理解他所说的判断和命题的含义，首先必须理解他所说的"概念"是什么意思。

在形式逻辑或知性逻辑中，概念常常被看成是抽象的思维形式。然而黑格尔认为，这种看法固执于内容与形式的对立，将概念仅仅看成是没有内容的主观思维的一种形式，实际上，概念才是一切生命的原则，同时也是完全具体的东西。"概念是'存在'与'本质'的统一，而且包含这两个范围中全部丰富的内容在自身之内。"（黑格尔，2009：303）如此理解的概念就克服了形式与内容的对立，它不同于通常理解的概念，"通常一般人所了解的概念只是一些理智规定或只是一些一般的表象，因此，总的来说，只是思维的一些有限的规定"（黑格尔，2009：305）。人们可以从财产的概念中推出有关财产的条文等内容，或者可以从具体条文追溯到财产这个概念；人们可以从"孝子"概念推出一个人具体如何对待其父母，或者依据一个人在言行上如何对待其父母而判断此人是否是孝子，此类例子都表明概念是有内容的，而不仅是本身没有内容的形式。如果概念的逻辑形式实际上是僵死的、无作用的和无差别的表象和思想的容器，那么关于这些形式的知识就会是与真理无涉的、无聊的古董（黑格尔，2009：305）。

概念还是自身发展的，这类似于种子发芽成长壮大的过程。概念中的内容并不是一开始就成型地存在于形式之中，而是伴随概念的发展与不断完善的形式有机地结合在一起，但是概念的发展所建立的对方并不是外在的对立面，实质上是自身，即概念会保持自身，正如一棵苹果树无论怎样生长，都不会变成桃树一样。

概念本身的发展包含相互内在关联的三个环节，即普遍性、特殊性、个体性，"概念的每一环节本身即是整个概念"（黑格尔，2009：306）。从概念上讲，普遍性、特殊性与个体性作为概念的环节是不可分割的（黑格尔，2009：308），如果无思想地、割裂地看待这三者，那么个人、组织、社会乃至国家的发展会遭遇困境。普遍性并不是事物之间单纯的共性或共同点，其最广意义就是思想，而思想常常是常人、理性化组织或现代国家等所缺乏的。概念的普遍性同时包含着特殊的和个体的东西在内。特殊性或特殊的东西就是相异的规定性或东西，而个体事物就是主体或基础，它包含种和类于其自身，并且自身就是实在性的存在（黑格尔，2009：309）。就多个人来讲，他们因共同拥有"人"这个概念的本质或"共性"而联结在一起，然而现实之人的凝聚则需要更强劲的内在力量。例如，奴隶所缺乏的，就是社会对他的人格的承认，而人格的原则就是普遍性（黑格尔，2009：308）。

卢梭也在《社会契约论》中提出过公意、众意、私意三分法。他认为主权者的意志即公意，公意这个概念不是各个私意的简单总和即众意，无需是全体人民的意志，也不是每个人自身的私意。然而，现实中常常存在这样的现象，即用众意这个抽象的普遍性代替公意，从而剥夺个体性与特殊性。以公意之名的国家机器可以肆意扩大自己的职权范围，对每个社会成员进行干预。"一旦泯灭了个体性，抽象了有血有肉的社会，每个社会成员就得为它付出自己的全部自由作为代价。民间社会没有了独立的空间，一切生命活动也就被窒息了。"（王元化，2019：66）不过，王元化先生认为，黑格尔用具体普遍性消融了个体性和特殊性，但保持了具体普遍性的独立价值（王元化，2019：67）。这种见解可能误解了黑格尔，因为在黑格尔看来，这三者都是整体性地看待世界的方式，并且在概念上不可分割。另外，王元化引用了张奚若先生的观点，即"公意是以公利公益为怀，乃人人同共之意。如甲之意 = a + b + c，乙之意 = a + d + e，丙之意 = a + x + y。所以公意 = a。而众意则是以私利私益为怀，为彼此不同之意。因此，众意 = a + b + c + d + e + x + y。所以，公意是私意之差，而众意是私意之和"。王元化先生赞同这个观点，即公意完全排除了私意，仅以剩下的纯粹为公利公益的共同意志为内容，这是接近卢梭的原旨的。（王元化，2019：74~75）在笔者看来，用公式来解释公意固然可以一目了然，但也有其不足。首先，公意作为一个概念，是不能用任何公式来表象的。其次，公意与众意、私意固然不同，但是从概念上不能脱离它们。最后，上述公式预设了现实人甲、乙、丙等，作为现实人都拥有 a 这个"公意"，而这对于常人来讲通常并不成立。实际上，这个公意 a 并不是公意，而仍然只是众意或属于众意。无论公意、众意还是私意，它们都是概念，并不体现在任何现实人身上，不能实在化，公意更不能实在化。

黑格尔哲学所说的"概念"不是常人所说的概念及其描述的具体事物，常人所了解的具体事物"乃是一堆外在地拼凑在一起的杂多性，更是与概念的具体性不相同，——至于一般人所说的概念，诚然是特定的概念，例如人、房子、动物等等，只是单纯的规定和抽象的观念。这是一些抽象的东西，它们从概念中只采取普遍性成分，而将特殊性、个体性丢掉，因而并不是从特殊性、个体性发展而来，而是从概念里抽象出来的"（黑格尔，2009：309）。黑格尔认为："概念作为无限的形式是完全能动的，仿佛是出现一切生命活动的跳跃点，因而能够自己分化其自身。这种由概念的固有活动设定的、把概念分化为它的各个不同环节的过程就是判断。……概念是寓于事物本身的东西，事物之所以为事物，全靠这种东西，因此，把握一个对象也就是意识到这个对象的概念；当我们去评判对象时，并不是我们的主观活动把这个或那个谓词附加给对象，而是我们在对象的概念所发挥出来的规定性中考察对象。"（黑格尔，2002：304）严格地讲，命题不同于判断。与判断相比，"命题包含着关于主词的规定，这规定与主词并没有普遍性的联系，而是关于某种状态、单个行为和诸如此类的东西的规定"（黑格尔，2002：305）。

　　普遍性、特殊性、个体性作为概念本身的不可分割的环节，都有成为全体且成为其中介作用的根据的必然性。换言之，概念的每个环节都取决于另外两个环节，并通过它们成就自身，从而完成三者合一。一方面，普遍性通常是开端，它得到规定后即是特殊性，最终二者结合发展成个体性。这类似于说，我们的认识都是从感性开始的，而感性通常是抽象的，但随着阅历的增加而具有具体内涵。例如，青年夫妇之性爱不同于老年夫妇之情爱或伙伴之爱。我们面对的对象首先只能是个别事物，它蕴含着特殊性，因为个别就是包含着特殊在内的普遍者，它作为载体承载着特殊。换言之，概念的普遍性之所以是普遍性，是因为它抽掉了特殊性，将特殊性排除在外，正如说"人"时已经去掉了人的众多特殊性。但是，普遍性如果将特殊性排除在外，那么特殊性就会对普遍性进行制约，未将特殊性纳入其中，普遍性就成了特殊

性;普遍性如果将特殊性纳入其中,就成了具体的普遍性,即个别性,概念的三个环节由此即建立起来。这也正如纯粹的"有"是没有任何内容的,既然没有任何内容,也就变成了纯粹的"无"。也就是说,纯有就是纯无。反过来讲,如果执意认为存在着纯粹的普遍,那么它就是抽象的普遍,恰恰变成了抽象的特殊。上述解读是纯粹逻辑的解读,完全不能用任何经验的例子来说明,这同时也说明用任何例子来展示纯粹概念的普遍性、特殊性和个体性都不完全恰当。

要想理解黑格尔的判断学说,须将其置于思辨逻辑的整体构想之下,因为他基于作为绝对的概念而不是常识和形式逻辑意义上的概念来探讨判断,这可谓把握了判断的原始真义。正是基于对概念的辨析,黑格尔提出了他的判断学说。他认为,对概念加以内在的区别和规定,就是判断。所谓下判断,就是规定概念(黑格尔,2009:310)。所谓内在的区别,就是事情本身内在的逻辑和内在的区别,并不简单是由研究者给概念或事情本身下定义而给出区别,因为这很可能是研究者自身的、主观的外在区别。这样看来,在判断里,概念的各个环节被设定为是相互独立的环节,并且每个环节只与其自身同一,而并不与其他的环节同一。黑格尔所提倡的是概念意义上的判断,而不是形式逻辑及常识意义上的知性判断,也不是命题。概念意义上的判断是对作为原始统一性的概念进行分割,这也是德文里判断(Urteil)一词的本真含义。[1]

---

[1] 在不到670字的短文《判断与存在》中,荷尔德林也指出,"判断在最高最严格的意义上是至深地统一于理智直观的主客体的原始划分,经过这一划分客体和主体才变得可能,这样的划分就是判断(Ur-Teilung)"(荷尔德林,1999:196)。"判断"就是一种划分,即对理智直观到的物进行划分,这意味着判断的对象是还未被划分的原始自在物。荷尔德林据此批判了基础哲学的预设。他指出,"在分(Teilung)的概念中已经有客体与主体互相关涉的概(转下页注)

常识意义的判断则被看成是主观意义上的意识活动，即它出现在自我意识的思维之内，将一个谓词外在地附加在主词之上。然而基于概念的判断正好相反，因为在辩证逻辑中，判断被视为是极其普遍的，"一切事物都是一个判断"，即一切事物都是个体的，同时又内在地具有普遍性，因此这是一种个体化的普遍性，其中普遍性和个体性既区别开来，又是同一的。（黑格尔，2009：313）这样的判断有事物本身自在自为的断定，这样的判断学说有以下几个要点。

第一，判断与命题不同。黑格尔认为，命题中主词和谓词之间无普遍联系。命题固然对主词有所规定，但这个规定与主词没有普遍的关联，而只不过是表述主词的一个特殊状态、一种个别行动等。比如，前文所说的"黑格尔生于1770年""黑格尔当过中学校长""那个博士生是一个面试者"等只能算是命题，而不是判断，因为1770年、中学校长与黑格尔都没有普遍联系，"面试者"

（接上页注①）念和一个整体的必要前提条件，即客体和主体皆为部分（Teile）"（荷尔德林，1999：196）。这暗示了判断（Ur-Teilung）、分（Teilung）和部分（Teile）之间的关系，即所预设的原初整体是分（Teilung）的前提，主体和客体之分即是此原初整体进行判断所分离的结果。费希特曾经认为，A 与 A 的同一性是以自我同一性为前提的，只有我是我，才能判断 A = A，自我本身是绝对之物。荷尔德林则认为，"我是我"仅是一种理论上的判断，而不是实践上的判断，因为"在实践判断中相对峙的是非我，而不是自身"（荷尔德林，1999：196）。他指出，只有直观到的意识对象才具备现实性，对该对象的知性思考只有可能性，而不具备现实性，因而并不通向真理。理性的目标是达到必然，这里不能有不确定性，因而"可能性概念对于知性的对象有效，现实性概念适用于感性和直观的对象"。知性只能认知可能的知识，不能认知物自体，只有理性直观才能得到必然性的绝对知识。荷尔德林认为有一种主客体不分的"绝对存在"，他的与费希特的同一性理论不一致。这是因为在"我是我"这一判断中，主我和客我分离了，而既然判断即是分，说明二者皆为部分，那么费希特的"自我是绝对之物"就不再成立。当我说"我是我"时，前一个"我"是我自身，还是"我自身"的自我意识？这里就存在二者的分裂，同时意味着同一性对本质的分裂，"同一性不是客体和主体最终发生的统一，同一性不等于绝对存在"。换言之，荷尔德林的"绝对存在"在理论上有其优势，它是存在之源或绝对的澄明。（参见佘诗琴，2015；2013）

与那个博士生也没有必然关联。而"那个博士生在参加求职面试"即便算作一个判断,也只是一个主观判断,如果我们追问那个博士生和求职单位的各种细节,比如怀疑那个博士生是否有真才实学,怀疑其求职的单位是否尊重人才,是否将博士视为创造学术GDP的工具,就更会认为此判断无非只是一个命题。"张三是博士生,正在找工作""李四拥有较强的社会资本"等都是命题,而不是判断。可见,社会科学中的很多论断、研究假设等都不是判断,而只是主词与谓词无普遍联系的命题。"总之,只有当我们的目的是在对一个尚没有适当规定的表象加以规定时,才可说是在下判断。"(黑格尔,2009:314)在黑格尔看来,"对概念加以内在的区别和规定,就是判断。因为下判断,就是规定概念"(黑格尔,2009:310),"判断是概念在它的特殊性中"(黑格尔,2009:311)。不过,"弱关系促进社会凝聚"这个判断还算不上是"概念在它的特殊性中",因为这里的主词"弱关系"本身并不会发展出"社会凝聚"。毋宁说此类判断本身是一种相当特殊的判断,并不是基于概念的判断,其具有的所谓普遍性也只是一类非常特定的普遍性,而不是真正的普遍性。

第二,判断是有限的,事物与其普遍性可以分离。由于判断要对事物有所断定,而任何断定都必须有所限定,其中主词要通过谓词的规定才有明确的内容,孤立的主词本身只是空洞的名词,因此,判断所要表达的观点只是有限定的观点。任何事物都是有限的,也都是一个判断,它们的特定存在和其普遍性虽然联合在一起,但又可以分离。这样的判断也是抽象的判断,它没有意识到说出的命题无非是"个体是普遍",正如"这束玫瑰是红色的"。"红色"是一种普遍的性质,它将个体的玫瑰普遍化了。然而"玫瑰"概念也有普遍性或是共相,例如它是一类花,如果特意指出其"红色",就使得其红色性质特殊化了。如此看来,"玫瑰是红色的"可以更精确地表述为"它是一种叫作'玫瑰'的花,并拥有一个'红'颜色"。需要注意的是,玫瑰还可能是黄色或白色的。如果普遍能够扮演个体的角色，或者反之，那么普遍和个体每一个都既是自身也是他者，在此意义上就会产生矛盾（contradiction）。所谓矛盾，并不是什么有害或毁灭性的东西，而只是扬弃对立的两方面，从而提升到更高的确定性层次。又如"张三是一个求职者"，张三只是一个人，求职者作为一个经验概念则指所有的求职者这一类人，因而有一类特定的普遍性。但是，形式逻辑看不到作为个体的张三与作为类的面试者之间只有外在的联系，这里的"是"只将二者外在地联系在一起，毋宁说二者之间不再是"是"，而是"有"的关系，即张三"有"求职的愿望。然而，"是"或"存在"不简单只是一个系动词，而更是事情本身"是起来""存在起来"的过程。亚里士多德、康德等所主张的判断的结构就用"是"将主词与谓词外在地联结起来。然而，如果张三认识到自身既是一个整体的人，自己可以自我成长、自我发展和自我否定，又是一个需要在家庭、职场、社会中成就自身价值的家庭人、职场人、社会人，那么从张三本人的角度讲，"张三是一个求职者"就不再简单是一个抽象的判断，而变成一个具体的或概念性的判断，因为这里的"是"表示张三作为一个活生生的人，不断地突破自身和人世间种种限制而"活下去"即"存在"下去，在职场中实现自身价值和意义的过程。换言之，在这种理解下，作为有普遍人性、有特殊性和个体性的张三是在按照他自身为自己设立的标准而求职并参加面试，仅仅说"张三是一个求职者"实在太短视了。当然，只有在张三自身对自身有了极为深刻的痛苦反思后，才可能领悟到这样的存在论意义或生命意义，这不是任何认知者、研究者针对张三给出的外在解说。在此意义上，这里的"是"就将张三和求职者内在地联系起来，它不简单是"有求职愿望"的关系，而更是"是起来"即"存在起来"的关系，它是"我是我曾是，我是我将是，我曾是我将是，我将是我今是"[①]

[①] 感谢王丁博士提供精妙译文。这是国际谢林学会主编的《谢林文献（转下页注）

整全过程的一个环节。这意味着,我们甚至不能说判断中的"是"将主词和谓词联结在一起,因为一旦说联结,似乎其所联结的两端可以独立存在一样,而判断所关联的两端是内在关联的。"这种由于概念的自身活动而引起的分化作用,把自己区别为它的环节,这就是判断。"(黑格尔,2009:312)这样的判断不是由人根据什么标准而在脑子里想出来的,而是事物自身的展开。换言之,黑格尔所说的判断的结构是主词向谓词的概念发展,"是"刻画的正是概念"是起来"的生存论特征,这阐明了一种自规定的生成机制(丁三东,2016)。这种机制无论对于当代个人在异化世界中"自强不息",还是对于当代社会的治理者在理性化世界中坚守社会自治都有重要的思想启发意义。

第三,主词和谓词的含义在判断的发展中相互转换。例如,"张三是一个求职者"只是一个抽象的判断,因为作为主词的张三是一个具体的人,作为谓词的求职者则是一类抽象普遍物。既然二者被"是"联结在一起,那么"求职者"这个普遍谓词也就包含有张三这个主词的规定性,不过这种规定性是对张三在特定时间和空间中的规定性,并不是对本质的必然的规定性,并且由于这种规定本身又是特定的特殊的规定,因而也同时有了特殊性:张三与求职者在特定时空上的同一性。鉴于主词只是一个个体,而谓词却是普遍物、类或共性,那么在判断发展中,主词便变成了类,而不单纯是直接个体,从而获得了特殊性和普遍性意义,谓词也不单纯是抽象共性,也获得特殊性和个体性的意义。可见,

---

(接上页注①)集》德文版每一卷卷首语,具体出自谢林遗稿86号第20页,并未见诸传世的《谢林全集》。不过,在逻辑上要先经历中介或"不是"的过程,才能达到"我是我曾是"等境界。换言之,事物一般需要经历血雨腥风的中介环节,才可能"如其所是"地存在,这个中介环节是事物的发展所不能避免的,而黑格尔对事情本身逻辑中介过程的阐释则最为精妙(感谢庄振华教授提供洞见)。另外,这里所说的各种"是"的结果都是理想(ideal),现实之人通常达不到它们,但这不意味着这种理想不重要,它恰恰很重要。当然,按照佛家的双非思想,我们甚至永远都"非是",即"非A,非非A"。

判断虽然有主词与谓词之别，然而它们的意义却在判断发展过程中出现了变化。因此，当黑格尔说"S 是 p"时，即意味着 S 既是也不是 p，而这恰好不符合形式逻辑，形式逻辑学家以及坚守形式逻辑思维的社会科学家会对此嗤之以鼻。

第四，主词和谓词相互扩大对方的意义。由于主词通常是具体物，而谓词的某种特殊内容仅表示主词的许多规定性之一，于是主词便较谓词更为丰富，更为广大。比如，张三不单单是一个求职者，还是一位有两个孩子的博士，其父亲是一位尿毒症患者，每周需要做三次透析。因此，张三本身有丰富、无奈、艰辛、困苦的生活，这些内涵远比他是一个求职者丰富得多，"求职者"仅仅是他作为一个人的一个方面，当然这个方面内蕴在主词里，因为一个人如果不工作，几乎难以生存和存在下去，更不用谈生活。就此而言，"求职"是一个人的存在的问题，而不是认识论问题。反之，谓词作为类、共性物是独立自存的，且与主词是否存在不相干。这意味着，谓词本身又超出了主词，使主词从属于它，就此而言，谓词又比主词更广。就上例来讲，求职者作为一个概念，独立于张三并与之不同，也不相关。求职者非常多，张三无非只是其中之一罢了。"求职者"作为一个概念，超出了张三这个具体的人，并且将张三划归"求职者"这一类，使得张三这个具体人扩大到了类，张三的个性在类中消失。因此，"求职者"涵括的内容又比张三多。主词和谓词相互扩大对方的意义，张三是求职者集体中的一员，二者通过"是"联结在一起，这意味着"是"实际上是将主词和谓词各自的特定内容关联起来，如此才构成两者的同一。

第五，由外在同一进展到内在同一。从前文可见，在判断中，主词与谓词之间最初是相互外在的同一。然而，如果按照事情本身或从理想的概念上讲，它们应当是内在同一的。这是因为，从理念或概念上讲，主词是一个拥有实体性、确定性的具体个体物，同时也是一个全体或整体。因此，主词本身的个体性是将特殊性

与普遍性纳入自身中,是后两者的同一。同样,谓词本身也有这样的统一性和同一性。主词与谓词的同一性最初是通过抽象的"是"来联结的,在这种同一性中,主词和谓词通过"是"相互设定对方的特性,而这种"是"的判断要想进展到推论,则需要对抽象的感性普遍性进行类的规定,从而进展到概念式的普遍性,也即达到内在的同一。

第六,判断有不同等级。上述阐述表明判断有类别和等级之分,而不处于同一水平,至于用来判断各种判断的等级的标准,则取决于主词与谓词是否具有概念上的内在联系或取决于谓词的逻辑意义。"此人是自私的""那个人是工作狂",此类判断中主词和谓词没有多少内在的关联,其判断力也不强,因为下判断的人未必真正了解"自私""工作狂"的意义。这类判断的内容只关乎一种抽象的质,但常人也能够理解。如果一个判断涉及某种行为是否善或者某件艺术品是否美等,则此类判断的等级层次更高,因为这里涉及善、美等概念。反之,要说出一件艺术品是否美、一个行为是否善,就须把所说的对象和它们应该是什么样的情况相比较,换言之,即须和它们的概念相比较。当然,这里的讨论预设了普遍的理想情况,但人很可能不了解善本身、美本身是什么却做出此类判断,这只是经验案例,并不符合这里的预设。

判断有四个等级。第一级是质的判断,即关于特定存在的判断,例如"这个博士生是女性"。在这样的判断中,谓词对主词的质进行了断定,将主词归结为一类人,即"女性"。但是,这样的断定即便正确,也并不是真理,这首先是因为这个博士的很多特点、优点和缺点都没有被说出来,即单个判断不可能将作为一个整体人的这个博士的全部说出来。其次是因为此人之所以为此人,从概念上讲有其作为人的某种理念或形式在支撑着她,这不是针对作为特定之人的这个博士来说的,而是针对"博士"这个概念来说的。也就是说,从此人与"博士"概念是否符合的角度讲,她才拥有一定的真理性。最后更是因为"女性"是类,全世界的女性有几十亿人,其中之一才是这个女性。所以,"在直接判断中,主词和谓词似乎彼此间只在一点上接触,它们彼此并不相吻合"(黑格尔,2009:318)。因此,"这个博士生是女性"这个判断只能说是对的,但不是真的,因为其形式与内容不符合,"女性"可以不隶属于此人。可见,质的判断只是对主词有所断定而已。

第二级是映现判断或量的判断,它不再简单规定主词的质,而是主词通过谓词建立与其他事物的关联。例如,"这个人值得信任"表明此人值得他人相信,由此建立与他人的信任关系。不过,在这种判断中,谓词虽然超出了主词直接的个体性,但是仍然没有揭示主词的概念,仍然没有关注作为整体的主词或主体(subject)本身如何是其所是。映现判断都是量的反映,它都是经验性的东西,这种判断在社会科学中极多,但是它仍然只在两个事项之间建立外在的关联,并不关心主词本身的概念,甚至不知道主词(主体)的质何在。

实际上,普遍性才是个别事物的根据,即任何个人之间都有共性,都属于"人"这一类。但是要注意,普遍性并不简单是事物之间的共同点,正如不能因为每个人都有鼻子就认为鼻子是人的普遍性,不能因为每个人都吃饭就认为吃饭是人的普遍性,因此吃饭以及吃饭哲学并不具有真正普遍性,因为它只是单纯强调经济力量的重要性(李泽厚,2006:51)。人的普遍性是一种绝对、理念或精神,它贯穿于并规定着所有的个人。如果同时认识到主词和谓词各自的普遍性,并在二者之间建立内容的统一关联,由此即得到第三级判断,即必然的判断,它是关于类的判断。例如,属于全体的东西就属于类,每个人都有人性等。

第四级是概念的判断,它以概念、全体作为内容,即以普遍事物及其全部规定性作为内容(黑格尔,2009:324)。这里建立了主词与谓词的统一,即概念本身。概念判断中的主词最初是个体事物,以其普遍性与特殊性是否一致为谓词。然而,这里还不包含谓词的特殊性与普遍性的联系。"这个人是敬畏性与天道之人"就不是质

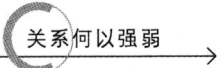

的判断、映现的判断,而是概念的判断,因为谓词不再简单是类,而更是主词或主体的灵魂所在,即不能与这个作为主体的人相分离。一旦分开,此人便不再是此人,而变成众人,从而拥有恶的平庸性。因此,主词被谓词所决定,悲天悯人、有人文关怀的人固然是一类人,但是不简单如此,因为这乃是此人的本性,他会认为"我就是我们,而我们就是我"(黑格尔,1979:122),即他与天道处于一道。

三 推理即概念实现

将主词和谓词统一起来,形成概念本身,即使得二者相互中介,从而使得概念和判断统一,这就得到推理。推理不是别的,而是概念(最初在形式上)的实现,因此是一切真理的实质性根据(黑格尔,2002:318)。在此意义上,又可以说"一切事物都是推理"。然而,现实事物既是概念各环节的统一,也是其分离,所谓"推理就是中介这些环节的循环过程,现实事物经过这个循环过程,把自身设定为统一"(黑格尔,2002:319)。但是特别需要注意的是,由判断进展到推论的步骤"并不单纯通过我们的主观活动而出现,而是由于那判断自身要确立其自身为推论,并且要在推论里返回到概念的统一"(黑格尔,2009:326)。换言之,推理也是判断,推理仍然主要是事情本身的事情,而并不简单是人们主观设想的思维活动,因为推理中已经有了判断的差别。显然,黑格尔的这种洞见几乎被当代社会科学家遗忘。

这样的推理体现在必然判断里,其中个体事物通过其特殊性而建立与普遍性即概念的联系,特殊性在个体性与普遍性之间起中介作用,是二者的中项。这就是推理的基本形式。这种推理会进一步发展,即个体性和普遍性也取得中介地位(黑格尔,2009:327)。

在直接推论里,概念的各规定作为抽象的东西彼此仅处于外在联系之中，两端与作为中项的概念之间毫不相干。这就是形式推理，也是主观的推理，它表达了事物的有限性，其主观性与特殊性、普遍性都可以分离。然而，在理性推论中，主词通过中介过程使自己与自己相结合，从而成为真正主体。

具体而言，推理有质的推理、映现推理和必然推理三类（黑格尔，2017b：307~323）。这些内容相当深刻和复杂。下面将对这几类推理进行分析，并尝试结合"弱关系的优势"命题展开说明。

第一，质的推理，其形式主要有三种。第一式推理为 E—B—A（个体性—特殊性—普遍性），即作为一个个体的主词通过一种特殊的质与一种普遍的规定性结合起来。例如，

> 张三是工作认真的人，
> 工作认真是一种品格，
> 所以，张三是有品格的人。

张三是一个个体，他有一个特殊的质即工作认真，而这实质上是对品格的一种普遍规定，张三在这种推理中获得了"有品格"这种普遍性。撇开这里的工作认真、品格等概念本身不论，此类推理形式最常见，人们甚至认为它才是科学推理，只有经过这种推理，命题才能得到可靠的证明。如果不从概念出发，那么对判断的证明本身完全可以与世界本身无关，即便证明了一个命题或判断，并未证明事情本身就是如此这般。只有从概念本身出发，才可能证明事情本身如其所是地存在。推理也一样。实际上，每个人都会承认，常人不学习解剖学照样能消化，不研究逻辑照样能做出推断。因此，黑格尔认为这种推理太学究气，对实践生活及科学研究都没有大用，也不能用来追求真理，因为其中各项都是偶然的，推理也是偶然的。

第一式推理的结论是将个别东西设定为普遍东西，使得个体

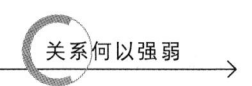

主词本身具有了普遍性，它因而可以成为个别性和特殊性的统一或中介者，由此便过渡到第二式推理：A—E—B（普遍性—个体性—特殊性）。例如，

> 张三是有品格的人，
> 张三是工作认真的人，
> 工作认真是一种品格。

它表达了第二式的真理，其意思是，发生于个别性里的中介过程是某种偶然东西，即个体性将普遍性和特殊性结合起来，这是偶然的。工作认真的人很多，张三是其中之一，抽象的"工作认真"通过张三这个个体得到品格的某种具体规定。但是，品格还可以有很多表现，工作认真只是其中之一，因此，这种结合有偶然性。

在第二式推理中，普遍性取得了直接主词的地位，通过推理而被设定为特殊性。这样，普遍的东西就通过这个推理而被设定为特殊的东西，因而成为两端的中介，由此进展到第三式推理：B—A—E（特殊性—普遍性—个体性）。例如，

> 工作认真是一种品格，
> 张三是有品格的人，
> 张三是工作认真的人。

可见，个别性、普遍性、特殊性中的每个环节都可以作为另外两个环节的中介。

第二，映现推理。通过质的推理，可以逐渐认识到不同推理形式之间可以相互映现或反映，然而这种反映是三种推论形式外在地相互反映，由此建立的推理就是映现推理，它又包括全称推理、归纳推理和类比推理。例如，

第六章　迈向概念性推理

　　所有成年人都要找工作，
　　张三是成年人，
　　张三要找工作。

　　当然，这个全称推理也舍弃了众多细节，并且结论已经包含在前提之中。然而，前提的成立也是有条件的。这意味着，这个推理仍然有局限。另外，大前提已经包含了结论，结论意义不大，并且大前提也可以是归纳出来的，而归纳推理并不保证结果为真。

　　第三，必然推理。必然推理是全称推理、归纳推理和类比推理的发展，包含它们的统一。在必然推理中，中项是一个和个体相统一的普遍，它是客观的普遍。必然推理包括直言推理、假言推理和选言推理。

　　参照上述解说，可以洞悉"弱关系帮助求职者找到工作"实际上是一个判断而非命题，因为它不是简单地陈述某个对象的某个方面，而是对求职者、关系人、二者的关系以及在信息传递、人情等特定方面有所断定。当然，这个判断还是一个缺乏内容的抽象判断，只是在弱关系和找工作之间建立一种外在的、抽象的关联，因而缺乏真理性。

　　如果再深究，那么该判断实际上还是一个推理，或者说是基于众多判断进行推理而得到的推论或推断，它包含了未被注意的众多判断环节。也就是说，该推理要想成立就必须在肯定很多环节的同时也否定众多环节。为了分析该推理如何可能成立，可以将它分解为多个判断：这是一个人（排除掉非人）；这个人处于工作年龄（排除掉幼儿、学生、退休者等）；这个人要找工作（排除掉不愿意找工作、无法工作的人等）；这个求职者认识各类关系人，他们之间关系的性质有别，例如亲子关系不同于朋友关系（排除掉讨厌这个求职者的人，或与此求职者有冤仇、有竞争关系的人，对此求职者漠不关心的关系人等）；这个求职者的某些关系人知道他在求职这件事情或者被告知他在求职（排除掉不知道他求职的人）；某些关系人知道与此求职者本人直接或间接相关的职业信息（排除掉此求职者不可能胜任的其他职业信息等）；职业信息是可以传递的（这些信息不涉密，不影响关系人本人的升迁，该职业也不构成对关系人的威胁等）；这个求职者在其众多关系人中选择一些可能提供帮助的关系人并向他求助（求职者计划向谁求助，谁又可能提供帮助，其内心必定有对话的过程，他会排除掉一些不能帮忙的人）；某些关系人愿意且有能力提供帮助（如果提供帮助会付出较高的成本，那么关系人就不会帮助，除非关系人与求职者是近亲等）；求职者在关系人的帮助下找到了工作（排除掉其他可能的就业）。因此，该推理要想成立，需要作为其内在构成单元的多个判断都成立，而这些判断要想都成立，却又需要相当多的条件和预设。可见，这个推理本身就充满了诸多偶然性，并不是必然推理。现有求职中的关系研究不考虑这些逻辑细节，预设人们无理由、无条件地提供帮助，这不符合社会现实。诸如此类的研究结论因而是抽象的，几乎没有什么现实意义。

与此案例相关，工作、事业也可能与家庭孩子数量有关。有学者研究了生育水平对父母主观幸福感的影响，结果显示，更多的孩子会使父亲对事业和未来都更有信心，使母亲更快乐、对生活更满意、对未来更有信心且对自身社交能力评价更高。生育二胎的个人比只能生育一胎的个人享受了更多的自由，这可能是他们拥有更强的主观幸福感的另一原因（穆峥、谢宇，2014）。按照上述分解性的辨析，这样的结论也几乎没意义，其中有几个判断或推论，下面仅分析第一个，即"更多的孩子会使父亲对事业和未来都更有信心"。可以将它分解为几个判断：这是一个成年男人（不考虑未成年的男人）；这个男人已经结婚（不考虑未婚、离婚等男人）；这个已婚男人有孩子（不考虑已婚但没有孩子的男人）；这个人明确地知道什么是未来；这个人自认为孩子数量关乎其对事业的信心（不考虑其事业本身的局面怎样，是否有失业风险，是否压力巨大，是否受到同事的刁难而对工作没有信心等等）。另

第六章 迈向概念性推理

外,这里的"未来"是什么意思?是自己的未来,家庭的未来,还是国家的未来?即便未来指"家庭"的未来,然而家庭是否稳定、和谐与幸福,更多取决于夫妻关系,尽管夫妻关系离不开父子关系。另外,未来还未到来,人们对未来有很明确的设想吗?对未来有明确预判吗?如果没有这些设想,也就谈不上对未来的信心。然而,由于每个人都是有限的,其设想必定是有局限的。例如,每个人都希望自己幸福,"但是人民自己并不能永远都看得出什么是幸福。公意永远是正确的,但是那指导着公意的判断却并不永远都是明智的"(卢梭,1997:69)。总之,一个推理要想成立,需要舍弃相当多的环节,得到几个相当抽象的环节,它们组合在一起,才可能得出这个判断或推论。上述说明中蕴含一个逻辑问题:孩子数量与父母对未来的信心之间在哪些方面有怎样可能的关联?这个问题本身是需要先辩论的。当然,需要马上补充说明的是,这种推理得到的结论并不完全反驳统计意义上的该结论,因为该结论作为统计结论根本不是就任何个人来说的,而是一种类比的结论,而上述说明都是针对具体个人的各个具体行动的环节来讲的。不过,如果不考虑具体行动环节,那么统计结论通常也就是抽象的结论,甚至并不成立。

可见,上述推理都是相当抽象的推理,它只是在各个抽象的环节之间建立外在的联系,因而这是一个普遍推理,当然更是特殊的判断。换言之,在这样的推理中包含众多环节,而每一个环节都抽掉了众多特殊环节,因而变成了普遍环节,不过这些普遍环节只是抽象的普遍,恰恰变成了特殊环节。因此,由这些特殊判断构成的推理恰恰没有普遍性,而变成了特殊的推断。由于主词是同一个人 A,这种联系只是 A 的多个属性之间的僵死的、外在的联系,并不是与另外一个主词的联系,因此,严格地说它还不算是映现判断,而仍然只是质的判断和推理。这样的结论恰恰不像其研究者所声称的那样是普遍结论,而就是相当特殊的结论。它并不具有普遍性,而恰恰相当特殊,然而研究者自己并不

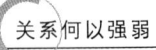

知道这一点。如果说科学追求普遍,那么这样的结论并不是科学的结论。

很多社会科学研究中的推理都是抽象的推理,即形式推理,也是常人所说的推理或三段论式推理。在黑格尔看来,"形式推理是用它与理性内容毫不相干这样一种不合理的方式去表述合理的事物的"(黑格尔,2017b:308)。常人将这种推理看成是理性思维的形式和证明判断的过程,并认为这样的推理与概念和判断一样,只是人们主观思维的形式。实际上这只是一种形式推理,它不知道这种推理中的理性及其规定性是什么,更想不到理性和推理有什么联系,甚至使推理与理性毫不相干。

实际上,用这样的经验案例来表达概念、判断和推理是不合适的,因为对于黑格尔来讲,判断、推理都是围绕概念而进行的,他所说的概念不是常识意义上的概念,而是事情本身或真相。他关注的是判断的辩证结构中的普遍性和个体性的角色关系,并不关心如"玫瑰是红色的"这样实际判断中的具体个体或属性(Rosen,2014:426)。因此他警告说,如果将主词和谓词都看成是普遍性或都看成是个体性,那么这就不是一个真正的判断,而这在传统三段论中却是可能的。"一切合理东西都表明自身是一个三重的推理,具体地说,推理的每个环节既占据端项的地位,也占据起中介作用的中项的地位。"(黑格尔,2017b:315)

很多哲学家的概念、判断以及推理学说对于社会科学研究都具有重要意义,黑格尔的逻辑学思想更不可忽视,尽管绝大多数社会学者几乎不知道其思想。黑格尔的逻辑学说极为精深和复杂,本书不可能讨论其整体内容,只撷取其中的一小部分内容来分析社会科学中概念、判断和推理的局限性,这些内容对于本书来讲已经足够。然而,即便就判断本身而言,黑格尔还有众多常识想象不到的更精深思想需要更多专门的阐述(Winfield,2006)。

总之,本章旨在表明,首先,在社会科学研究中,命题得以成立往往需要条件集合,而不是单个条件。条件集合至少包含 INUS 条件和 SUIN 条件。如果按照这两种条件重新分析很多统计类研究结论得以成立的条件，很可能发现大多数结论恰恰不再能立。其次，虽然国内外很多学者都在研究关系，但是几乎无人关注关系逻辑。然而，一旦引入关系逻辑来研究关系，会发现包括格兰诺维特的研究在内的大多数关系研究是缺乏逻辑的，至少缺乏关系逻辑，因为它们不辨析关键概念，不分析不同类关系概念之间的差异，而十分笼统地混用各种关系概念，实质上分析不到位，其研究成果不会给人以重要启发。最后，包括格氏的很多命题在内，社会科学的命题中的概念、判断、推理等基本上是抽象的，并不是针对事情本身的概念、判断和推理等。而一旦认识到作为概念的概念即事情本身的含义，认识到事情本身的概念、判断和推理，就可以破除"有问题解决问题"的知性思维，这无论对于具体个人、组织发展，还是社会治理都具有十分重要的意义。直接解答现实问题的研究（特别是某些政策性研究）通常解决不了问题，这种思维和研究方式本身大有问题。在社会治理中之所以频频出问题，就是因为这种短视思维（撇开权力斗争、制度安排等不论）。在一个社会中，如果人人短视、只顾眼前名利，"我死后哪怕它洪水滔天"成为人的集体无意识，那真是莫大的悲哀。对这些重要而艰深的概念性问题或思想内容的阐释更超越了对"弱关系的优势"的辨析，也大大超出了本书可以涵盖的范围，只能待将来继续诠释。

参考文献

阿多诺,2020a,《黑格尔三论》,谢永康译,上海:上海人民出版社。

阿多诺,2020b,《最低限度的道德:对受损生活的反思》,丛子钰译,上海:上海人民出版社。

埃尔斯特,乔恩,2015,《逻辑与社会:矛盾与可能世界》,贾国恒、张建军译,南京:南京大学出版社。

埃利亚斯,1998,《文明的进程——文明的社会起源和心理起源的研究》,王佩莉译,北京:生活·读书·新知三联书店。

鲍曼,齐格蒙,2002,《现代性与大屠杀》,杨渝东、史建华译,南京:译林出版社。

边燕杰、缪晓雷,2020,《如何解释"关系"作用的上升趋势?》,《社会学评论》第1期。

波塞尔,2002,《莱布尼茨的和谐(杂多之统一)概念》,燕宏远译,《世界哲学》第4期。

博加蒂、洛佩斯-基德韦尔,2018,《网络理论》,载约翰·斯科特、彼得·J.卡林顿主编《社会网络分析手册》(上卷),刘军、刘辉等译,重庆:重庆大学出版社。

布伯,马丁,2017,《我和你》,杨俊杰译,杭州:浙江人民出版社。

布劳,彼德,1988,《社会生活中的交换与权力》,孙非、张黎勤译,北京:华夏出版社。

陈波，2014，《语言和意义的社会建构论》，《中国社会科学》第10期。

陈嘉映，2020，《走出唯一真理观》，上海：上海文艺出版社。

陈奎德，1988，《怀特海哲学演化概论》，上海：上海人民出版社。

陈欣银、李伯黍、李正云，1995，《中国儿童的亲子关系、社会行为及同伴接受性的研究》，《心理学报》第3期。

成伯清，1999，《格奥尔格·齐美尔：现代性的诊断》，杭州：杭州大学出版社。

戴安尼，马里奥，2018，《社会运动与集体行动》，载约翰·斯科特、彼得·J. 卡林顿主编《社会网络分析手册》（上卷），刘军、刘辉等译，重庆：重庆大学出版社。

邓晓芒，2003，《康德论因果性问题》，《浙江学刊》第2期。

邓晓芒，2016，《古希腊罗马哲学讲演录》，北京：北京联合出版公司。

邓晓芒，2019，《哲学史方法论十四讲》，北京：生活·读书·新知三联书店。

笛卡尔，1958，《哲学原理》，关文运译，北京：商务印书馆。

丁三东，2012，《康德对纯粹概念完备体系的构想》，《四川大学学报》（哲学社会科学版）第6期。

丁三东，2016，《黑格尔思辨逻辑中的判断学说》，《云南大学学报》（社会科学版）第6期。

多纳蒂，皮埃尔保罗，2018，《关系社会学：社会科学研究的新范式》，刘军、朱晓文译，上海：格致出版社、上海人民出版社。

福柯，1999，《癫狂与文明：理性时代的疯癫史》，刘北城、杨远婴译，北京：生活·读书·新知三联书店。

福柯，2003，《不正常的人》，钱翰译，上海：上海人民出版社。

福柯，2019，《规训与惩罚》，刘北城、杨远婴译，北京：生活·读书·新知三联书店。

福山，弗朗西斯，2002，《大分裂：人类本性与社会秩序的重建》，刘榜离等译，北京：中国社会科学出版社。

高桦，2019，《黑格尔的"应当"概念》，载张汝伦主编《德国观念论》，北京：商务印书馆。

高桦，2020，《从事情本身看黑格尔的辩证法》，《复旦学报》（社会科学版）第6期。

戈亚尔，桑吉夫，2018，《经济学中的社会网络》，载约翰·斯科特、彼得·J.卡林顿主编《社会网络分析手册》（上卷），刘军、刘辉等译，重庆：重庆大学出版社。

格尔茨，加里，詹姆斯·马奥尼，2016，《两种传承：社会科学中的定性与定量研究》，刘军译，上海：格致出版社。

格兰诺维特，2007，《镶嵌——社会网与经济行动》，罗家德译，北京：社会科学文献出版社。

格兰诺维特，2008，《找工作：关系人与职业生涯的研究》，张文宏等译，上海：格致出版社。

格兰诺维特，2015，《镶嵌——社会网与经济行动》（增订版），罗家德等译，北京：社会科学文献出版社。

管开明，2020，《迪昂—奎因论题中经验证据的不确定性问题辨析》，《社会科学论坛》第4期。

海德格尔，1999，《面向思的事情》，陈小文、孙周兴译，北京：商务印书馆。

海德格尔，2014a，《存在与时间》，陈嘉映、王庆节合译，熊伟校，陈嘉映修订，北京：生活·读书·新知三联书店。

海德格尔，2014b，《时间概念史导论》，欧东明译，北京：商务印书馆。

韩炳哲，2019，《他者的消失》，吴琼译，北京：中信出版集团。

韩立新，2021，《市民社会之于国家现代性的决定性意义》，《清华大学学报》（哲学社会科学版）第5期。

杭苏红，2018，《人的科学：潘光旦的科学观》，《学海》第5期。

何兆武，2010，《卢梭〈论科学与艺术〉及其他》，《社会科学战线》第 5 期。

荷尔德林，1999，《荷尔德林文集》，戴辉译，北京：商务印书馆。

贺来，2021a，《"个体化"的反思与"社会团结"的可能性》，《浙江社会科学》第 9 期。

贺来，2021b，《在"异质性"中寻求"共同生活"之道——当代政治哲学重大的现代性课题》，《天津社会科学》第 5 期。

黑格尔，1979，《精神现象学》（上），贺麟、王玖兴译，北京：商务印书馆。

黑格尔，2002，《逻辑学》，梁志学译，北京：人民出版社。

黑格尔，2009，《小逻辑》，贺麟译，上海：上海人民出版社。

黑格尔，2013，《精神现象学》，先刚译，北京：人民出版社。

黑格尔，2015，《逻辑学》（上卷），杨一之译，北京：商务印书馆。

黑格尔，2016，《法哲学原理》，邓安庆译，北京：人民出版社。

黑格尔，2017a，《精神现象学》，邓晓芒译，北京：人民出版社。

黑格尔，2017b，《逻辑学》，梁志学译，北京：人民出版社。

黑格尔，2017c，《谁抽象地思考》，载《黑格尔著作集》第 2 卷，朱更生译，北京：人民出版社。

洪汉鼎，2009a，《何谓现象学的"事情本身"（Sache selbst）（上）——胡塞尔、海德格尔、伽达默尔理解之差异》，《学术月刊》第 6 期。

洪汉鼎，2009b，《何谓现象学的"事情本身"（Sache selbst）（下）——胡塞尔、海德格尔、伽达默尔理解之差异》，《学术月刊》第 7 期。

胡塞尔，2001，《欧洲科学的危机与超越论的现象学》，王炳文译，北京：商务印书馆。

华尔德，1996，《共产党社会的新传统主义：中国工业中的工作环境和权力结构》，龚小夏译，香港：牛津大学出版社。

黄纯艳，2021，《朝贡体系维护了古代东亚和平》，《历史评论》第 2 期。

黄凤祝，2013，《诗人的使命——关于荷尔德林的诗〈在可爱的蓝里〉》，《同济大学学报》（社会科学版）第 6 期。

黄四林、韩明跃、张梅，2016，《人际关系对社会责任感的影响》，《心理学报》第 5 期。

黄伟，2018，《同一性与哲学问题：理解黑格尔的一个维度》，《学术交流》第 7 期。

黄钰洲，2019，《黑格尔论现代世界的意见与理性》，载周尚君主编《法律和政治科学》第 1 辑，北京：社会科学文献出版社。

吉登斯，安东尼，2001，《亲密关系的变革：现代社会中的性、爱和爱欲》，陈永国、汪民安等译，北京：社会科学文献出版社。

吉登斯，安东尼，2016，《社会的构成：结构化理论纲要》，李康、李猛译，北京：中国人民大学出版社。

吉莱斯皮，迈克尔·艾伦，2019，《现代性的神学起源》，张卜天译，长沙：湖南科学技术出版社。

金观涛、刘青峰，2011，《开放中的变迁：再论中国社会超稳定结构》，北京：法律出版社。

康德，2004，《纯粹理性批判》，邓晓芒译、杨祖陶校，北京：人民出版社。

康德，2006，《康德哲学讲演录》，邓晓芒译，桂林：广西师范大学出版社。

科尔曼，1999，《社会理论的基础》，邓方译，北京：社会科学文献出版社。

克罗斯利，尼克，2018，《走向关系社会学》，刘军、孙晓娥译，上海：格致出版社、上海人民出版社。

莱恩，1994，《分裂的自我——对健全与疯狂的生存论研究》，林和生、侯东民译，贵阳：贵州人民出版社。

李猛，1999a，《论抽象社会》，《社会学研究》第 1 期。

李猛，1999b，《舒茨和他的现象学社会学》，载杨善华主编《当代西方社会学理论》，北京：北京大学出版社。

李猛，2009，《自我还是事情本身？——评吴增〈回到事情本身？——略论胡塞尔"自我"概念的演进〉》，载倪梁康编《中国现象学与哲学评论特辑（胡塞尔与意识现象学：胡塞尔诞辰一百五十周年纪念)》，上海：上海译文出版社。

李锐、凌文辁、柳士顺，2012，《传统价值观、上下属关系与员工沉默行为——一项本土文化情境下的实证探索》，《管理世界》第3期。

李武林、李光耀，2000，《评卢梭论科学、艺术进步与道德堕落》，《文史哲》第4期。

李泽厚，2006，《李泽厚近年答问录》，天津：天津社会科学院出版社。

李泽厚，2008，《中国现代思想史论》，北京：生活·读书·新知三联书店。

李泽厚，2010，《人类学历史本体论》，天津：天津人民出版社。

里德尔，2018，《"市民社会"概念及其历史起源问题》，朱学平译，《德国哲学》第2卷。

梁漱溟，2005，《梁漱溟选集》，陈来编，长春：吉林人民出版社。

列维纳斯，伊曼努尔，2020，《时间与他者》，王嘉军译，武汉：长江文艺出版社。

林格，弗里茨，2011，《韦伯学术思想评传》，北京：北京大学出版社。

林南，2005，《社会资本：关于社会结构与行动的理论》，张磊译，上海：上海人民出版社。

刘放桐、陈亚军主编，2021，《皮尔士思想的当代回响：实用主义研究》（第三辑），上海：华东师范大学出版社。

刘红，1995，《命题与判断之浅见》，《新疆师范大学学报》（哲学社会科学版）第3期。

刘军，2019，《整体网分析：UCINET软件实用指南》，上海：格致出版社、上海人民出版社。

刘军，2022，《碾碎的整体网研究》，载赵联飞、赵锋主编《社会研究方法评论》第1卷，重庆：重庆大学出版社。

刘军、David Willer、Pamela Emanuelson，2011，《网络结构与权力分配：要素论的解释》，《社会学研究》第2期。

刘军、David Willer、Pamela Emanuelson，2013，《强制结构理论及实验检验》，《社会》第4期。

刘军、杨辉，2012，《从"实体论"到"关系论"——兼谈"关系研究"的认识论原则》，《北方论丛》第6期。

刘军、赵岩、李艳春，2014，《论理论导向的实验研究》，《甘肃社会科学》第2期。

刘世定，1999，《嵌入性与关系合同》，《社会学研究》第4期。

刘世定，2011，《经济社会学》，北京：北京大学出版社。

刘世定、邱泽奇，2004，《"内卷化"概念辨析》，《社会学研究》第5期。

刘幼迟，2018，《弱关系优势的分析逻辑：绝对论与相对论的比较》，《社会发展研究》第4期。

卢梭，1997，《社会契约论》，何兆武译，北京：红旗出版社。

卢梭，2007，《论科学与艺术》，何兆武译，上海：上海人民出版社。

路琳，2006，《人际关系对组织内部知识共享行为的影响研究》，《科学学与科学技术管理》第4期。

罗嘉昌，1996，《从物质实体到关系实在》，北京：中国社会科学出版社。

罗久，2020，《让知性重新成为理性——黑格尔〈差异〉的"理性"概念》，《西南大学学报》（社会科学版）第5期。

马克思、恩格斯，2014，《共产党宣言》，中共中央马克思恩格斯列宁斯大林著作编译局编译，北京：人民出版社。

马戎，2000，《关于民族研究的几个问题》，《北京大学学报》（哲学社会科学版）第4期。

马戎，2004，《理解民族关系的新思路——少数族群问题的"去政治化"》,《北京大学学报》(哲学社会科学版) 第 6 期。

米歇尔斯, 罗伯特, 2003,《寡头统治铁律: 现代民主制度中的政党社会学》, 任军锋等译, 天津: 天津人民出版社。

穆峥、谢宇, 2014,《生育对父母主观幸福感的影响》,《社会学研究》第 6 期。

倪剑青, 2011,《黑格尔的经验概念》, 博士学位论文, 复旦大学。

聂敏里, 2017,《西方思想的起源——古希腊哲学史论》, 北京: 中国人民大学出版社。

聂敏里, 2021,《〈理想国〉中哲学家论证的内在结构和困难》,《道德与文明》第 6 期。

聂敏里、邢雅杰, 2019,《亚里士多德关系范畴难题——〈范畴篇〉第七章 8a28 – 35 的翻译和诠释》,《云南大学学报》(社会科学版) 第 6 期。

欧树军, 2014,《认证: 国家能力的基础》,《文化纵横》第 1 期。

帕累托, 2010,《精英的兴衰》, 官维明译, 北京: 北京出版社。

帕特南, 2001,《使民主运转起来》, 王列、赖海榕译, 南昌: 江西人民出版社。

帕特南, 2011,《独自打保龄: 美国社区的衰落与复兴》, 刘波、祝乃娟、张孜异、林挺进、郑寰译, 燕继荣审校, 北京: 北京大学出版社。

皮尔士, 查尔斯·桑德斯, 2020,《推理及万物逻辑: 皮尔士 1898 年剑桥讲坛系列演讲》, 张留华译, 上海: 复旦大学出版社。

奇达夫、蔡文彬, 2007,《社会网络与组织》, 王凤彬、朱超威译, 北京: 中国人民大学出版社。

钱炜江, 2013,《论法律中的同一与差异》,《法律科学》(西北政法大学学报) 第 2 期。

卿文光, 2004,《论希腊理性与近代理性的若干差异及其缘由》,《哲学研究》第 7 期。

卿文光, 2018,《黑格尔〈小逻辑〉解说》, 北京: 人民日报出版社。

渠敬东，1999，《涂尔干的遗产：现代社会及其可能性》，《社会学研究》第 1 期。

塞尔兹尼克，菲利浦，2014，《田纳西河流域管理局与草根组织：一个正式组织的社会学研究》，李学译，重庆大学出版社。

佘诗琴，2013，《荷尔德林对费希特"绝对自我"的批判》，《哲学分析》第 5 期。

佘诗琴，2015，《荷尔德林的〈判断与存在〉与早期谢林》，《湖南行政学院学报》第 1 期。

斯科特，约翰，彼得·J. 卡林顿主编，2018，《社会网络分析手册》（上卷），刘军、刘辉等译，重庆：重庆大学出版社。

苏德超，2017，《忒修斯之船与跨时间的同一性》，《陕西师范大学学报》（哲学社会科学版）第 1 期。

苏国勋，2016，《理性化及其限制》，北京：商务印书馆。

孙立平，2003，《断裂——20 世纪 90 年代以来的中国社会》，北京：社会科学文献出版社。

孙立平，2006，《博弈：断裂社会的利益冲突与和谐》，北京：社会科学文献出版社。

孙帅，2008，《神圣社会下的现代人——论涂尔干思想中个体与社会的关系》，《社会学研究》第 4 期。

孙涛，2013，《当奥利弗·威廉姆森遇到马克·格兰诺维特——论经济学和社会学在企业组织理论上的对视和沟通》，《制度经济学研究》第 2 期。

孙周兴，2002，《形式显示的现象学——海德格尔早期弗莱堡讲座研究》，《现代哲学》第 4 期。

索科拉夫斯基，罗伯特，2009，《现象学导论》，张建华、稿秉江译，上海：上海文艺出版社。

涂尔干，2005，《社会分工论》，渠东译，北京：生活·读书·新知三联书店。

涂尔干，2011，《宗教生活的基本形式》，渠敬东、汲喆译，北京：

商务印书馆。

瓦尔,2021,《皮尔士对唯名论-实在论的区分:一种不稳定的二元论》,载刘放桐、陈亚军主编,《皮尔士思想的当代回响:实用主义研究》(第三辑),上海:华东师范大学出版社。

瓦尔,科尼利斯,2003,《皮尔士》,郝长墀译,北京:中华书局。

汪丁丁、韦森、姚洋,2005,《制度经济学三人谈》,北京:北京大学出版社。

汪林、储小平、黄嘉欣、陈戈,2010,《与高层领导的关系对经理人"谏言"的影响机制——来自本土家族企业的经验证据》,《管理世界》第5期。

汪行福,2017,《政治现代性视域中马克思与黑格尔关系再思考》,《复旦学报》(社会科学版)第3期。

王绍光、胡鞍钢,1993,《中国国家能力报告》,沈阳:辽宁人民出版社。

王帅,2021,《一念与十世:唐代华严学的时间观念》,《法音》第5期。

王水雄、杨颖琳,2006,《人力信息传递与关系网络的变动——以职业流动的个案为例》,《社会》第1期。

王晓升,1999,《弘扬个体主义 克服个人主义》,《天津社会科学》第4期。

王晓升,2019,《黑格尔与法兰克福学派的现代性批判理论》,《社会科学战线》第1期。

王元化,2019,《读黑格尔》,上海:上海书店出版社。

王治河、樊美筠,2011,《第二次启蒙》,北京:北京大学出版社。

隈元泰弘,1991,《黑格尔哲学中的主奴关系》,李文堂译,《哲学译丛》第2期。

韦伯,马克斯,2005,《社会学的基本概念》,顾忠华译,桂林:广西师范大学出版社。

韦伯,马克斯,2010a,《经济与社会》,阎克文译,上海:上海人民出版社。

韦伯，马克斯，2010b，《新教伦理与资本主义精神》，苏国勋、覃方明、赵立玮、秦明瑞译，北京：社会科学文献出版社。

维特根斯坦，1985，《逻辑哲学论》，郭英译，北京：商务印书馆。

魏琴，2021，《通向事情本身的自由——阿多诺对胡塞尔现象学的批判及其启示》，《哲学动态》第 9 期。

温铁军、温厉，2007，《中国的"城镇化"与发展中国家城市化的教训》，《中国软科学》第 7 期。

吴飞，2022，《论殡葬改革》，《开放时代》第 1 期。

吴念阳、张东昀，2004，《青少年亲子关系与心理健康的相关研究》，《心理科学》第 4 期。

吴畏、石敬琳，2022，《"科尔曼船"及其变形与社会科学的说明逻辑》，《自然辩证法通讯》第 1 期。

武中哲，2007，《双重二元分割：单位制变革中的城市劳动力市场》，《社会科学》第 4 期。

西登托普，拉里，2021，《发明个体：人在古典时代与中世纪的地位》，贺晴川译，桂林：广西师范大学出版社。

先刚，2008，《永恒与时间——谢林哲学研究》，北京：商务印书馆。

肖德生，2016，《佛教时间观嬗变的现象学式发微——基于龙树、僧肇和法藏》，《中山大学学报》（社会科学版）第 3 期。

谢立中，2019，《再议社会研究领域量化研究和质化研究的关系》，《河北学刊》第 2 期。

谢林，2019，《启示哲学导论》，王丁译，北京：北京大学出版社。

谢宇，2006，《社会学方法与定量研究》，北京：社会科学文献出版社。

休恩编，2018，《剑桥阿多诺研究指南》，张亮等译，北京：北京师范大学出版社。

徐英瑾，2021，《数字拜物教："内卷化"的本质》，《探索与争鸣》2021 年第 3 期。

徐宗阳，2016，《资本下乡的社会基础——基于华北地区一个公司型农场的经验研究》，《社会学研究》第 5 期。

亚里士多德，1995，《形而上学》，吴寿彭译，北京：商务印书馆。

亚里士多德，2017，《范畴篇解释篇》，聂敏里译注，北京：商务印书馆。

杨立华，2015，《宋明理学十五讲》，北京：北京大学出版社。

杨立华，2018，《一本与生生：理一元论纲要》，北京：生活·读书·新知三联书店。

杨帅、温铁军，2010，《经济波动、财税体制变迁与土地资源资本化——对中国改革开放以来"三次圈地"相关问题的实证分析》，《管理世界》第 4 期。

俞吾金，2010，《究竟如何理解并翻译葛兰西的重要术语：organic intellectual?》，《哲学动态》第 2 期。

俞吾金，2012，《现代性反思的思想酵素——从青年黑格尔的眼光看》，《世界哲学》第 6 期。

俞宣孟，2012，《本体论研究》，上海：上海人民出版社。

翟学伟，2005，《人情、面子与权力的再生产》，北京：北京大学出版社。

翟学伟，2005，《人情、面子与权力的再生产》，北京：北京大学出版社。

翟学伟，2011，《中国人的关系原理：时空秩序、生活欲念及其流变》，北京：北京大学出版社。

翟学伟，2011，《中国人的关系原理》，北京：北京大学出版社。

翟学伟，2012，《关系与中国社会》，北京：中国社会科学出版社。

翟学伟，2021，《中国人的人情与面子：框架、概念与关联》，《浙江学刊》第 5 期。

翟学伟，2021，中国人的人情与面子：框架、概念与关联，《浙江学刊》第 5 期，53–64 页。

翟学伟，2022，《中国人的社会信任：关系向度上的考察》，北京：

北京大学出版社。

翟学伟，2022，《中国人的社会信任：关系向度上的考察》，北京：商务印书馆。

张东锋，2013，《逻辑学的形而上学基础——海德格尔关于莱布尼兹判断与真理学说的存在论阐释》，《浙江学刊》第 3 期。

张东锋，2017，《海德格尔判断学说的形成》，《浙江学刊》第 2 期。

张留华，2012，《皮尔士哲学的逻辑面向》，上海：上海人民出版社。

张庆熊，2008，《交往行为与语言游戏：论哈贝马斯对维特根斯坦语言哲学的接纳与批评》，《马克思主义与现实》第 4 期。

张汝伦，2007，《黑格尔在中国——一个批判性的检讨》，《复旦学报》（社会科学版）第 3 期。

张汝伦，2010，《〈存在与时间〉为什么重要?》，《中国人民大学学报》第 2 期。

张汝伦，2011，《什么是"自然"?》，《哲学研究》第 4 期。

张汝伦，2014，《〈存在与时间〉释义》，上海：上海人民出版社。

张汝伦，2016，《现代西方哲学纲要》，上海：上海人民出版社。

张曙光，2005，《制度分析的误区及校正——制度分析的最新发展与〈制度经济学三人谈〉》，《经济研究》第 10 期。

张文宏，2006，《社会网络资源在职业配置中的作用》，《社会》第 6 期。

张祥龙，2019，《拒秦兴汉和应对佛教的儒家哲学》，北京：商务印书馆。

张一兵，2015，《批判与启蒙的辩证法：从不被统治到奴役的同谋——福柯〈什么是批判?〉和〈何为启蒙?〉解读》，《哲学研究》第 7 期。

张一兵，2019，《关系本体论与所与—所识二肢认知——广松涉〈存在与意义〉解读》，《学术月刊》第 7 期。

张志伟，1996，《主体概念的历史演变》，《教学与研究》第 5 期。

张志伟，2005，《〈纯粹理性批判〉中的本体概念》，《中山大学学报》（社会科学版）第 6 期。

张志伟，2016，《西方哲学视野下的因果问题》，《宗教研究》第 2 期。

赵钱英，2015，《社会资本如何影响民主制度——基于〈使民主运转起来〉〈独自打保龄〉的分析》，《公共管理评论》第 2 期。

赵汀阳，2011，《深化启蒙：从方法论的个人主义到方法论的关系主义》，《哲学研究》第 1 期。

赵汀阳，2019，《历史·山水·渔樵》，北京：生活·读书·新知三联书店。

真谛译，2016，《大乘起信论校释》，高振农校释，北京：中华书局。

郑作彧，2015，《齐美尔的自由理论——以关系主义为主轴的诠释》，《社会学研究》第 3 期。

周飞舟，2018，《行动伦理与"关系社会"——社会学中国化的路径》，《社会学研究》第 1 期。

周飞舟，2019，《人伦与位育：潘光旦先生的社会学思想及其儒学基础》，《社会学评论》第 4 期。

周飞舟，2021，《一本与一体：中国社会理论的基础》，《社会》第 4 期。

周怡，2005，《共同体整合的制度环境：惯习与村规民约——H 村个案研究》，《社会学研究》第 6 期。

朱学平，2021，《青年马克思、黑格尔论市民社会与国家的分离》，《马克思主义理论教学与研究》第 2 期。

庄贵军、李珂、崔晓明，2008，《关系营销导向与跨组织人际关系对企业关系型渠道治理的影响》，《管理世界》第 7 期。

庄振华，2017，《黑格尔论规律》，载张汝伦等《黑格尔与我们同在：黑格尔哲学新论》，上海：上海人民出版社。

庄振华，2018，《〈精神现象学〉讲读》，北京：人民出版社。

庄振华，2019，《〈精神现象学〉义解》，北京：中国人民大学出

版社。

庄振华,2021,《伦理与现代——〈法哲学原理〉"伦理总论"释义》,《甘肃社会科学》第5期。

庄振华,2022a,《从〈黑格尔的经验概念〉看海德格尔的黑格尔阐释》,《哲学动态》第1期。

庄振华,2022b,《从形式问题看西方哲学的深度研究》,《中国社会科学评价》第1期。

Abazari, Arash. 2020. *Hegel's Ontology of Power: The Structure of Social Domination in Capitalism.* London: Cambridge University Press.

Anderson, Sybol Cook. 1991. *Hegel's Theory of Recognition: From Oppression to Ethical Liberal Modernity.* London: Cambridge University Press.

Angrist, J. D. and A. B. Keueger. 1991. "Does Compulsory School Attendance Affect Schooling and Earnings?." *The Quarterly Journal of Economics* 106 (4): 979 – 1014.

Archer, M. 2003. *Structure, Agency and the Internal Conversation*, Cambridge: Cambridge University Press.

Atkin, Albert. 2016. *Peirce.* New York: Routledge.

Audi, Robert. 2015. *The Cambridge Dictionary of Philosophy.* Cambridge: Cambridge University Press.

Bakker, J. I. 2005. The Self as An Internal Dialogue: Mead, Blumer, Peirce, and Wiley. *American Sociologist* 36 (1): 75 – 84.

Baller, Robert D. and Kelly K. Richardson. 2009. "The 'Dark Side' of the Strength of Weak Ties: The Diffusion of Suicidal Thoughts." *Journal of Health and Social Behavior* 50 (3): 261 – 276.

Becker, Howard. 1955. "Systematic Sociology and Leopold Von Wiese." *Sociometry* 18 (4): 262 – 268.

Beise, Frederick C. 2009. *The Cambridge Companion to Hegel and Nineteenth-Century Philosophy.* London: Cambridge University Press.

参考文献

Benjamin, Andrew. 2015. *Towards a Relational Ontology: Philosophy's Other Possibility*. New York: State University of New York Press.

Bhaskar, Roy. 2008. *A Realist Theory of Science*. London: New York: Verso.

Bian, Y. J. 1997. "Bringing Strong Ties Back in: Indirect Ties, Network Bridges, and Job Searches in China." *American Sociological Review* 62 (3): 366 – 385

Brown, Jacqueline Johnson and Peter H. Reingen. 1987. "Social Ties and Word-of-Mouth Referral Behavior." *Journal of Consumer Research* 14 (3): 350 – 362.

Bunnin, Nicholasand Jiyuan Yu. 2004. *The Blackwell Dictionary of Western Philosophy*. Oxford: Blackwell Publishing.

Danermark, Berth, Mats Ekström, Liselotte Jakobsen and Jan Ch. Karlsson. 2002. *Explaining Society: Critical Realism in the Social Sciences*. London: Routledge.

Davies, J. C. 1966. *Neighborhood Groups and Urban Renewal*. New Your: Columbia University Press.

Desmond, Matthew. 2012. "Disposable Ties and the Urban Poor." *American Journal of Sociology* 117 (5): 1295 – 1335.

Duncombe, Matthew. 2015. "Aristotle's Two Accounts of Relatives in "Categories" 7." *Phronesis* 60 (4): 436 – 461.

Fisch, Max H. 1967. "Peirce's Progress from Nominalism Toward Realism." *The Monist* 51 (2): 159 – 160.

Fraisse, Roland. 1986. *Theory of Relations*. Oxford: Elsevier Science Ltd.

Francescotti, Robert Michael. 2007. "Emergence." *Erkenntnis* 67 (1): 47 – 63.

Fromm, Jochen. 2004. *The Emergence of Complexity*. Kassel: Kassel University Press.

Gans, Herbert J. 1962. *The Urban Villagers*. New York: Free Press.

Gans, Herbert J. 1974b. "Gans Responds to Granovetter." *American Journal of Sociology* 80 (2): 529 –531.

Gans, Herbert J. 1974a. "Gans on Granovetter's 'Strength of Weak Ties'." *American Journal of Sociology* 80 (2): 524 –527.

Garth J. O. Fletcher and Margaret S. Clark eds. 2003. *Blackwell Handbook of Social Psychology: Interpersonal Processes*. London: Blackwell Publishers Ltd.

Giannoni, Carlo. 1967. "Quine, Grünbaum, and the Duhemian Thesis." *Noûs*1 (3): 283 –297.

Giddens, 1993. *New Rules of Sociological Method: A Positive Critique of Interpretative Sociologies*. London: Polity Press.

Goertz, Gary and James Mahoney. 2008. *A Tale of Two Cultures: Qualitative and Quantitative Research in the Social Sciences*. New Jersey: Princeton University Press.

Gould, Roger V. 1991. "Multiple Network and Mobilization in Paris Commune, 1871." *American Sociological Review* 56 (1): 716 –729.

Gould, Roger V. 1993. "Collective Action and Network Structure." *American Journal of Sociology* 58: 181 –196.

Granovetter, Mark. 1974. "Granovetter Replies to Gans." *American Journal of Sociology* 80 (2): 527 –529.

Granovetter, M. 1973. "The Strength of Weak Ties." *American Journal of Sociology* 78 (6): 1360 –1380.

Granovetter, M. 2005. "The Impact of Social Structure on Economic Outcomes." *The Journal of Economic Perspectives* 19 (1): 33 –50.

Granovetter, M. 1985. "Economic Action and Social Structure: The Problem of Embeddedness." *American Journal of Sociology* 91: 481 –510.

Grünbaum, Adolf. 1962. "The Falsifiability of Theories: Total or Partial? A Contemporary Evaluation of the Duhem-Quine Thesis. " *Synthese* 14 (1): 17 – 34.

Hassard, John. 1990. *The Sociology of Time*. London: Palgrave Macmillan.

Kenneth R. Westphal. 2009. *The Blackwell Guide to Hegel's Phenomenology of Spirit*. Blackwell Publishing Ltd.

Kilduff, Martin and David Krackhardt. 2008. *Interpersonal Networks in Organizations: Cognition, Personality, Dynamics, and Culture*. Cambridge: Cambridge University Press.

Lane, Robert. 1999. "Peirce's Triadic Logic Revisited. " *Transactions of the Charles S. Peirce Society* 35 (2): 284 – 311.

Lawler, Edward J. and Jeongkoo Yoon. 1996. "Commitment in Exchange Relations: Test of a Theory of Relational Cohesion. " *American Sociological Review* 61: 89 – 108.

Lawler, Edward J. and Jeongkoo Yoon. 1998. "Network Structure and Emotion in Exchange Relations. " *American Sociological Review* 63: 871 – 894.

Lawler, Edward J. , Shane R. Thye and Jeongkoo Yoon. 2000. "Emotion and Group Cohesion in Productive Exchange. " *American Journal of Sociology* 106 (3): 616 – 57.

Leinhardt, Samuel. 1972. "Developmental Change in the Sentiment Structure of Children's Groups. " *American Sociological Review* 37: 202 – 212.

Levine, Donald N. 1971. *Georg Simmel on Individuality and Social Forms*. London: University of Chicago Press.

Linklater, Andrew and Stephen Mennell. 2010. "Norbert Elias, The Civilizing Process: Sociogenetic and Psychogenetic Investigations: An Overview and Assessment. " *History and Theory* 49 (3): 384 – 411.

Mackie, J. L. 1965. "Causes and Conditions." *American Philosophical Quarterly* 2 (4): 245 - 264.

Mahoney, James. 2021. *The Logic of Social Science*. Princeton: Princeton University Press.

Martin, R. M. 1976. "Some Comments on DeMorgan, Peirce, and the Logic of Relations." *Transactions of the Charles S. Peirce Society* 12 (3): 223 - 230.

MasseyGerald J. 2011. "Quine and Duhem on Holistic Hypothesis Testing." *American Philosophical Quarterly* 48 (3): 239 - 266.

McMullin, Irene. 2013. *Time and the shared world: Heidegger on social relations*. Northwestern University Press.

Merrill, Daniel D. 1978. "DeMorgan, Peirce and the Logic of Relations." *Transactions of the Charles S. Peirce Society* 14 (4): 247 - 284.

Michael W. Morris, Ying-yi Hong, Chi-yue Chiu and Zhi Liu. 2015. "Normology: Integrating Insights about Social Norms to Understand Cultural Dynamics." *Organizational Behavior and Human Decision Processes* 129: 1 - 13.

Michael, Emily. 1974. "Peirce's Early Study of the Logic of Relations, 1865 - 1867." *Transactions of the Charles S. Peirce Society*10 (2): 63 - 75.

Nijhott, Martinus. 1974. *From Substance to Subject: Studies in Hegel*. The Hague, Netherlands.

Oliver, Harold H. 1981. *A Relational Metaphysic*. Springer Netherlands.

Ritzer, G. 2005. *Encyclopedia of Social Theory*. London: Sage Publications.

Roberts, Don D. 1970. "On Peirce's Realism." *Transactions of the Charles S. Peirce Society* 6 (2): 67 - 83.

Rose, Gillian. 1981. *Hegel Contra Sociology*. London: The Athlone Press.

Rosen, Stanley. 2014. *The Idea of Hegel's Science of Logic*. Chicago: The University of Chicago Press.

Sawyer, R. Keith. 2005. *Social Emergence: Societies as Complex Systems*. Cambridge: Cambridge University Press.

Schilke, O., M. Reimann and K. S. Cook. 2021. "Trust in Social Relations." *Annual Review of Sociology* 47 (1): 239-259.

Schutz, A. 1970. *On Phenomenology and Social Relations*. Chicago: Chicago University Press.

Turner, B. S. 2006. *Cambridge Dictionary of Sociology*. Cambridge: Cambridge University Press.

Turner, B. S. and C. Rojek. 2001. *Society and Culture*. London: Sage.

Wellman, B., S. D. Berkowitz eds. 1988. *Social Structures: A Network Approach*. Cambridge: Cambridge University Press.

Wiese, Leopold von. 1934. "Sociology and Suffering." *International Journal of Ethics* 44 (2): 222-235.

Wiese, Leopold von. 1949. "Sociometry." *Sociometry* 12 (1): 202-214.

William, R. S., D. C. Thomasand T. C. Donald. 2001. *Experimental and Quasi-experimental Designs for Generalized Causal Inference*. New York: Houghton Miffin Company.

Winfield, Richard Dien. 2006. *From Concept to Objectivity: Thinking Through Hegel's Subjective Logic*. London: Routledge.

Wirth, Louis. 1938. "Urbanism as a Way of Life." *American Journal of Sociology* 44 (1): 1-24.

Wolff, Kurt H. ed. 1950. *The Sociology of Georg Simmel*. Glencoe: The Free Press.

Yakubovich, Valery. 2005. "Weak Ties, Information, and Influence:

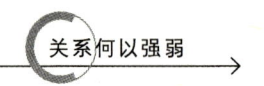

How Workers Find Jobs in a Local Russian Labor Market." *American Sociological Review* 70 (3): 408 – 421.

Zhu, Leah. 2018. *The Power of Relationalism in China*. London: Routledge.

后 记

本书作为一部批判性学术著作，旨在解答我随着阅历增长而体验到的两个相互关联的苦惑，即学术困惑和生命苦惑，前者涉及我的社会网与关系研究，后者关乎我自身生命意义的存有。

首先要解答我在社会网与关系研究上的学术困惑。人们都说中国社会是关系社会，每个人都离不开关系网络，学术界对社会关系的量化和质性研究也有百年时间，但各种研究路数之间甚至无法对话。学者通常会说自己的关系研究是科学的、客观的，与世界息息相关。然而，我要追问，关系研究在什么意义上是科学的、客观的？与现实人在什么意义上有关系？了解"唯心主义"并领悟"哥白尼式的革命"之后，我感觉哲学家一定会认为社会科学中的关系研究的基础不牢，关系研究不科学也不客观，因为在思想上有缺陷，没有借鉴哲学对关系的思辨。当然，关系研究者往往认知不到关系研究缺陷。

我自己也曾经围绕"整体网"开展理论和经验研究，但随着我对关系世界体会的加深，我认识到自己先前的研究是抽象的，至少无视了"权力与资源分配"问题。因此，2008~2015年，我开展了"网络交换论"研究，将要素论纳入中国社会的关系研究，利用实验法、调查法等探讨权力与资源分配。这种研究有助于理解、解释当代中国的很多社会关系现象，如分配不公、联盟抗争等。

随着研究的深入和对生活领悟的加深，我又领悟到，多数关

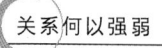

系研究脱离"关系"谈关系,远离"世界"论世界,没有摆脱"学术工业"的影响,无视关系本身的"意义整体"。因此,近年来,为解决关系研究的"不切身性"问题,我决心研读西方哲学(特别是黑格尔逻辑学),用思辨思维批判关系研究中的知性思维,开辟"关系存在论"这个新方向,尝试为社会科学的关系研究奠定形而上学基础。我曾受科学哲学学术熏陶,因此我个人对关系研究的反思注定会走上思辨之路。这条道路对于社会科学来说可能是新的,但对于纯粹哲学来说并不是,我也曾踏上过这条路,只是这条路被我遗忘了,现在回忆起来便重新踏上。

关系存在论从思辨逻辑上探究"关系本身",在概念意义上使得关系研究在注重"普遍"的同时,不忽视"个体",更关心"特殊"。当然,现实世界中不同类关系有不同的逻辑,不能用理论逻辑代替现实逻辑。这样说也不恰当,因为这种说法预设了理论与现实的二分,而二者本不可分,只是在社会科学中被分开了。在社会科学中,能够兼顾理论与现实的关系研究或许是较好的、有温度的研究。反观基于均值的各类关系研究,看似研究了"关系",却没有真正研究"关系本身",因此是缺乏温度的,对于具体个人的启发并不大。

无论如何,学术研究要尊重事物本身的存在,关系研究也应尊重关系本身的存在、本质和概念,回应现代性带来的关系断裂问题。在学术上挖掘"关系本身"如何"存在起来",就相当于在生活中敬畏"性与天道",而这对于表面自由了的现代人来说是何等困难,因为现代的个体、集体或某种组织都妄想替天行道,却忘记了自己并不是天,代替不了天。只有尊重关系本身,才可能缓解现代性造成的各种关系断裂问题,助益个人走向认知自我之途,助益社会在思想上实现整合,助益国家展开有精神的治理实践。

其次要解答我自己的生命苦惑。从某种意义上讲,现代人都有一些困惑。"认识你自己,凡事勿过度",中道、中庸需要锤炼,因为"度"因时而变。技术性教育观照不到这些,也不关心这些,甚至不让人认识自己，阻止人走向中道。当然，个人的不同类困惑有不同的因缘解释，对其的解答方式和方法也不同。问题在于，每个人如何有能力理解、解答自身的困惑。面对苦惑应当思，"心之官则思，思则得之"。问题是，什么是"思"？"之"又是什么？经验上的思可能使人有小得，"纯思"可能使人有大收获，但"思"如何可能超越"思"而进入纯思？

我是常人，在此意义上讲，我的无明也算是常人的无明。常人的无明给自身带来苦楚，卡里斯马的无明会给社会带来苦难，两种苦相互关联。我的苦惑也是常人的苦惑。我对自己苦惑的理解和解释，大体也能帮助常人理解和解答他们自身的苦惑。每个人都不可能完全是常人，我亦然。既然如此，我对苦惑的解答就不能完全解答常人之苦惑。我只能借撰写之机分析自己的关系疑惑，暂时缓解自己对自身、家庭、组织、社会、国家的焦虑。我也深深地知道整个社会处于焦虑之中，这是社会事实，缓解焦虑不单是个人之事。

从关系研究方面讲，这种无明可以解释生命的困惑。但问题并不简单。比如，多数学者都会承认，关系研究要关心"人"和"关系"。但是，如何研究才算关心"人"和"关系"？关心的是什么"人"？是无权者、有权人，还是一般人？关注的是关系者，还是关系本身？这里的逻辑问题相当复杂。就关系存在论来讲，既可以说它在思想上关心人，也可以说它在现实中关心人，这取决于如何理解思想、现实、人等概念。如果认为现实中的具体个人是有理想、理念或思想的人，其思维与存在是同一的，如果默认人是身心分裂的，那么关系存在论就能在思想上关心具体个人。因此，关系存在论就不可能关心具体个人，因为具体个人虽然有自身特性，且在现代条件下被教化成抽象的普遍性，其个体性和特殊性被压制。也就是说，具体的人通常也是抽象的人，关系存在论既可以也不可以关心具体个人。具体个人在理想上是一个过程性的精神存在，他如何自由自在地存在，如何活出自己的境界，无需什么理论来描述和解释，这需要他自己亲身经历各种艰难险阻、酸甜苦辣，也离不开其自身能动的勇气和志气，更离不开教化和启蒙。不过，现代性的教化和启蒙本身还需要不断地教化和启蒙，否则可能变成教条和蒙蔽。

为了解答学术困惑和生命苦惑，写作本书便成为我命中注定之事。本书借黑格尔思辨逻辑批判格兰诺维特名篇中的知性逻辑，探讨语言、判断本身的局限，初步辨析了关系概念。本书只是我利用纯粹思维批判名家名篇的一个案例式成果，还有相当多概念和思想未及深挖。比如，关系概念的谱系非常复杂，厘清这一谱系需要进一步挖掘中西方哲学家的关系思想。又如，我在本书最后一章讨论概念性推理时感到非常艰难，因为它不是形式逻辑意义上的推理，而是事情本身的推理，它对于习惯了线性思维的常人和学者来讲都相当陌生。形式逻辑教材都讲概念、判断和推理，但事情本身的概念、判断和推理不单是形式逻辑问题，更是思辨逻辑或概念本身的事业。推理作为事情本身的存在过程充满了艰辛和苦楚，不经历磨难，事情本身也难以存在。限于篇幅和本书主题，第六章没有展开对事情本身的推理，也无法展开，主要是因为概念性推理本身不是理论性的，而是行动者的关系实践，而关系实践离不开概念。我希望在即将出版的《分析单位新论》一书中对此有所补充。

本书的出版是诸因缘之果。研习黑格尔每有心得，我就尝试将之与社会学结合。2021年5月23日，我受宋义平先生的邀请，为"学术志"组织的"第五届社会科学研究方法暨学术创新高峰论坛"进行线上讲座，并刻意选择压轴演讲，讲座内容即与本书直接相关。2021年9月29日，杨张博博士邀请我做一次西安交通大学社会学系周三工作坊讲座，讲座题目就是本书的书名。在开展讲座时，赵文龙教授提醒我注意格兰诺维特的学术旨趣及其与经济学的对话，也建议我定书名时要慎重，因为"批判"一词在当前比较"扎眼"。与西安交通大学社会学系边燕杰、李黎明、张

后 记

顺、杨建科、卢春天、杨江华、悦中山、姜利标等同仁的交流乃是本书直接或间接之缘起。"关系"思辨太抽象,但未必不接地气;相反,看似接地气的关系研究未必真接地气。洞悉这一点需要超验性的哲学思辨,为此我向青年哲学家庄振华教授请教。庄老师精通黑格尔哲学,遵循概念安顿身心,以启蒙世人为己任。他引导我管窥思辨哲学,虽然我仍未深入哲学堂奥,他还鼓励我心无旁骛地批判,更提醒我不要陷入执念。哲学太精深,为了更好地理解哲学理论,我也曾向卿文光兄请教。卿兄古希腊哲学功底深厚,我与他把酒言欢,他使我领悟纯思之超验。写到此处,我深深地缅怀社会理论家苏国勋先生。在他任教于哈尔滨工程大学期间,我时常向他请教学术问题,包括理念型和三一体问题。苏先生的远见卓识和人格魅力,以及他对世界的关切深深地感染着我。我也缅怀恩师孙慕天教授,其哲人精神始终影响着我。先生灵魂的感召使我领悟到:在此岸用事功成全,就是在彼岸求至善,至善超越家庭世俗,达到永恒的幸福。认识到这一点,生命意义就会无限放大,人非但不再孤寂,反而精神抖擞,足以抵抗虚无。

特别感谢责任编辑庄士龙先生。他指出初稿中的很多不足,提出的意见非常精当。我参考他的建议,作出了一些修改,最后只保留了"敏感性概念"这个专业词。我很希望该词中包含的"敏感"一词不是敏感词,用它记录这个敏感的新时代,也算关系存在论的一种悲天悯人的关怀。社会学名家刘世定教授、沈原教授、翟学伟教授、周飞舟教授的推荐语为本书增光添彩,增加了我的著作被承认的可能。现代人要为被承认而斗争,即便斗争也未必成功,因为承认本身是有前提的,而知天命之年的我本人既需要也无需被承认,只是不被承认的滋味令人有些许难受,而被承认可能意味着丧失自我。当然,一部著作本身是否被承认更需要时间来检验其"质"。金宏章教授一直关心并鼓励我,让我备感温暖。郑莉教授多年来一直理解我的抉择,鼓励并积极支持本书出版。杨国庆、张翼飞、吴肃然、赵岩、李艳春、那英、尹韬等同仁也给我很多帮助。哈尔滨工程大学社会学人讲社会团结，这使我心情舒畅。张继军教授解答我关于"思则得之"的疑惑，王丁博士提供关于谢林的精妙译文，郭佳茵、杨骏、芶筱月、刘洋、张芯蕊、周凡等同学帮助我校对初稿。感谢所有帮助过我的人！书中不当之处，请读者来信（liujunry@163.com）指正。

刘　军

2022 年 10 月 18 日于哈尔滨盟科观邸

图书在版编目(CIP)数据

关系何以强弱：批判格兰诺维特 / 刘军著. -- 北京：社会科学文献出版社，2022.11
（哈尔滨工程大学社会学丛书）
ISBN 978-7-5228-0941-0

Ⅰ.①关… Ⅱ.①刘… Ⅲ.①社会关系-研究 Ⅳ.①C912.3

中国版本图书馆 CIP 数据核字（2022）第 196048 号

·哈尔滨工程大学社会学丛书·

关系何以强弱
—— 批判格兰诺维特

著　　者 / 刘　军

出 版 人 / 王利民
责任编辑 / 庄士龙　谢蕊芬
文稿编辑 / 周浩杰
责任印制 / 王京美

出　　版 / 社会科学文献出版社·群学出版分社（010）59366453
　　　　　 地址：北京市北三环中路甲29号院华龙大厦　邮编：100029
　　　　　 网址：www.ssap.com.cn
发　　行 / 社会科学文献出版社（010）59367028
印　　装 / 三河市龙林印务有限公司

规　　格 / 开　本：787mm × 1092mm　1/16
　　　　　 印　张：20.5　字　数：275 千字
版　　次 / 2022 年 11 月第 1 版　2022 年 11 月第 1 次印刷
书　　号 / ISBN 978-7-5228-0941-0
定　　价 / 128.00 元

读者服务电话：4008918866

版权所有 翻印必究